Independence and Revolution in Spanish America: Perspectives and Problems

Edited by

Anthony McFarlane and

Eduardo Posada-Carbó

Institute of Latin American Studies
31 Tavistock Square, London WC1H 9HA

Nineteenth-Century Latin America Series

The Institute's Nineteenth-Century Latin America series results from the annual workshop on nineteenth-century Latin American history held at the Institute, and is aimed at encouraging the study of various aspects of what has largely been a neglected period in the modern historiography of the region.

Publications in the Series

No. 1 *Wars, Parties and Nationalism: Essays on the Politics and Society of Nineteenth-Century Latin America*
Eduardo Posada-Carbó (ed.) – 1995

No. 2 *In Search of a New Order: Essays on the Politics and Society of Nineteenth-Century Latin America*
Eduardo Posada-Carbó (ed.) – 1998

No. 3 *Independence and Revolution in Spanish America: Perspectives and Problems*
Anthony McFarlane and Eduardo Posada-Carbó (eds.) – 1999

No. 4 *Law, Justice and State Building: Essays in the History of Judicial Institutions in Nineteenth-Century Latin America*
Eduardo Zimmerman (ed.) – forthcoming (1999)

Institute of Latin American Studies
School of Advanced Study
University of London

British Library Cataloguing-in-Publication Data
A catalogue record for this book is available
from the British Library

ISBN   1 900039 27 3

Institute of Latin American Studies
University of London, 1999

Contents

Acknowledgements

This book is the result of the Third Annual Nineteenth-century History Workshop, jointly organised by the Institute of Latin American Studies at London University, and the School of Comparative American Studies at the University of Warwick, in May 1996.

We would like to thank the British Academy, the Humanities Research Centre at Warwick University, and the British Council offices in Santiago (Chile) and Madrid (Spain) for the financial support given to this event.

The Nineteenth-century History Workshop, launched by ILAS in 1993, has continued to receive valuable support from a significant number of historians in Europe and in the Americas. In particular, we would like to express our gratitude to the contributors to this volume, and to those who chaired sessions and commented on the papers during our meeting: David Brading, Malcolm Deas, Alan Knight, Carlos Malamud and Guy Thomson.

The organisation of this meeting would not have been possible without the strong support given by Victor Bulmer-Thomas, then Director of the Institute of Latin American Studies, and the assistance of the staff of the Institute. The editors would also like to thank Tony Bell, Melanie Jones and Anna Hayes and for their help in the production of this volume. The cover design is by Jon Anderson.

Anthony McFarlane, Warwick University
Eduardo Posada-Carbó, Institute of Latin American Studies, London.

Notes on Contributors

Timothy Anna is Professor of History at the University of Manitoba, Canada. He has published widely on Latin American history including, *Fall of the Royal Government in Mexico* (1978), and *Forging Mexico, 1821-1835* (1998).

David Bushnell is retired Professor of Latin American History at the University of Florida. He is the author of *The Santander Regime in Gran Colombia* (1954), *The Making of Modern Colombia: A Nation in Spite of Itself* (1993), and, with Neil Macaulay, *The Emergence of Latin America in the Nineteenth-century* (1988).

Rebecca Earle teaches Latin American history at the University of Warwick, where she also completed her doctorate. She is the author of *Spain and the Independence of Colombia* (1999).

Klaus Gallo teaches history at the Universidad Torcuato Di Tella in Buenos Aires. He completed his DPhil at St Antony's College, Oxford. He is the author of *De la invasión al reconocimiento: Gran Bretaña y el Río de la Plata, 1806-1826* (1994).

François-Xavier Guerra is Professor of History at the Sorbonne, and Director of the Centro de Historia de América Latina y del Mundo Ibérico, at the University of Paris I. He is the author of *México: Del antiguo régimen a la revolución* (1993), and *Modernidad e independencias* (1993).

Véronique Hebrard teaches history at the University of Paris I, and is a member of the Institut des Hautes Etudes de l'Amérique Latine. She is the author of *Une nation par le discours: Le Venezuela, 1808-1830* (1996).

Alfredo Jocelyn-Holt teaches history at the Universities of Santiago de Chile, Talca and Diego Portales. He is the author of *La independencia de Chile* (1992).

John Lynch is Emeritus Professor of Latin American History, University of London and a former Director of the Institute of Latin American Studies. His many books include *The Spanish American Revolutions, 1808-*

1826 (1973 and 1986), *Simón Bolívar and the Age of Revolution* (1983), *Latin American Revolutions, 1808-1826: Old and New World Origins* (edited, 1994), and *Caudillos en Hispanoamérica, 1800-1850* (1992).

Anthony MacFarlane is Director of the School of Comparative American Studies and Reader in the History Department at the University of Warwick. He is the author of *Colombia before Independence: Economy, Society and Politics under Bourbon Rule (1993), and The British in the Americas* (1994).

Eduardo Posada-Carbó is Senior Lecturer in History at the Institute of Latin American Studies, University of London. He is the author of *The Colombian Caribbean: A Regional History* (1996).

Introduction

Issues in the History of Spanish American Independence

Anthony McFarlane

During the years between 1774 and 1825, the political map of the Americas was redrawn. Over the vast expanses of territory that stretched from the Great Lakes of North America to the southern cone of South America, the boundaries which had long marked British, French, Spanish and Portuguese dominion gave way to pressures for independence from their colonial subjects. Within half a century, the great colonial empires of the West had largely disintegrated; on their ruins, the modern community of American nation-states, formed by the United States and the countries of Latin America, began to take shape.

This transcontinental process of liberation from colonial rule began in the thirteen colonies of British North America where, between 1774 and 1783, colonial rebels waged a successful war against their parent power and formed the first independent government in the Americas. The American Revolution had an influence which ultimately spread far beyond its immediate geographical context, for it was to be the primary link in a chain of political changes which were to reshape the Atlantic world of Western Europe and its American dominions. Not only did the political concepts of the American Revolution offer a source of ideological inspiration for opponents of the established order in Europe, particularly in France, but, by bankrupting the *ancien régime*, the American War of Independence also helped to trigger the second of the great revolutions of the eighteenth-century Atlantic world, that in France itself.

The French Revolution and its Napoleonic aftermath stirred a political storm in Europe which had momentous consequences in the Americas. Its direct impact was felt immediately in French colonial territory in the Caribbean where, in St. Domingue, the collapse of the *ancien régime* set in motion a series of events which undermined French government and smashed the slave society created by French colonialism. After a series of insurrections, foreign interventions and abortive attempts to restore French control, St. Domingue was finally severed from France in 1804, when it became the independent state of Haiti. In the decade which followed, the decline of European colonialism in the Americas quickened and spread. In 1810, the Hispanic empire which stretched from the Californias to Cape Horn felt the first spasms of a political convulsion which, though briefly checked by the forceful reassertion of Spanish authority following the Bourbon restoration in 1814, could not be contained. In 1821, Mexico, the greatest of Spain's American colonies, was lost; by 1825, the last bastion of Spanish rule in South America fell, when Simón Bolívar's campaign of continental liberation culminated in the capture of Upper Peru. Even Brazil, which had remained loyal to the Portuguese crown throughout these troubled years, grew impatient of imperial government and, in 1822, broke away from its metropolis to become an independent constitutional monarchy under a Portuguese prince. By 1826, only pockets of colonial rule remained in the Americas, in the largely unpopulated expanses of Canada, in the archipelago of the West Indies, and on the isolated Atlantic shoulder of South America, in the Guianas. Throughout continental North and South America, colonial government had been superseded by a constellation of new, independent states which, released from the overarching authority of metropolitan monarchies, generally embraced republican ideals and institutions.

Of this chain of political earthquakes which convulsed the political landscape of the Western Hemisphere, the American Revolution has attracted closest attention from historians. This is hardly surprising. Not only was this the first republic of the modern world, dedicated to political ideals which set it apart from other states, but the revolutionary struggle against Britain was in many ways the harbinger of profound and widespread changes on both sides of the Atlantic. And, if British North America was the first domino to fall in the Euro-American colonial world, its subsequent development into a dynamic and expansive force in international political and economic life has ensured that the birth of the United States continues to exert a powerful fascination. And yet the fall of the Spanish empire and its replacement by a cluster of independent republics between 1810 and 1825 was in many ways as important as the American Revolution, and equally deserving of historians' attention. For, when the Spanish monarchy began to disintegrate under the pressure of Napoleon's advance into the Iberian Peninsula, Spain's American dominions encompassed a far greater area and a much bigger population than the British American empire at the time of its breakup, while also offering an economic potential that was more than comparable to that of the Anglo-American world. Moreover, as they became republics, Spain's ex-colonies displayed a political precocity which paralleled that of the United States. Indeed, it has been suggested that the republics of the New

World were the prototypes of the modern nation-state that subsequently became the template for political organisation in Europe and beyond.[1]

The collapse of Spain's American empire and its mutation into republics is, then, a subject of enduring historical importance. The birth of the Spanish American states not only marked the fall of the greatest – and at one stage the richest – of the empires created by European powers in the early modern period; it also inaugurated a process whereby the multi-ethnic and multi-cultural societies on which Spain had impressed 'un roi, une foi, et une loi' were turned into a complex and varegiated set of nation-states, each with its own characteristics and distinctive historical trajectory. It was, moreover, to mark the onset of a process of divergence among the nations of the Americas. For, although contemporary statesmen such as Bolívar initially saw a brilliant future for the new republics, the countries of Spanish America were not to follow the path taken by the United States towards rapid economic development and growing international power. Instead of forging unity from a plurality of provinces, Spanish America broke up into many states; instead of economic progress, these new states generally languished in economic stagnation for at least the half-century after independence; instead of becoming stable polities which quickly extended people and government into the frontier spaces of their sprawling territories, they were invariably caught up in persistent civil conflict. The history of Spanish American independence thus presents a large and complex political canvas, divided into fragments which followed separate trajectories and generated distinctive national histories and myths.

Against this canvas, the subject of Independence still presents a bright prospect for historical investigation and debate. As John Lynch points out in his historiographical conspectus in Chapter 1, historians have for some time been widening their focus away from independence as a subject in itself and towards a broader perspective on economic, social and political life in the late colonial world. With this has come a tendency to play down the significance of independence as a watershed in Spanish American history, and to subsume it into larger patterns of socio-economic development and long-term shifts in external relations with Europe that traverse the colonial and national periods. The fall of Spain's empire has nonetheless continued to interest historians, as Lynch shows in his review of the expanding range of works on the political, social, economic, military and international aspects of the Wars of Independence. Many

---

[1]   Benedict Anderson, *Imagined Communities: Reflections on the Origin and Spread of Nationalism* (2nd ed. London and New York, 1991).

studies of late colonial Spanish America are also relevant to the study of Independence, since they throw light on economic, social, cultural and political developments during the decades before the crisis of the Spanish world started in 1808, and thus enrich our understanding of the socio-economic and political environments in which the politics of that crisis were played out. And, while there have been many advances in the study of Spanish America in the century before the crisis of the colonial system, so too has research progressed into the states which developed in the century after Independence. If many studies of the late colonial period enquire, whether explicitly or implicitly, into the origins of independence, so studies of the post-Independence republics have raised new questions about the character, depth and direction of the political reconfigurations which came with the collapse of colonial rule. In this sense, then, understanding Independence remains a crucial concern for historians of Spanish America, and one which is addressed in different ways by the essays presented here.

Among the multiplying studies of economic, social and political aspects of Independence which Lynch reviews in Chapter 1, one of the most striking revisions of perspective has come from François-Xavier Guerra, who has made an important contribution to understanding the implications and repercussions of the crisis of the Spanish monarchy. In his work, and in his essay in Chapter 2 of this book, Guerra has argued that our understanding of Spanish American Independence has been distorted by seeing the rupture between Spain and its colonies as a series of movements for national emancipation, in which pre-existing nations challenged foreign colonial domination. Although creoles undoubtedly felt that they had identities distinct from those of metropolitan Spaniards, they did not initially use a nationalist rhetoric to justify their break with Spain, nor did they have the cultural means with which to do so. Creole Spanish America, Guerra justly observes, belonged to the linguistic, religious and cultural world of the Spanish 'nation', and their problem was how to distinguish their own identities and create separate states from within this Hispanic world of multi-ethnic societies and polycentric political communities. That they embarked on movements towards independence was, in the first place, largely contingent on external events: the collapse at the centre which, after 1808, left the political community of the Spanish monarchy leaderless or, at best, with a disputed, not wholly legitimate leadership. And, Guerra points out, this shift towards a search for autonomy, then independence, followed a similar pattern and political logic, while drawing on a common pool of political ideas. From an initially conservative response in which creoles asserted their ties to the

Spanish 'nation' threatened by Napoleon, creoles soon moved to embrace the ideas of popular sovereignty and political representation which were propounded by the Spanish resistance to Napoleon and which ultimately produced Spain's first modern constitution, the Cádiz Constitution of 1812. In applying these principles to their own communities, Spanish Americans entered onto a path which, by one route or another, was to lead them to assert rights to govern their own independent polities. Spain's refusal to admit such rights, combined with the opening of an increasingly wide space for free expression of ideas and the formation of a 'public opinion' which could be addressed and defended, led both to civil conflict within American societies and Spanish wars of repression against 'insurgent' Americans.[2] Thus war came on the heels of the new politics, to deepen the ideological differences which that politics had opened and further to politicise Americans who were now increasingly forced to take sides in the jostle for power.

From Guerra's view of the underlying unity of the political process triggered by Spain's collapse in 1808, David Bushnell places Spanish American independence in a still broader interpretative perspective by comparing the origins, course and outcomes of independence movements in the Americas as a whole. Bushnell's main point of comparison is between British and Spanish America, and his essay reflects on similarities and differences in the process which undermined Spanish and British dominion in the American continents, north and south. In one sense, these movements share a common feature. They emerged from colonial societies that were subject to increasing pressures from metropolitan states engaged in continuous economic competition and frequent warfare. This inter-imperialist competition had a number of effects. The demands of war encouraged policies of 'defensive modernisation', through policies of military, administrative and fiscal reform which disturbed the American status quo. Colonial reform in turn provoked rebellious reactions, both north and south. When new taxation provoked riots in British North America in 1765-66, so fiscal and administrative reforms triggered the Quito rebellion of 1765; when the North American War of Independence was reaching its climax, Spanish America was convulsed by the great insurrections of the Comuneros in New Granada and Túpac Amaru in Peru

---

[2]   Since the papers in this volume were written, a new book on Spanish American independence has focused on the implications of the Constitution of Cádiz, and the position of the Spanish American revolutions within the wider political upheaval of the Hispanic world. See Jaime E. Rodríguez, *La independencia de la América española* (Mexico, 1996); translated as *The Independence of Spanish America* (Cambridge, 1997).

in 1780-2. Yet the responses of British and Spanish American colonies differed in some important respects. The Spanish American rebellions of the reign of Charles III were temporary, regionalised conflicts which did not spread to other colonies, did not threaten the integrity of the empire as a whole, and had no immediate sequel. Colonial protests against British policy, by contrast, developed into a long campaign to reverse British policy that transmuted into a movement for independence. And, while British Americans declared independence against a metropolis that was at the peak of its power, Spanish Americans moved towards independence only when the parent power had effectively collapsed. This reflects an important difference between British and Spanish America at independence: while the former was a 'republicanised monarchy', the latter was still a monarchical, *ancien régime* society with a political culture based on loyalty to Crown and Church. The impact of political change on Spanish America was therefore greater than in British America, and its outcomes were to be equally different. But differences between the social and economic structures, institutions and political cultures of Hispanic and Anglo-America do not invalidate comparisons. Slave societies of the American South had, perhaps, more in common with the slave societies of Spanish America than with the New England colonies, and thus offer a fruitful field for inter-regional comparison. Moreover, other resemblances and differences are found in the wars between loyalists and insurgents, the social groups involved, their patterns of political alignment, the role of specific economic interest groups, the role of the clergy and so on, all of which, Bushnell suggests, offer intriguing potential for comparison.[3]

Clearly, variations in social contexts and marked diversity in the political institutions, practices and beliefs implanted by different European cultures ensured that much was different in the American movements for independence. But, while it has long been assumed that the American movements for independence, particularly those in Latin America, were never truly 'revolutionary' since they did not match the French Revolution or modern 'social revolutions', historians are beginning to shift their view on this issue, as regards both British and Spanish America. Now there is a growing tendency to emphasise the very considerable changes which

---

[3]   A new book which compares independence in British and Spanish America is Lester Langley, *Americas in the Age of Revolution, 1750-1850* (New Haven, 1997). For comparison of independence in Spanish America and Brazil, see Brian R. Hamnett, 'Process and Pattern: A Re-examination of the Ibero-American Independence Movements, 1808-1826, *Journal of Latin American Studies*, vol. 29, pt. 2 (1997), pp. 279-328.

affected monarchical societies which, in the course of conflict with their parent powers, adopted ideas and practices which attacked *ancien régime* social distinctions, exalted the individual, and promoted wider political participation. The points from which moves towards independence started in British and Spanish America were not the same and this, of course, affected their outcomes. Contemplating the American Revolution does, however, help to place Spanish America in a new perspective, from which it is easier to appreciate the tremendous significance of the political changes set in motion by adoption of popular sovereignty and representation as key principles of politics, and fundamental justifications for building new states.

The essays in Part II take up more specific issues in the history of Independence, and reflect some of the concerns set out in the general essays of Part I. One aspect of Independence which has drawn closer attention in recent years has been the experience of political conflict in Spanish America and the ways in which metropolitan policy influenced the course and outcome of the struggle between Spain and its colonies. Focusing on New Granada, Rebecca Earle's essay in Chapter 4 explores the problems which Spanish officials encountered in restoring Spain's tattered authority after Ferdinand VII's restoration in 1814. On the one hand, Earle shows that the overthrow of Spanish government was by no means irrevocable. Indeed, in New Granada the experience of civil conflict and political turbulence during 1810-14 undermined support for the proponents of independence and offered Spain an opportunity to reimpose its government by a show of military force. On the other hand, the restoration of colonial rule was flawed: a policy of reprisals, the presence of Spanish armed forces which lived off the land, and government by men whose sense of the political was subordinated to their military mission, all undermined the Spanish revival. Thus, republican failures to secure lasting independence in 1810-15 was succeeded by the failure of restored Spanish imperialism in 1815-20.

Klaus Gallo's essay in Chapter 5 offers further exploration of the political repercussions of the fall of the Spanish colonial order and the subsequent struggle to form a political system which might replace it. The River Plate region was in some respects a special case. Here, the militarisation of politics was particularly rapid and pronounced, as Buenos Aires used violent means to extend its authority over the internal provinces of the erstwhile Viceroyalty of Río de la Plata. Determination to impose a unified, autonomous government in place of the viceroyalty, and swift military mobilisation to achieve this goal did not guarantee stability, however. On the contrary, the ideological differences and political rivalries of leading members of Buenos Aires governments, combined with the readiness of military men to intervene in politics, generated division and conflict. While Buenos Aires was trying to win control over the provinces, its own government was rent by damaging divisions, personal and political. The political classes of Río de la Plata, like those of New Granada, had no shared political agenda, and the internal struggle for power undermined the stability of the new order. Had royalist armies arrived in the River Plate, they might have encountered a reception similar to that given to General Morillo in New Granada. Instead, Argentine politicians in power in 1814-15 contemplated placing the country either under British rule or in the hands of a European prince who might bring back a stabilising respect for order under a monarchy. Unlike New Granada and other areas of Spanish America, Río de la Plata did not suffer Spanish reconquest, but moved towards full independence. Even so, the influence of military men who favoured centralist government, but were unable to subordinate the provinces to their political will, continued to undermine political stability. And, although Rivadavia's government succeeded in reducing military influence after 1820, this was an interlude which did not last. The use of force, which had become habitual in the previous decade, soon re-emerged to undermine civil government, as armed caudillos asserted their power from the provinces.

The importance of understanding the independence movements as an internal struggle over the distribution of power, rather than simply an external war against Spain, is further underlined by the succeeding essays as they examine the ideological and political implications of creating new states in Spanish America. In Chapter 6, Véronique Hebrard examines the question of citizenship in Venezuela during the revolutionary period, and thus focuses on the question that was central to the construction of the new political order in Spanish America. If sovereignty pertained to the people, who were the people and how were they to be represented? This was, as Hebrard points out, a particularly problematic issue in ethnically heterogeneous societies which were permeated by *ancien régime* political concepts and practices, and where social elites wished to retain their privileged share of power and influence. Innovation was therefore coloured by conservatism. Republicans envisaged radical change in the character of state and society: subjects were to become citizens, and the traditional conception of society as a hierarchy of corporate groups was replaced by a vision of society as a community of individuals, equal before the law. However, while social elites accepted the doctrine of popular sovereignty in order to legitimate the new state, they quickly moved to neutralise its social implications. If citizenship was open to all, not all were to be considered as full citizens. From Venezuela's First Republic of 1811 to the Constitution of Gran Colombia of 1821, constitutions enshrined the principle of citizenship while seeking to curb its consequences. Distinctions between 'active' and 'passive' citizens, voting qualifications, and systems of indirect voting were all used to soften the impact of popular representation. On the other hand, war generated needs for armed men that meant that soldiers fighting for the patriot cause were exempt from such restrictions, at least for the duration of the conflict with Spain. However, while this amplified popular adherence to the patriot cause, 'soldier-citizenship' tended to give undue political weight to the military, and to store up problems for peacetime, when the 'soldier-citizen' had to be transformed into a 'citizen-soldier'.

The means by which Spanish American elites sought to justify the new republican order and to activate it in ways they found acceptable is also addressed by Alfredo Jocelyn-Holt Letelier in Chapter 7. In exploring the political culture in which Chileans sought to imagine a republican community based on shared citizenship, Jocelyn-Holt calls for revision of the received view of post-Independence Chile, which focuses on the state and sees culture, traditional elite society and the state as a symmetrical, integrated formation. He argues, instead, that Bourbon attempts to strengthen the state had promoted 'enlightened' ideas which envisaged social progress as a desirable political goal, attainable through reform and persuasion, while independence – by creating needs to justify a new order – offered the prospect of creating a political community that might be of such a perfectable kind. Here, in short, was a revolutionary, ethical view of politics (of a kind, one might add, often found in modern revolutionary movements which aim to make a new society by making a 'new man'), rather than simply a juridical-administrative system aimed at perpetuating elite interests.

Finally, Timothy Anna's closing essay also calls for revision in approaches to the problem of understanding the post-Independence state. The historiography of Mexico, Anna argues, has been distorted by a 'nationalist metadiscourse' which has portrayed Mexico's independent history as a struggle against a benighted regionalism, in which petty local interests have obstructed the consolidation of a viable national state. This picture can be inverted. Perhaps, as Anna suggests, it was the centralist ambitions of elites in the capital which constituted the principal obstruction to establishing a stable republic, rather than the backward-looking intransigence of the provinces which historians have been prone to blame. If members of the Mexican elites imagined a 'national' community as the natural successor to colonial rule, many people in the provinces and among the lower-classes felt no strong sense of 'national' identity; instead, they saw the struggle against Spain and the establishment of an independent state as opportunities to express their grievances, press their claims and demand their autonomy (even, in the case of the Yucatán, to seek full independence). Clearly, then, we need to give more attention to aspirations and actions of provincial and subaltern groups, and to recognise that the Mexican republic was constructed from the peripheries and from below, as well as from the centre and from above. The defence of local autonomies that were first forged under the Spanish Hapsburgs (with its a multi-community political structure under a single overarching authority) was sharpened during the wars of independence, and did not necessarily look only to the past. The powerful federalist impulses which surfaced at Mexican independence also signalled the part played by provincials and peasants in the foundation of a new state, and their determination to ensure that it reflected their interests. Thus, important though it was as a defining moment, the achievement of independence should not be considered in isolation: it may best be seen as an episode in the transition from an *ancien régime* to a modern nation-state, inaugurated under the Bourbons and completed with the liberal triumph in the 1860s, a transition which brought new groups into politics and generated new visions of political and social life.[4]

Here, then, we end on the theme common to the essays in this volume: the need to reconsider received ideas about Spanish American Independence by placing it in new conceptual and chronological contexts, and by considering it from new angles. Clearly, Independence was more than simply a break with colonial rule. It set in motion the formation of political communities which, while carved out of an Hispanic world united by language, religion and culture, embodied radically new visions of social and political organisation and raised fundamental questions about the identity of 'nation' and the purposes of the state.

---

[4]   A recent study which exemplifies this approach is Peter F. Guardino, *Peasants, Politics and the Formation of Mexico's National State: Guerrero, 1800-1852* (Stanford, Calif., 1996). Other work on the interaction of the regional and the national can be found in several of the essays published in Hans-Joachim König and Marianne Wiesebron (eds.), *Nation Building in Nineteenth Century Latin America* (Leiden, 1998).

PART I

HISTORIOGRAPHY AND INTERPRETATION

CHAPTER 1

Spanish American Independence in Recent Historiography

John Lynch

Spanish American Independence was traditionally a leading subject in its own right, regarded as a decisive moment in history and used by researchers and teachers alike to mark the end of one age and the beginning of another. In recent years there has been a shift of interest, not so much away from Independence as towards further themes and different time spans; in the process Independence has been absorbed into larger or alternative categories of historical study, and no longer occupies the inviolate place it once did. These trends are reflected in the historiography of the ten years 1985-1995, which are surveyed in this chapter. Some historians have studied regions or countries in transition from colonial to early modern times without invoking independence at each point of change or seeing revolution as a unique causal factor. Others have developed alternative chronologies, no longer endowing 1810 or 1830 with magic qualities but preferring larger blocks of history, say 1750-1850, to describe an intermediate period, in which colony yields reluctantly to republic, and republic retains much of the colony. Underlying the new chronologies is a growing interest in assessing the balance of continuity and change, above all in economic and social life, an exercise which necessarily demands a longer period than the traditional limits of Independence. Historians also recognise that Spanish Americans did not spend the whole of their lives awaiting, observing, or experiencing Independence, and that they had a history outside insurgency.

Concept and context

The recent appearance of a revised history of Independence, first published over twenty years ago, allows its author to draw attention to new priorities which to some extent represent the preoccupations of historians in the 1990s.[1] Jay Kinsbruner pleads for more data on the identities and interests of royalists; and he allows the role of the liberators and the factor of personality to play a greater part than they did in his first edition, where bureaucrats, merchants, and the formation of 'early nationhood' occupied centre stage. Above all, he now treats the Independence movements as 'revolutions' in that they 'set into motion both short and long-term changes in social arrangements and relationships that would have been impossible under Spanish imperialism', changes which were seen in the first steps towards the abolition of slavery, the advance of free coloureds, improvement of Indian status, and new rights of citizenship for all.

By the 1980s, of course, most authors of general histories of Independence studied social and economic factors more thoroughly than did the first historians in this field. The volume edited by Leslie Bethell out of *The Cambridge History of Latin America*, Volume III, is an example.[2] In his chapter on Mexico and Central America Timothy Anna restores the Creoles to prime position, but with a new gloss; now they are seen not as outright *independentistas* but as seeking reform and autonomy within Spanish constitutionalism. David Bushnell points to the importance of ideas as weapons, reminds the reader of regional differences in Spanish South America, and shows the difficulties which Bolívar experienced in overcoming these. Both chapters vindicate the importance, indeed the necessity, of narrative history to establish the sequence of events in a complex situation.

This decade has seen the appearance of a general history of Independence from two French historians, both of them Andeanists.[3] Marie-Danielle Demélas and Yves Saint-Geours have written a study of Independence not around Bolívar, though his name is invoked, but as a social, political, and military movement, treating the subject as one of structures, ideas, and change rather than of heroes. It is superior synthesis which introduces the student and general reader to themes and sources not always present in more conventional accounts. For example, the section

[1]   Jay Kinsbruner, *Independence in Spanish America: Civil Wars, Revolutions, and Underdevelopment* (Albuquerque, 1994), rev. and enl. ed. of *The Spanish-American Independence Movement* (1973).

[2]   Leslie Bethell (ed.), *The Cambridge History of Latin America. Volume III, From Independence to c.1870* (Cambridge, 1985), from which selected chapters are republished as *The Independence of Latin America* (Cambridge, 1987).

[3]   M.D. Demélas, Y. Saint-Geours, *La vie quotidienne en Amérique du Sud au temps de Bolivar 1809-1830* (Paris, 1987).

devoted to the Bolivian partisans, and especially the drum-major and chronicler José Santos Vargas, incorporates popular concerns and Indian voices into the history of Independence. François-Xavier Guerra addresses a more specialist audience.[4] He argues that the political factor occupies a central place in any study of the revolutionary period in the Hispanic world, by which he means not a return to narrative history but an answer to questions such as 'Who will exercise power, and for whom?' He insists on a distinction between on the one hand the collapse of the *ancien régime* and transition to liberalism and modernity, and on the other the fragmentation of the Spanish empire at the hands of the revolutionaries, who nevertheless still looked to peninsular liberalism for ideas and inspiration.

The period 1750-1850 in Spanish America serves the historian well as a chronological framework, either to incorporate a sequence of origins, course and consequences of Independence, or to accommodate significant features of a period which has an identity of its own without special reference to Independence. Tulio Halperín Donghi follows the first objective in a book which gives as much space to the later colonial and early national periods as to the movement of Independence itself.[5] He has no inhibitions in using the concept of 'Bourbon reformism', and argues that the crisis of the colonial order occurred because the reforms did not prove strong enough to protect the empire from political and military blows from outside. He appears to support the theory of external shock rather than internal collapse as the cause of Independence. And he sees the wars not so much as a complex revolution but rather as a series of calamities comparable to natural disasters, and rendered unpredictable by the entry of new peoples and regions – the Llaneros of Venezuela, the Montoneros of the pampas – hitherto excluded from history. But from the wars emerged those two fundamental changes which Halperín first identified in previous works, the ruralisation and the militarisation of society, marks which were to distinguish Spanish America for decades to come.

The Venezuelan historian Germán Carrera Damas looks at Independence in another way. He sees it as a movement crucial for

---

[4] François-Xavier Guerra, *Modernidad e Independencias. Ensayos sobre las revoluciones hispánicas* (Madrid, 1992), and 'La independencia de México y las revoluciones hispánicas', in Antonio Annino and Raymond Buve (eds.), *El liberalismo en México*, AHILA, *Cuadernos de Historia Latinoamericana*, no. 1 (1993), pp. 15-48.

[5] Tulio Halperín Donghi, *Reforma y disolución de los imperios ibéricos 1750-1850* (Madrid, 1985).

understanding the internal structure of power as it emerged, intact but not unchallenged, from colony to republic; in Venezuela the new rulers were a small but dominant minority who defined the nation in an exclusive way in order to preserve the economic and social order which they had inherited from the colonial past. Within these terms of reference the study of Bolívar and his political thought becomes not an exercise in hagiography but a search for the roots of national identity.[6] A broader period was also favoured by the Peruvian historian, Alberto Flores Galindo, who edited a group of studies on the Independence of Peru, for the most part already published, and applied the concept of revolution to the rebellion of Túpac Amaru but not to Independence.[7]

The editors of a more recent work employ the framework 1750-1850 for another purpose, to represent 'a time of transition, beginning with the crisis of the colonial order – from the escalation of the Bourbon Reforms between approximately 1750 and 1765 – to Spanish America's incorporation into the global economy between approximately 1850 and 1900'.[8] These hundred years, taken together, enable the historian and teacher of the subject not only to trace elements of continuity and change but also to develop distinct themes, in this case the role of the state in promoting socioeconomic change in the late colonial and early national periods. Thus historiography, having moved from imperial emphasis to history from below, now returns to another scrutiny of the colonial and republican states, without, however, losing sight of the economies on which the state worked. An even more recent addition to this genre, edited by Mark Szuchman and Jonathan Brown, focuses on Argentina in the period 1776-1860, and offers a succession of revisionist views of the region as it moved from imperial outpost, to revolutionary base, to a nation in search of 'political order and territorial coherence'.[9]

---

[6]   Germán Carrera Damas, *Venezuela: proyecto nacional y poder social* (Barcelona, 1986).

[7]   Alberto Flores Galindo (ed.), *Independencia y revolución (1780-1840)* (2 vols., Lima, 1987).

[8]   Kenneth J. Andrien and Lyman L. Johnson (eds.), *The Political Economy of Spanish America in the Age of Revolution, 1750-1850* (Albuquerque, 1994).

[9]   Mark D. Szuchman and Jonathan C. Brown (eds.), *Revolution and Restoration: The Rearrangement of Power in Argentina, 1776-1860* (Lincoln, NB, 1994), p. 23. For a comparable work on Mexico see Jaime O. Rodríguez (ed.), *Mexico in the Age of Democratic Revolutions, 1750-1850* (Boulder, 1994).

The origins of Independence

The modern historiography of Bourbon America has gone through various stages. First, from about 1945 to 1960, research was dominated by imperial themes – commercial, bureaucratic, and military reforms, and the search for increased revenues. In the second stage, from 1960 to 1985, historians turned their attention to changing conditions within America – population growth, mining boom, agricultural expansion, and Indian conditions, not all of which responded to imperial imperatives. Research of this kind transformed the subject and established new boundaries of knowledge. The phase now under review, from 1985 to 1995, has continued the emphasis on the internal history of Spanish America and the search for American interests. One interpretation finds the roots of Independence in the deconstruction of the Creole state, its replacement by a new imperial state, and the consequent alienation of the American elites. Creole resentment was accompanied by protest from below, with potential for social revolution rather than political independence; and popular protest was a challenge to successive regimes, colonial, revolutionary, and republican alike. In this sequence ideology does not occupy prime position and is not seen as a 'cause' of Independence. Even so the Enlightenment was an indispensable source from which leaders drew to justify, defend, and legitimise their actions, before, during, and after the revolution.[10]

These views are not shared by all historians, and there is another approach which finds the cause of Independence in external shock administered between the years 1796 and 1810. There are a number of general works which lend credence to both interpretations. The chapter by Delgado in Domínguez Ortiz's *Historia de España* is exceptional for its range and its insights, and although it claims to cover the post-1810 Independence movements it is best read as an analysis of the pre-revolutionary period.[11] The composite work edited by Fisher, Kuethe, and McFarlane combines state of the art and research of its own; it provides a number of case studies of Bourbon policy and American reaction, and useful evidence too of the continuity of popular insurgency from the colony, through Independence, and into the republic.[12] The work edited by

---

[10] John Lynch (ed.), *Latin American Revolutions, 1808-1826: Old and New World Origins* (Norman, 1994), pp. 5-38.

[11] J. M. Delgado Ribas, 'Las Indias españolas en el siglo XVIII y la emancipación', in Antonio Domínguez Ortiz (ed.), *Historia de España*, vol. 8 (Madrid, 1989), pp. 455-583.

[12] John R. Fisher, Allan J. Kuethe, and Anthony McFarlane (eds.), *Reform and Insurrection in Bourbon New Granada and Peru* (Baton Rouge, 1990).

Jacobsen and Puhle is another example of recent research processes, originating as a symposium, passing through commentarists, and finally expanded with additional recruits.[13] With fifteen different contributors, it is not an easy book to summarise, but we can draw one conclusion: the Bourbon Reforms are not seen as beneficial to the economies of Mexico and Peru, or indeed as agencies of any fundamental change; and structural flaws rather than state policy are invoked to explain what is regarded as the stagnation of both economies from the 1790s.

The renewal of the imperial state implied a tighter control of the economy and exaction of more revenue. In his recent book on New Granada, Anthony McFarlane travels beyond these limits to revisit the entire economy and reconstruct the whole of society, linking the imperial exploitation of resources with the emergence of Creole political positions and so taking the reader into the outskirts of Independence.[14] Other research confirms that in New Granada the tobacco and *aguardiente* monopolies hurt both consumers and producers, while in Mexico the colonial state manipulated the new tobacco monopoly in a desperate attempt to defray costs in America and retain some profits of empire for Spain.[15]

To withstand such extortion, the economy needed to grow and trade to expand. This is a theme well studied in traditional and revisionist historiography. Recent research has quantified *comercio libre* and reassessed its meaning for Spain and America.[16] To Spanish America

---

[13]   Nils Jacobsen and Hans-Jührgen Puhle (eds.), *The Economies of Mexico and Peru during the Late Colonial Period, 1760-1810* (Berlin, 1986), p. 4.

[14]   Anthony McFarlane, *Colombia before Independence: Economy, Society, and Politics under Bourbon Rule* (Cambridge, 1993).

[15]   Gilma Lucia Mora de Tovar, *Aguardiente y conflictos sociales en la Nueva Granada durante el siglo XVIII* (Bogotá, 1988); Susan Deans-Smith, *Bureaucrats, Planters, and Workers: The Making of the Tobacco Monopoly in Bourbon Mexico* (Austin, 1992).

[16]   For expert syntheses see John Fisher, *Relaciones económicas entre España y América hasta la independencia* (Madrid, 1992), and Antonio García-Baquero González, *La carrera de Indias: suma de la contratación y océano de negocios* (Seville, 1992); see also Antonio Miguel Bernal (ed.), *El comercio libre entre España y América Latina, 1765-1824* (Madrid, 1987). The statistics of John Fisher, *Commercial Relations between Spain and Spanish America in the Era of Free Trade, 1778-1796* (Liverpool, 1985), remain basic; for an alternative interpretation of these see Delgado Ribas, 'Las Indias españolas', p. 526. The case of New Granada is studied by Anthony McFarlane, 'El mercantilismo borbónico y la economía americana: la Nueva Granada en la época del comercio libre, 1778-1795', *Anuario de Estudios Americanos*, vol. 47 (1990), pp. 309-80. Peruvian participation is demonstrated by Cristina Ana Mazzeo, *El comercio libre en el Perú: las estrategias de un comerciante criollo José Antonio de Lavalle y Cortés 1777-1815* (Lima, 1994). Attempts in Buenos Aires to subvert Bourbon fiscal policy are assessed by Eduardo R. Saguier, 'La

comercio libre brought both revival and recession: while Mexico and Peru experienced commercial growth and agricultural and mining development, New Granada remained on the margin of Spanish trade. Rising treasure returns owed most to the continued growth of Mexican silver output, but even Potosí's production underwent continuous, if slow, growth, a consequence not so much of Bourbon Reforms as of greater exploitation of the *mita* labour. However, state policy was also a factor: increased mercury supplies and lowered prices played some part in mining growth in Peru and Mexico.[17] Agricultural exports were also stimulated, and modern research has identified in particular two new frontiers of settlement, the pampas of the Río de la Plata and the valleys and plains of Venezuela, where already before Independence growth in population and production bred incipient export economies and created societies which would make their presence felt in the Wars of Independence.[18] Was the late colonial period, then, a golden age of growth, prosperity, and reform

corrupción administrativa como mecanismo de acumulación y engendrador de una burguesía comercial local', *Anuario de Estudios Americanos*, vol. 46 (1989), pp. 269-303. Jerry W. Cooney, *Economía y sociedad en la intendencia del Paraguay* (Asunción, 1990), studies the commercial expansion of Paraguay under Bourbon incentives, before it was overtaken by Independence, isolation, and subsistence.

[17] The labour input in Potosí mining production, among other things, has been calculated by Enrique Tandeter, *Coercion and Market: Silver Mining in Colonial Potosí, 1692-1826* (Albuquerque, 1993); and the role of mercury by Kendall W. Brown, 'The Spanish Imperial Mercury Trade and the American Mining Expansion under the Bourbon Monarchy', in Andrien and Johnson, *The Political Economy of Spanish America in the Age of Revolutiion*, pp. 137-67.

[18] New research for the Río de la Plata is represented by Samuel Amaral, 'Rural Production and Labour in Late Colonial Buenos Aires', *Journal of Latin American Studies*, vol. 9, part 2 (1987), pp. 235-78; Juan Carlos Garavaglia and Jorge Gelman, *El mundo rural rioplatense a fines de la época colonial: estudios sobre producción y mano de obra* (Buenos Aires, 1989); Jorge Gelman, 'New Perspectives on an Old Problem and the Same Source: The Gaucho and the Rural History of the Colonial Río de la Plata', *Hispanic American Historical Review*, vol. 69, no. 4 (1989), pp. 715-31; Carlos A. Mayo, 'Landed but not Powerful: The Colonial Estancieros of Buenos Aires (1750-1810)', *Hispanic American Historical Review*, vol. 71, no. 4 (1991), pp. 761-79; and Eduardo Azcuy Ameghino and Gabriela Martínez Dougnac, *Tierra y ganado en la campaña de Buenos Aires según los Censos de Hacendados de 1789* (Buenos Aires, 1989). The frontier society of Buenos Aires, its landowners, peons, and Indians is recreated by Carlos A. Mayo and Amalia Latrubesse, *Terratenientes, soldados y cautivos: La Frontera (1736-1815)* (Mar del Plata, 1993). On the 'conquest of the llanos' see Adelina C. Rodríguez Mirabal, *La formación del latifundio ganadero en los llanos de Apure: 1750-1800* (Caracas, 1987). For New Granada, Hermes Tovar Pinzón, *Hacienda colonial y formación social* (Barcelona, 1988), points to social power as well as mining and commercial capital as factors in hacienda expansion.

which raised the expectations of the Creoles once more? Or was it an age of shortage, famine, and epidemics which revealed the shortcomings of the colonial regime in even more glaring light? An old question still debated by historians. The answer can be expected to vary according to social groups. Peasants suffered misery, or at best a bare subsistence. Even among the elites there were losers as well as winners from Bourbon economic policy: manufacturers who were unable to compete as well as merchants and miners who improved their incomes. In Mexico population growth and mining boom drove up rents and profits, but reduced labour income. Returns from mining provided the capital to buy cheap European cloth, which harmed Mexican textile production and its workers. Wealth and poverty existed side by side, as Humboldt observed.[19]

The great age of Creole America, when the local elites bought their way into treasury, *audiencia*, and other offices, and secured an apparently permanent role in administration, was followed from 1760 by a new order, when the government of Charles III deconstructed the Creole state, abandoned colonial consensus, and restored Spanish hegemony in the administration, the transatlantic trade, and to a lesser extent in the army. This interpretation can be inferred from older research and existing sources, but it has been given more precise chronology and richer evidence in recent historiography. A study of the Caracas elite casts new light on the character of the colonial state.[20] The Caracas model of regional growth and elite autonomy followed by renewed imperialism provides perhaps the earliest evidence of the great divide in colonial history, between the Creole state and the Bourbon state, between compromise and absolutism, and the division can be located in the years around 1750. In Peru the financial, commercial, and administrative changes introduced during the visitations of José Antonio de Areche and

---

[19]   For the *estado de la cuestión* on Bourbon Mexico see the chapter by Eric Van Young in Arij Ouweneel and Cristina Torales Pacheco (eds.), *Empresarios, indios y estado: perfil de la economia mexicana (siglo XVIII)* (Amsterdam, 1988). On Mexican textiles see Richard J. Salvucci, *Textiles and Capitalism in Mexico: An Economic History of the Obrajes, 1539-1840* (Princeton, 1987), and Richard J. Salvucci, Linda K. Salvucci, and Aslán Cohen, 'The Politics of Protection: Interpreting Commercial Policy in Late Bourbon and Early National Mexico', in Andrien and Johnson, *The Political Economy of Spanish America*, pp. 95-114. For recent reappraisals of Bourbon Mexico see Richard Garner (with Spiro E. Stefanon), *Economic Growth and Change in Bourbon Mexico* (Gainesville, 1993), and the review essay by Richard J. Salvucci, 'Economic Growth and Change in Bourbon Mexico: A Review Essay', *The Americas*, vol. 51, no. 2 (1994), pp. 219-31.

[20]   Robert J. Ferry, *The Colonial Elite of Early Caracas: Formation and Crisis, 1567-1767* (Berkeley and Los Angeles, 1989).

Jorge Escobedo (1777-85), when the new formula of royal monopolies, tax increases, and stronger agencies was applied, produced positive results, especially for Spain. But there was protest and rebellion in 1780 and this marked the dividing line in Peru between traditional consensus and new colonialism.[21] The Río de la Plata became a model of restored imperialism: the establishment of the viceroyalty and the appointment of intendants ended the Creole age and increased the power of the colonial state. Equal opportunities were unknown. While Creoles were not absolutely excluded, they had little chance of becoming viceroys or intendants, or even of entering the financial department. In a sample of 158 officials between 1777-1810 Susan Socolow shows that 64 per cent were Peninsulares, 29 per cent were natives of Buenos Aires, and seven per cent were other Americans.[22] This essentially Spanish bureaucracy was an isolated bureaucracy; in the crisis of 1806-10 it had few friends and was soon overthrown by its enemies.

The roots of Independence, it is sometimes argued, are to be found in economic interests and social perceptions, rather than in a crude Spanish-Creole division. The study of late colonial society has made great advances in recent decades. Creoles, mixed races, blacks and Indians have been counted, described and defined, and their relations with each other analysed. The received interpretation is that of a society in conflict and an economy in crisis: tensions inherent in relations between Creoles and Peninsulares, and between whites and non-whites were aggravated by Spanish policy and peninsular reaction. But there are alternative readings of the evidence. Martin Minchom presents a Quito polarised between whites and Indians. In Lima, according to Flores Galindo, there was a fusion of Peninsulares and Creoles to form a white elite, united in its economic functions and in defence against the popular sectors.[23] For Venezuela Michael McKinley is totally

---

[21] Scarlett O'Phelan Godoy, *Rebellions and Revolts in Eighteenth Century Peru and Upper Peru* (Cologne, 1985), points to the Bourbon *alcabala* as the trigger of rebellion.

[22] Susan Migden Socolow, *The Bureaucrats of Buenos Aires, 1769-1810: Amor al Real Servicio* (Durham, N.C., 1987). In the Spanish 'reaction' after 1750, the role of the military is less clear than that of the bureaucrats. The research of Juan Marchena, 'The Social World of the Military in Peru and New Granada: The Colonial Oligarchies in Conflict, 1750-1810', in Fisher, Kuethe, and McFarlane, *Reform and Insurrection in Bourbon New Granada and Peru*, pp. 54-95, and *Ejércitos y milicias en el mundo colonial americano* (Madrid, 1992), concludes that by 1800 the army and the militias of America were dominated by Creole officers.

[23] Martin Minchom, *The People of Quito, 1690-1810: Change and Unrest in the Underclass* (Boulder, 1994). Alberto Flores Galindo, 'Independencia y clases sociales', in Flores Galindo, *Independencia y revolución*, I, 121-44; but for Peru Serena Fernández

revisionist. He argues for the existence in Caracas of assimilated Peninsular-Creole groups, and an integrated middle class of whites and free coloureds, many of them plantation and ranch owners.[24] If the economy was in its 'golden age' and society 'tranquil', then the role of economic and social interests as a motive force of Independence is obviously reduced. Independence is then explained not in terms of interests or conditions but as a political reaction to events in Spain, and revolutionary violence is seen to be a result of individual decision by leaders such as Bolívar and Boves. In that case, as used to be asked of the May Revolution, where were the people?

Historians have become increasingly interested in movements of popular resistance to colonial authority. If the economic argument for rebellion was not in itself decisive, there was usually a backward linkage from extortionate officials to higher taxes and deteriorating material conditions. Do revolutions occur in the midst of poverty or plenty? We now have more precise answers to this question through a new history of colonial prices.[25] The role of food prices in Mexico, of fiscal factors in Upper Peru, and of inflation of staples in Buenos Aires are now better understood, not necessarily as causes of Independence but as explaining the popular support for revolution in 1810.

Popular rebellion anticipated the revolutions for independence in many parts of Spanish America, and continued throughout the revolutionary period and beyond, without reference to political chronology. Recent historiography has identified more accurately the sources of colonial protest and its survival beyond Independence. The insurrection in Quito in 1765 is attributed to innovatory fiscal schemes which united different social groups in a common reaction to royal policy; the revolts of 1808-9, beginning as actions of the Creole elite, acquired a popular dimension when counter-revolution and the spread of grievances brought out the *barrios*.[26] In Mexico the focus of rebellion was rural rather

---

Alonso, 'Iniciativas renovadoras en los cabildo peruanos a fines de la época colonial', *Revista de Indias*, vol. 51, no. 193 (1991), pp. 505-22, shows that specifically Creole groups were working to reform the *cabildo* as an agent of Creole interests.

[24]   P. Michael McKinley, *Pre-Revolutionary Caracas: Politics, Economy, and Society, 1777-1811* (Cambridge, 1985); see also Manuel Lucena Salmoral, *Visperas de la independencia americana: Caracas* (Madrid, 1986).

[25]   Lyman L. Johnson and Enrique Tandeter, *Essays on the Price History of Eighteenth-Century Latin America* (Albuquerque, 1989); on Upper Peru see the chapter by Tandeter and Wachtel, on Buenos Aires that by Johnson.

[26]   Anthony McFarlane, 'The "Rebellion of the Barrios": Urban Insurrection in Bourbon

than urban. Hunger and outrage, of course, could bring mobs on to the streets, but normally an urban mob in Mexico was not revolutionary; and being less structured than rural communities the popular sectors of the towns were less easily mobilised for mass action, as the insurgents learnt to their cost in 1810.[27] In Peru the violent scenes in the southern highlands were the culmination of endemic grievance centred on tribute and *reparto*, and now, it is argued, aggravated by new *alcabalas* and customs posts. With repercussions in the northern sierras and rebellion too in Upper Peru, the events of 1780-82 represented a basic defiance of authority; they are also seen as representing new Indian strategies to protect perceived rights against an encroaching colonial state, and to prepare the way for an Inca revival.[28] In New Granada colonial rebellion, recently reconstructed in its social context by Anthony McFarlane, is also interpreted by him as an expression of interests, values, and politics of the popular classes, their complaints against abuse of power, their insistence on traditional rights and natural justice, and their determination to defend the customs of the community. The subject is further extended by Margarita Garrido, who identifies the sources and significance of popular political culture, and by Rebecca Earle, who demonstrates that Bourbon political and fiscal control had only limited effect in the provinces against regional feeling and desire for autonomy within the colony.[29]

Grievance in itself is not sufficient to make a revolution. In Spanish America external shock provided a further factor of change which forced political leaders to make new decisions. Spain had been in deep trouble since 1796, a fatal date in Bourbon history, when the British navy cut off the metropolis from its empire and Spain lost economic control of America. The

Quito', *Hispanic American Historical Review*, vol. 69, no. 2 (1989), pp. 283-330; Kenneth J. Andrien, 'Economic Crisis, Taxes, and the Quito Insurrection of 1765', *Past and Present*, no. 129 (1990), pp. 104-31. On the revolts of 1808-9 in their social context see Minchom, *The People of Quito, 1690-1810*, pp. 222-33, 241-50.

[27] These are the conclusions of Eric Van Young, 'Islands in the Storm: Quiet Cities and Violent Countryside in the Mexican Independence Era', *Past and Present*, no. 118 (1988), pp. 130-55.

[28] Steve J. Stern, 'The Age of Andean Insurrection, 1743-1782: A Reappraisal', in Steve J. Stern (ed.), *Resistance, Rebellion and Consciousness in the Andean Peasant World, 18th to 20th Centuries* (Madison, Wisc., 1987), pp. 34-93.

[29] Anthony McFarlane, *Colombia before Independence*, pp. 245-48; Margarita Garrido, *Reclamos y representaciones: variaciones sobre la política en el Nuevo Reino de Granada, 1770-1815* (Bogotá, 1993); Rebecca Earle Mond, 'Indian Rebellion and Bourbon Reform in New Granada: Riots in Pasto, 1780-1800', *Hispanic American Historical Review*, vol. 73, no. 1 (1993), pp. 99-124.

fall of the Spanish Bourbons in 1808-10 completed the cycle of disaster. The sequence of events is well known, but John Fisher has added new research in his study of the crisis and collapse of *comercio libre*; it can now be inferred that from 1796 Spanish America virtually left the Spanish system of free trade and entered world trade as an independent economy, while remaining aware that should Spain ever recover it would certainly revert to monopoly.[30] However, economic anxiety was not enough in itself to stir the Creoles. Their real fears lay elsewhere, in the growth of social and racial instability over which they had no political control. Such is the argument of Miguel Izard.[31] If government failed at the centre, disobedience became a habit of life, security forces remained weak, and the local ruling class simply waited on events, then authority on the street and in the countryside would be fatally impaired and anarchy would rule.

Independence: economy and society

The chapter written by Tulio Halperín in *The Cambridge History of Latin America*, Volume III, is an effective introduction to the economy and society of the Independence period. Although he is dealing primarily with post-Independence, his synthesis establishes a framework for Independence itself and proceeds systematically through the key topics: trade and investment, mining, agriculture, labour, slavery, Indians, elites, mestizos, and artisans. The chapter leaves an impression that change rather than continuity defined the age and that in significant ways – external economic relations, internal social relations – Independence was a decisive break with the past. On demography he observes 'very little is known about population trends during this period', and what is known leads to the conclusion that 'they were not as decisive a factor in the evolution of society as they had been in the colonial period and as they were to be after 1870'.[32]

The demography of Independence can be pieced together from various sources, and there has been little interest in refining existing knowledge. The

---

[30]   John Fisher, *Trade, War and Revolution: Exports from Spain to Spanish America 1797-1820* (Liverpool, 1992).

[31]   Miguel Izard, 'Venezuela: tráfico mercantil, secesionismo político e insurgencias populares', in Reinhard Liehr (ed.), *América Latina en la época de Simón Bolívar* (Berlin, 1989), pp. 207-25.

[32]   Tulio Halperín Donghi, 'Economy and society in post-Independence Spanish America', in Bethell (ed.), *The Cambridge History of Latin America*, vol. III, pp. 299-345.

story begins with strong population growth in the eighteenth century, the result of natural increase and, in some regions, growing mestizisation rather than renewed immigration, and the number of Creoles continued to exceed that of Peninsulares.[33] We know from recent research that in the period 1765-1800 legal emigrants from Spain to America amounted to 11,116 with a tendency to decline; contrary to impression, Andalucía was still the dominant source, though relative to its population northern Spain was sending more of its people.[34] Real numbers, allowing for illegal migrants, were undoubtedly higher, but even so, in the whole of the eighteenth century no more than 53,000 Spaniards are estimated to have migrated to the Americas, an average of only 500 a year, lower than the calculations for previous centuries. Migration from Spain, therefore, was not sufficient to change the growing imbalance between the peninsular minority and American majority. Around 1800 whites numbered some 2.7 million, or 20 per cent of the whole population. Of these only 30,000 were Peninsulares, though this is conjecture, for we still do not know the precise number of Peninsulares in Bourbon or revolutionary America, outside of Mexico. The second phase is one of population decline during the Wars of Independence, the result of high casualties, crop destruction, disease, flights, and expulsions.[35] These horrors of war afflicted some countries more than others. Venezuela suffered heavy losses, as did Central Mexico and the Río de la Plata, and in some cases the quantities are known; in others they are impressions.

The strict chronology of Independence, say 1810 to 1826, does not conform to the demands of economic history; but this does not prevent the economic historian from advancing the study of Independence. Independence is either treated as a starting point for developments up to the middle decades of the nineteenth century when modernity began to encroach, or it is treated as one of a number of factors in considering the transition from colony to republic. The papers edited by Reinhard Liehr, which take as their framework the period 1800-1850, are an example of the first approach.[36] The editor introduces the disruptive factors of

---

[33] For recent computation of *mestizaje* in New Granada see McFarlane, *Colombia before Independence*, pp. 34-37, 352-63.

[34] Rosario Márquez Macías, 'La emigración española en el siglo XVIII a América', *Rábida*, no. 10 (1991), pp. 68-69.

[35] For a study of one set of expulsions see Harold Dana Sims, *The Expulsion of Mexico's Spaniards, 1821-1836* (Pittsburg, 1990).

[36] Liehr, *América Latina en la época de Simón Bolívar*, pp. 13-15.

Independence – damage to agriculture, mining and industry, flight of labour and capital, political instability and consequent survival of colonial laws and institutions. He then launches his contributors into studies of the formation of national economies from the ruins of the old, and the replacement of Spanish monopoly by trade with Europe, in the expectation that they will clarify the effects of European trade and investment on export and internal economies alike. In the book of Andrien and Johnson cited above, the authors work in a framework of 1750 to 1850 to indicate, in the words of the editors, 'that the colonial and republican states played a central role in shaping the long-term patterns of conflict, transition, and coherence present in the century from 1750 to 1850'.[37]

Guy Thomson employs a longer period in studying the economy and society of Puebla.[38] Here the story is one of prolonged decline of industry, in which the instability induced by Independence is simply the culmination of a history of structural defects in marketing, labour and transport, and of flaws in Bourbon policy. And in adopting an even larger time span, Richard Salvucci confirms suspicions that the time of troubles for the Mexican *obrajes* began in the late colonial rather than the Independence period.[39] For Peru a slightly different chronology is needed. Starting from the disruption of the mining industry in the 1820s, José Deustua shows that, behind the apparent chaos of Independence and its aftermath, factors of production survived and could be rapidly reactivated, surprising conclusions for historians impressed by the fate of Mexican mining at Independence.[40] For the province of Buenos Aires Juan Carlos Nicolau demonstrates the action of government economic policy on land, trade, and artisan industry. A model of what can be done for a regional economy is provided by José Carlos Chiaramonte, whose study of population, trade, agriculture and industry in post-Independence Corrientes concludes with an appraisal of the ruling group of the province.[41]

---

[37]   Andrien and Johnson, *The Political Economy of Spanish America in the Age of Revolution*, p. 12.

[38]   Guy P.C. Thomson, *Puebla de Los Angeles: Industry and Society in a Mexican City 1700-1850* (Boulder, 1989).

[39]   Richard J. Salvucci, *Textiles and Capitalism in Mexico: An Economic History of the Obrajes, 1539-1840* (Princeton, 1987).

[40]   José Deustua, *La minería peruana y la iniciación de la República 1820-1840* (Lima, 1986).

[41]   Juan Carlos Nicolau, *La reforma económico-financiera en la Provincia de Buenos*

The basic economic institution of Spanish America, the hacienda, had acquired a new lease of life in the late colonial period, and new frontiers of cattle ranching made their appearance. Landowners survived the wartime disruption and predatory armies; their operations needed less capital than did mining and industry, and depended for their success on abundant land and cheap labour. Tropical agriculture was less buoyant, and also faced international competition, but even so it found ways of surviving and expanding. These subjects need further research; the agrarian history of Independence still offers promising fields for the student of continuity and change.

Different economic sectors competed for influence, but there was no longer a metropolis to arbitrate. Policy was set by the emerging rulers and interest groups who sought to make their particular centre a new metropolis and reduce other regions to satellites. The national economies, therefore, were divided originally by internal rivalries: between the centre and the regions, between free trade and protection.[42] The foreign trade of Spanish America, during and after Independence, has long been a popular subject. But historians have recently looked more closely at issues of tariffs, protection, and interest groups. Paul Gootenberg explores the economic nationalism of early republican Peru, its expression in fiscal impositions, and its links to *caudillo* politics, before it was overtaken by free trade and liberalism.[43] Guy Thomson examines the way in which merchants in post-Independence Mexico, finding few opportunities in mining or commercial agriculture, turned to urban manufacturing and, with the artisans, demanded protection and sought links with conservative governments. Barbara Tenenbaum has restored the credit of the *agiotistas* and explained their positive role in the internal money market of Mexico.[44]

Aires (1821-1825): liberalismo y economía (Buenos Aires, 1988); José Carlos Chiaramonte, *Mercaderes del Litoral: economía y sociedad en la provincia de Corrientes, primera mitad del siglo XIX* (Buenos Aires, 1991).

[42] Thomas Whigham, *The Politics of River Trade: Tradition and Development in the Upper Plata, 1780-1870* (Albuquerque, 1991).

[43] Paul Gootenberg, *Between Silver and Guano: Commercial Policy and the State in Post-Independence Peru* (Princeton, 1989).

[44] Guy P.C. Thomson, 'Protectionism and Industrialization in Mexico, 1821-1854: The Case of Puebla', in Christopher Abel and Colin M. Lewis (eds.), *Latin America, Economic Imperialism and the State* (London, 1985), pp. 125-46; Barbara A. Tenenbaum, *The Politics of Penury: Debts and Taxes in Mexico, 1821-1856* (Albuquerque, 1986); on Bolivia see Thomas Millington, *Debt Politics after Independence: The Funding Conflict in Bolivia* (Gainesville, 1992).

These are tangible additions to the study of post-Independence and the longer term. Meanwhile, the immediate conjuncture has been relatively neglected, and the issues raised by Charles Gibson in his classic article of 1949 – the shock administered to the Spanish American economies by the demands of war, and the liberation of their societies from colonial burdens – still merit further research. A start has been made and a model established by Hermes Tovar, who in a chapter that manages to combine original research and useful synthesis assesses the impact of Independence on population, agriculture, mining, trade and revenue in Colombia.[45]

The main lines of social structure and change during and after the wars have long been studied, and historians are familiar with the meaning of Independence for elites, mestizos, *pardos*, blacks, Indians and slaves. The secular trinity of race, class, and gender cannot be invoked in equal measure, for the documentary evidence is balanced against women's history, in this period at least, and known resources have not been fully explored. The social and labour history of women during Independence and after benefits from a longer time span can be seen in the study of women in Mexico City by Sylvia Arrom, who shows that independence marginally improved the status and opportunities for women, without profoundly altering their lives. Silvia Mallo skilfully exploits the archives to produce a sad, if predictable, story of injustice and abuse, and to describe the attempts of women in the Río de la Plata to fight back through the law courts.[46]

The roles of elites have been subsumed into the political conflicts of royalists and republicans, while the importance of family networks and client relations in determining political allegiance is more often mentioned than researched. Other social sectors have not been ignored. Mark Szuchman uses family history and household structures to recreate the world of Buenos Aires and to answer the questions, How did the state exercise social control? How did the family respond to the political leadership on offer?[47] In the process he finds a place in early modern

---

[45] Hermes Tovar Pinzón, 'La lenta ruptura con el pasado colonial (1810-1850)', in José Antonio Ocampo (ed.), *Historia económica de Colombia* (Bogotá, 1987), pp. 87-117. See also the essays from a group led by Germán Colmenares, *La independencia: ensayos de historia social* (Bogotá, 1986).

[46] Sylvia M. Arrom, *The Women of Mexico City 1790-1857* (Stanford, 1985); Silvia Mallo, 'Justicia, divorcio, alimentos y malos tratos en el Río de la Plata, 1766-1857', Academia Nacional de la Historia, Buenos Aires, *Investigaciones y Ensayos*, vol. 42 (1992), pp. 373-400.

[47] Mark D. Szuchman, *Order, Family, and Community in Buenos Aires 1810-1860* (Stanford, 1988).

Argentine history for the *gente de pueblo* as well as the *gente decente*.
Peter Blanchard explains the survival of slavery in Peru in spite of the
policy of the liberators and the collaboration of the slaves.[48] As for the
common folk, they have a historian and an advocate in Bradford Burns,
who presents a Nicaragua relatively unaffected by Independence, a time
when ordinary people received their greatest wish – to be left alone – until
the advent of export-led growth shattered their dream.[49]

Independence as a political movement

Political history is the essence of Spanish American Independence.
Whatever else it was, Independence began as a parting of the ways
between colony and metropolis, and ended as an absolute break, a political
event. The movements had a military arm, and their political history is
usually associated with military history. The politicians and soldiers of
Independence are often seen as heroes or villains. Traditional approaches
to the subject have been influenced by ideological, conceptual, or
subjective positions, ranging from the early conservative history of Lucas
Alamán, to the liberal versions of the classic historians, and the Marxist
interpretation and its derivatives from the mid-twentieth century. Recent
historians profess more empirical ways, and usually begin their research
with the attitude 'let's wait and see'. This is true even in the case of
Bolívar; the bicentenary congress organised in Caracas by the Academia
Nacional de la Historia in 1983 was a scholarly review of the political,
economic, and social history of the time, and not an occasion for cultism.
Since then, there has been a major biography of Bolívar by Tomás
Polanco, which will certainly supersede Madariaga, Masur, and Mijares,
and will probably lead the field for some years to come.[50] While retaining
the respect for Bolívar which Venezuelans acquire at birth, Polanco
adheres closely to the documents, usually faces up to controversial events,
and in effect replaces excessive exegesis by a straight chronicle of over a
thousand pages. Meanwhile, one of the stragglers of 1983 still strives to
complete the course and to document European reactions to Bolívar and

---

[48] Peter Blanchard, *Slavery and Abolition in Early Republican Peru* (Wilmington, 1992).

[49] E. Bradford Burns, *Patriarch and Folk: The Emergence of Nicaragua, 1798-1858*
(Cambridge, Mass., 1991).

[50] Tomás Polanco Alcántara, *Simón Bolívar: ensayo de una interpretación biográfica a
través de sus documentos* (Caracas, 1994).

Bolivarianism in a work which will eventually reach three volumes.[51]
Mexico has paid less attention to its heroes in recent historiography,
but we have significant interpretation by specialists with long experience
of this period. Hidalgo and Morelos are neatly encapsulated in their rural
context by Tutino. Iturbide at last receives modern research and role
revision in Timothy Anna's recent biography. And Manuel Ferrer Muñoz
scrutinises the first years of the revolution for motivations as between
peninsulares and criollos.[52] Scarlett O'Phelan, in examining the juntas in
La Paz and Quito in 1809, argues for a two-way reformist influence, from
America to Spain as well as from Spain to America, and points to the early
appearance of Creole politics.[53] Argentina still rests on the classic
biographies inaugurated by Mitre and culminating in those of Levene and
Piccirilli. However, Artigas has recently been the focus of renewed
interest, and here we can see modern perceptions breaking through in the
documented study by Ameghino, which focuses on Artigas's social and
economic policy, his approaches to the Indians of Misiones, and his land
projects.[54]

However, one of the most obvious trends in recent years has been the
attention paid to the Spanish counter-revolution in its political, ideological
and military forms, and the response of Spanish Americans to royalist
reaction. Early Spanish replies to revolution in New Granada have been
documented by Herrán Baquero, and the royal armies in the papers edited
by Alberto Lee López; but the most comprehensive study of the counter-
revolution from 1815 and its collapse in 1820 is that of Rebecca Earle,
who concludes that 'Spain lost the war as surely as the republicans won
it'.[55] As for the post-war military, Frank Safford presents a case for the

---

[51]   Alerto Filippi, Bolívar y Europa en las crónicas, el pensamiento político y la
historiografía (2 vols., Caracas, 1986-92).

[52]   John Tutino, From Insurrection to Revolution in Mexico: Social Bases of Agrarian
Violence 1750-1940 (Princeton, 1986); Timothy E. Anna, The Mexican Empire of Iturbide
(Lincoln, NB, 1990); Manuel Ferrer Muñoz, 'Guerra civil en Nueva España (1810-1815)',
Anuario de Estudios Americanos, vol. 48 (1991), 391-434.

[53]   Scarlett O'Phelan Godoy, 'Por el rey, religión y la patria: las juntas de gobierno de
1809 en La Paz y Quito', Boletín del Instituto Francés de Estudios Andinos, vol. 17, no. 2
(1988), pp. 61-80.

[54]   E. Azcuy Ameghino, Artigas en la historia argentina (Buenos Aires, 1986).

[55]   Mario Herrán Baquero, El virrey don Antonio Amar y Borbón. La crisis del régimen
colonial en la Nueva Granada (Bogotá, 1988); Alberto Lee López (ed.), Los ejércitos del
Rey, 1818-1819 (2 vols., Bogotá, 1989); Rebecca A. Earle, 'The Restoration and Fall of
Royal Government in New Granada 1815-1820', unpubl. Ph.D thesis, University of
Warwick, 1994.

existence of two forms of militarisation: that in Mexico and Peru, where leaders had a power base in a regular army originally recruited by Spain, and that in countries such as Argentina and Venezuela, where local *caudillos* depended not on professional armies but on rural militias or their own peons.[56]

In the military sector guerrillas rather than armies have been the focus of recent attention. Among the principal centres of guerrilla activity – Mexico, Venezuela, Peru, Bolivia, and the Río de la Plata – it is Mexico which most profits from current interest, with the publication of Brian Hamnett's study of insurgency.[57] Hamnett identifies the regional roots of insurgency and its origins in specific grievances articulated by local power groups; and in defining the relationship between economic crises and insurgency, and between insurgency and revolution, he places guerrillas in a wider context of Independence than previous historians. The *llaneros* of Venezuela have their historian in Miguel Izard, who has entered into the mentality of these warriors, caught between the invasion of the *llanos* by land-hungry *hateros* and republican armies in search of conscripts.[58]

For Upper Peru the outstanding work, the Diary of José Santos Vargas, lies outside our review.[59] But Peru itself offers examples of irregular warfare and a number of *montonero* prototypes operating at the juncture of lawlessness and ideology. Some of the leaders were Creoles and *mestizos* of middle rank whose families and property had suffered at the hands of royalists. Others were genuinely populist, seeking advantage for their communities and the right to participate or not participate. Others were Indian *kurakas*, moved by a mixture of personal and communal motives, and not normally friendly towards whites of any political allegiance. Some communities in guerrilla territory, putting their agricultural interests first, refused to support the cause of Independence, which appeared to them to serve foreign and elite priorities. The bands lacked cohesion; motivation differed between men and between groups; and dissension between guerrilla chiefs, or between these and patriot

---

[56] Frank Safford, 'Politics, Ideology and Society in post-Independence Spanish America', in Bethell (ed.), *The Cambridge History of Latin America*, vol. III, pp. 378-79.

[57] Brian R. Hamnett, *Roots of Insurgency: Mexican Regions, 1750-1824* (Cambridge, 1986).

[58] Miguel Izard, *Orejanos, cimarrones y arrochelados* (Barcelona, 1988), and 'Sin el menor arraigo ni responsabilidad: llaneros y ganadería a principios des siglo XIX', *Boletín Americanista*, no. 37 (1987), pp. 109-42.

[59] José Santos Vargas, *Diario de un comandante de la independencia americana, 1814-1825*, Gunnar Mendoza L. (ed.) (Mexico, 1982).

officers, often arose out of regional, racial, or political rivalries. The fact remains, as Flores Galindo remarks, that Indian suspicion of whites went too deep to transform popular guerrillas into instant patriots.[60]

Social protest in Andean America was not confined to mass movements, as in 1780 or 1814, but had a continuous existence among free bandits and fugitive slaves. Are those groups to be classified as social bandits, those pre-political rebels, denounced as criminals by rulers and proprietors but defended as heroes and fighters for justice by peasant communities? The upsurge in banditry in rural Mexico owed as much to new opportunities as to long-term conditions.[61] Peruvian *bandoleros* had some affinity with the social bandit, but it is debated whether they were identical, and recent literature can provide evidence either way.[62] The bandits in the environs of Lima came unmistakably from the popular sectors, from blacks, *mulattos*, *zambos*, *mestizos* and poor whites, operating between the coastal valleys and the capital. The bands were held together by personalist loyalties and lacked ideology or class consciousness; they tended to reproduce the values of colonial society, and were as likely to terrorise their own people as to attack the rich. Plunder rather than protest was their aim. This did not prevent their passing from bandits to guerrillas to patriots during the revolution, a sequence followed by many such groups in Spanish America.

Study of the political settlement after Independence divides into two broad streams, constitutionalism and caudillism. The Asociación de Historiadores Latinoamericanistas Europeos (AHILA) congress of 1985 looked at both and its transactions serve the subject not only in the content of individual papers but also as a more structured approach to problems of state building – the resources, political values, representative principles, constitutions, and parties of the new states – and to those of national identity.[63] The two volumes edited by J.P. Deler and Y. Saint-Geours from

[60]   Alberto Flores Galindo, *Buscando un Inca: identidad y utopía en los Andes* (Lima, 1987), pp. 220-2; Peter Guardino, 'Las guerrillas y la independencia peruana: Un ensayo de interpretación', *Pasado y Presente*, vol. 2, no. 2-3 (1989), pp. 101-117; Charles Walker, 'Montoneros, bandoleros, malhechores: criminalidad y política en las primeras décadas republicanas', *Pasado y Presente*, vol. 2, no. 2-3 (1989), pp. 119-37.

[61]   William B. Taylor, 'Banditry and Insurrection: Rural Unrest in Central Jalisco, 1790-1816', in Friedrich Katz (ed.) *Riot, Rebellion, and Revolution: Rural Social Conflict in Mexico* (Princeton, 1988).

[62]   Carmen Vivanco Lara, 'Bandolerismo colonial peruano: 1760-1810', in Carlos Aguirre and Charles Walker (eds.), *Bandoleros, abigeos y montoneros: criminalidad y violencia en el Perú, siglos XVIII-XX* (Lima, 1990), pp. 25-56.

[63]   Antonio Annino et al (eds.), *America Latina: Dallo Stato Coloniale allo Stato Nazione*

the Coloquio de Historia Andina held in 1984 also provide a generous offering of papers, in this case on the formation of the nation-state in the Andes, from which the student of Independence can draw for research and ideas.[64]

Post-Independence politics have been the subject of recent monographs.[65] The 1983 study of David Bushnell on the actual content of republican reform in the River Plate countries has had few, if any, imitators. But the vigour of constitutional experiments in the Argentine littoral as an alternative to the surrounding caudillism has been explored by José Carlos Chiaramonte in a number of original studies.[66] Caudillism itself, which had its roots in the wars of Independence, has continued to interest historians; the phenomenon and its personnel have been the subject of recent studies – of individual *caudillos*, for particular countries, and in a comparative framework.[67]

The Church and Independence

The action of the Church at Independence set problems for the faithful and questions for later historians. How did the Church respond to political

---

(1750-1940) (AHILA, 2 vols., Milan, 1987).

[64]   J.P. Deler and Y.Saint-Geours (eds.), *Estados y naciones en los Andes. Hacia una historia comparativa: Bolivia-Colombia-Ecuador-Perú* (2 vols., Lima, 1986).

[65]   Stanley C. Green, *The Mexican Republic: The First Decade 1823-1832* (Pittsburg, 1987); Antonio Annino and Raymond Buve (eds.), *El liberalismo en México*, AHILA, *Cuadernos de Historia Latinoamericana*, no. 1 (1993); Anthony McFarlane, 'The Transition from Colonialism in Colombia, 1819-1876', in Abel and Lewis (eds.), *Latin America, Economic Imperialism and the State*, pp. 101-24; Mark J. Van Aken, *King of the Night: Juan José Flores and Ecuador, 1824-1864* (Berkeley, 1989).

[66]   José Carlos Chiaramonte, 'Finanzas públicas de las provincias del Litoral, 1821-1841', *Anuario del IEHS*, no. 1 (Tandil, 1986), pp. 159-98; 'Legalidad constitucional o caudillismo: el problema del orden social en el surgimiento de los estados autónomos del Litoral argentino en la primera mitad del siglo XIX', *Desarrollo Económico*, vol. 26, no. 102 (1986), pp. 175-96.

[67]   Francisco Zuluaga, *José María Obando: de soldado realista a caudillo republicano* (Bogotá, 1985); Ralph Lee Woodward, Jr., *Rafael Carrera and the Emergence of the Republic of Guatemala, 1821-1871* (Athens, GA, 1993); Paul Gootenberg, 'North-South: Trade Policy, Regionalism and Caudillismo in Post-Independence Peru', *Journal of Latin American Studies*, vol. 23, part 2 (1991), pp. 273-308; Hugh Hamill (ed.), *Caudillos: Dictators in Spanish America* (Norman, 1992); John Lynch, *Caudillos in Spanish America 1800-1850* (Oxford, 1992).

events? What were the reasons for its decisions? Religious concern? Economic interests? Divisions between higher and lower clergy? Peninsular-Creole conflict? Was religion important to the liberators and an influence on the rest of the people? Did the Church recognise the challenge of utilitarianism? What was the effect of Rome's intransigence in Spanish America itself? In general, research on the ecclesiastical aspects of Independence, while not totally neglected, has not kept pace with the rest of the subject.[68] There are signs of change. More accurate conclusions than hitherto on the distribution of higher ecclesiastical offices as between Peninsulares and Creoles in the eighteenth century can be drawn from the research of Paulino Castañeda. The alienation of the Mexican clergy is now better understood: to quote the words of David Brading, 'the Bourbon bureaucracy no longer viewed the Church as the mainstay of the Crown's authority over society, choosing rather to identify it as a wealthy corporation ripe for reform, which offered the prospect of rich plunder for the treasury'.[69] For Ecuador new insight is provided by Marie-Danielle Demélas and Yves Saint-Geours; in a series of original studies they seek to explain the difficulties experienced in the transition from colony to Independence to modernisation, by a society whose political ideology was inextricably bound to religious belief.[70]

---

[68]   Examples of recent work include Leslie Bethell, 'A Note on the Church and the Independence of Latin America', in Bethell (ed.), *The Cambridge History of Latin America*, vol. III, pp. 229-34; John Lynch, 'La Iglesia y la independencia hispanoamericana', in Pedro Borges (ed.), *Historia de la Iglesia en Hispanoamérica y Filipinas (Siglos XV-XIX)*, vol. I (Madrid, 1992), pp. 815-33; D. Ropero Regidor, 'Los capuchinos de Andalucía y el proceso emancipador de Hispanoamérica', in *Andalucía y América en el siglo XIX*, vol. I (Seville, 1986), pp. 51-81; L. López-Ocón, 'El protagonismo del clero en la insurgencia quiteña (1808-1812), *Revista de Indias*, vol. 46 (1986), pp. 107-67.

[69]   Paulino Castañeda Delgado, 'La hiérarchie ecclésiastique dans l'Amérique des Lumières', *L'Amérique Espagnole à l'époque des Lumières* (Paris, 1987), pp. 79-100. D.A. Brading, *Church and State in Bourbon Mexico: The Diocese of Michoacán 1749-1810* (Cambridge, 1994), p. 227.

[70]   Marie-Danielle Demélas and Yves Saint-Geours, *Jerúsalen y Babilonia: religión y política en el Ecuador, 1780-1880* (Quito, 1988), and 'Una revolución conservadora de fundamento religioso: el Ecuador (1809-1875)', in Deler and Saint-Geours (eds.), *Estados y Naciones en los Andes*, vol. 2, pp. 437-53; Marie-Danielle Demélas, 'La política de los prelados: el alto clero andino y el absolutismo', in Annino et al (eds.), *America Latina: Dallo Stato Coloniale allo Stato Nazione*, vol. II, pp. 471-81.

The political ideas of Independence

Historians of Independence have not allowed a high place to ideology in the sequence of causation; interests rather than ideas are seen as the moving force. Ideas were present, of course, and Americans were acquainted with theories of natural rights and social contract. From these they could follow the arguments in favour of liberty and equality, and accept the assumption that these rights could be known by reason. The object of government, they would agree, was the greatest happiness of the greatest number, and many would define happiness in terms of material progress. Hobbes and Locke, Montesquieu and Rousseau all left their imprint on the discourse of liberty, while Paine and Raynal were recognised as leading theorists of colonial emancipation. Whether the Enlightenment exercised an exclusive influence, or whether Hispanic tradition and scholastic philosophy provided the ideological basis of the Spanish American revolutions, are issues from an older debate which have not agitated recent historians. But the question remains: What kind of influence did ideas exert?

The question has not been precisely answered in recent historiography. The Enlightenment remains one of the understudied subjects of Latin American history, only partially advanced by the impetus from the bicentenary of the French Revolution.[71] This does not mean that the specialists have been inactive. Recent research has improved our knowledge of the overthrow of scholastic science and its replacement by a science not only modern but also 'American'. At last we have a work on José Celestino Mutis and his scientific expeditions worthy of the subject. The modernisation of medicine and the efforts to combat epidemics by means of vaccination have been studied as further examples of the practical effects of enlightened absolutism.[72] Clerical and secular traditions

---

[71] Numerous congresses and publications in 1989 sought to discover the influence of the French Revolution in the Hispanic world, much the same as Bourbon ministers used to do. For one example, see Noemí Goldman et al, *Imagen y recepción de la Revolución Francesa en la Argentina* (Buenos Aires, 1990). *L'Amérique Espagnole à l'époque des Lumières*, contributes to knowledge but not necessarily of the Enlightenment.

[72] On the role of science, see José Luis Peset, *Ciencia y libertad: El papel del científico ante la Independencia americana* (Madrid, 1987), and Thomas Glick, 'Science and Independence in Latin America (with Special Reference to New Granada)', *Hispanic American Historical Review*, vol. 71, no. 2 (1991), pp. 307-34. On Mutis see Marcelo Frías Núñez, *Tras el dorado vegetal: José Celestino Mutis y la Real Expedición Botánica del Nuevo Reino de Granada (1783-1808)* (Seville, 1994), and on medicine and the smallpox epidemics in New Granada the same author's *Enfermedad y sociedad en la crisis colonial del Antiguo Régimen* (Madrid, 1992).

in the Río de la Plata have been explored by José Carlos Chiaramonte.[73] However, we still need a comprehensive study of Enlightenment ideas in Spanish America, comparable to the works of Sarrailh and Herr for Spain, and a precise assessment of the political impact of the Enlightenment. We know that the texts of liberty were read by many and were significant to some. But Independence, as distinct from liberty, engaged the attention of only a minority of Enlightenment thinkers in Europe, and it was left to Americans to create their own ideological justification for rebellion, much of which we can read in the writings of Bolívar. The ideological origins of the Spanish American revolutions is a book waiting to be written. If and when it is, perhaps a distinction will be made between the periods before and after 1810. Before that date, ideas and values remained locked in the mind, for the risk of prosecution was too great, as Antonio Nariño discovered. After 1810, when restraints were off, ideas began to flow more freely, often, as in the case of Dean Gregorio Funes, from the same people who had kept their peace before the revolution. There is a further distinction: after 1810, as Americans began to win rights, freedom, and independence, ideology was used to defend, to legitimise, and to clarify the revolution. Then ideas counted.

A recent study demonstrates the results that can be obtained from textual analysis of revolutionary writings.[74] Noemí Goldman makes two particular contributions to our understanding of motives. The animosity of the *porteños* towards *peninsulares* can be read in her reproduction of the words of Mariano Moreno once the May Revolution had stripped away pretence. In the course of 1810 Moreno turned from moderate to radical policies and was soon described by his enemies as a Jacobin. It is true that the essential idiom of the May Revolution was that of 1789: liberty, equality, fraternity, popular sovereignty, and natural rights. However, as Goldman argues, influence is not to be judged by language alone. In practice the terms of revolution did not have the same meaning in Buenos Aires as they did in France. The two revolutions were twenty years apart, and while in Buenos Aires democratic principles were debated and proclaimed, political procedure was more cautious and less 'popular' than the discourse of the time.

Pilar González follows another approach to the politics of Buenos Aires and asks, 'How far did the revolution for Independence involve, as in the case of the French Revolution, a revolution in the practice of

---

[73]   José Carlos Chiaramonte, *La Ilustración en el Río de la Plata: Cultura eclesiástica y cultura laica durante el Virreinato* (Buenos Aires, 1989).

[74]   Noemí Goldman, *Historia y lenguaje: Los discursos de la Revolución de Mayo* (Buenos Aires, 1992).

politics, through the emergence of forms of political sociability such as popular societies, clubs, and patriotic societies?'[75] Ascensión Martínez Riaza provides a rare study of the role of the revolutionary press and its rivals; constitutionalist, royalist, and patriotic journals in Peru are systematically analysed for ideologies and interests, and for the light they throw on state and nation at Independence.[76] Venezuela, too, repays closer reading of its revolutionary texts, as Luis Castro shows in a critical analysis of the ideas of the time, offering new insight even into the thought of Bolívar. Alfredo Jocelyn-Holt studies the balance of tradition and modernity in the transition from colony to republic in the most significant work on the ideology of Chilean Independence since that of Simon Collier. In a major study of the intellectual sources of the Spanish American revolutions, Mario Rodríguez follows the trail of Anglo-American influences on Miranda and other Venezuelans in the writings of 'William Burke', whom he identifies as James Mill. Carlos Stoetzer documents the influence of the classical tradition during the revolutions. And Antonio Cussen explores the intellectual history of Andrés Bello, in whom many of the ideological tensions of the revolutions found eloquent expression.[77]

National identity

In the late colonial period there was a sense in which political consciousness was changing. Political power, economic freedom, social order, these were the basic requirements of the Creoles. But even had Spain been able and willing to guarantee their needs, would they have

---

[75] Pilar González Bernaldo, 'La Revolución Francesa y la emergencia de nuevas prácticas de la política: la irrupción de la sociabilidad política en el Río de la Plata revolucionario, 1810-1815', Boletín del Instituto de Historia Argentina y Americana 'Dr. Emilio Ravignani', 3ra serie, no. 3, 1er semestre 1991, pp. 7-27.

[76] Ascensión Martínez Riaza, La prensa doctrinal en la independencia del Perú 1811-1824 (Madrid, 1985).

[77] Luis Castro Leiva, De la patria boba a la teología bolivariana (Caracas, 1987); Alfredo Jocelyn-Holt Letelier, La independencia de Chile: tradición, modernización y mito (Madrid, 1992); Mario Rodríguez, 'William Burke' and Francisco de Miranda: The Word and the Deed in Spanish America's Emancipation (Lanham, MD, 1994); O. Carlos Stoetzer, 'The Importance of Classical Influences during the Spanish-American Revolutions', Jahrbuch führ Geschichte von Staat, Wirtschaft und Gesellschaft Lateinamerikas, no. 30 (1993), pp. 183-226; Antonio Cussen, Bello and Bolívar. Poetry and Politics in the Spanish American Revolution (Cambridge, 1992).

been satisfied for long? Was reform sufficient?

The maturing of colonial societies, the development of a distinct identity, this was the silent factor, the metamorphosis ignored by Spain. Colonial peoples do not stagnate; they nurture the seeds of their own progress and ultimately of Independence. The signs were there: the demands for equality, for office and opportunities, expressed a deeper awareness, an increasing sense of nationality, a conviction that Americans were not Spaniards. Creole nationality was nurtured on conditions within the colonial world: Spanish administrative divisions, regional economies and their rivalries, access to offices, pride in local resources and environments, a pride typically expressed in the writings of Jesuits and Creole chroniclers, these were the components of identity developing over three centuries and only to be satisfied in Independence.[78] Revolution further defined nationality.

Colonial identity and its transformation into republican nationalism is a subject which historians of Latin America used to approach with some scepticism. Now they embrace it with less inhibition, influenced perhaps by the theorists of nationalism and the importance attached to 'imagined communities'. Nationalism in early modern Spanish America is thus becoming a new subject of study and one which will greatly enhance our understanding of Independence. In the decade's work under review the way has been led by David Brading, who seeks the origins of Creole patriotism deep in the colonial past and follows its growth into more nationalist forms during Independence and beyond.[79] The second volume of AHILA's *Cuadernos* is devoted to a study of the nation in early modern Spanish America. François-Xavier Guerra, who is also one of its editors, contributes a chapter on identities and Independence, and looks for the reasons why in the years after 1810 American Spaniards saw themselves as distinct from European Spaniards and called themselves Americans, members of a rival nation who had to assert their distinct identity in a civil war.[80] The concept of America of course had to compete with more dynamic regional allegiances; other contributors examine the cases of

---

[78] On *criollismo* in the colonial period see Bernard Lavallé, *Las promesas ambiguas (ensayos sobre el criollismo colonial en los Andes* (Lima, 1993); and in a comparative context, Nicholas Canny and Anthony Pagden (eds.), *Colonial Identity and the Atlantic World, 1500-1800* (Princeton, 1987).

[79] D.A. Brading, *The First America: The Spanish Monarchy, Creole Patriots, and the Liberal State 1492-1867* (Cambridge, 1991).

[80] François-Xavier Guerra and Monica Quijada (eds.), *Imaginar la Nación*, AHILA, *Cuadernos de Historia Latinoamericana*, no. 2 (1994).

Mexico, the Río de la Plata, and Colombia. In many countries the achievement of national identity was a slow and painful process; yet José Carlos Chiaramonte points out that the confederated provinces of Argentina from 1831 were always seen as parts of a pre-existing Argentine nation and not as sovereign and independent states. Nicolas Shumway has followed the elusive idea of Argentina in the writings of leaders and intellectuals, who defined the model of nationhood during Independence and after.[81]

Indians are normally excluded from discussion of national identity. The Bolivian guerrillas would not have disagreed; 'we were speaking to thin air', they said, in urging allegiance to the *patria* on the Indians of Upper Peru.[82] However, there was a trend towards incorporating the Indians into concepts of proto-nationalism, not on the same terms as whites but in accordance with their own identity.[83] Evidence is cited that Túpac Amaru spoke specifically to his *paisanos* and *compatriotas*, that he appealed for the allegiance of the *gente peruana*, whom he also called the *gente nacional*, consisting of Creoles, *mestizos*, *zambos*, Indians, all the natives of Peru, excluding only European Spaniards whom he regarded as foreigners and oppressors.[84] Such language reveals a strong and inclusive sense of nationality. But in 1780-81 the appeal was rejected by the local elites. It would be difficult to find evidence of this kind during Independence, for there was only one Túpac Amaru, but the historian who succeeds has a rare subject in his grasp.

International relations

The revolutionary movements looked abroad for supplies, personnel, and diplomatic support, and the new states had to enter into relations with the wider world. These are themes which are often regarded as well studied

---

[81] José Carlos Chiaramonte, 'Formas de identidad en el Río de la Plata luego de 1810', *Boletín del Instituto de Historia Argentina y Americana 'Dr. Emilio Ravignani'*, 3ra serie, no. 1, 1er trimestre 1989, pp. 71-92; and the same author's 'El federalismo argentino en la primera mitad del siglo XIX', in Marcello Carmagnani (ed.), *Federalismos latinoaméricanos: México, Brasil, Argentina* (Mexico, 1993), pp. 81-132. Nicolas Shumway, *The Invention of Argentina* (Berkeley, 1990).

[82] Vargas, *Diario de un comandante*, June 1816, p. 88.

[83] Stern, 'The Age of Andean Insurrection, 1742-1782', in Stern (ed.), *Resistance, Rebellion, and Consciousness*, pp. 67-77.

[84] Alberto Flores Galindo, *Buscando un Inca: identidad y utopia en los Andes*, p. 126.

and adequately understood, or else dismissed as traditional. But they have been given a new breath of life by a number of recent works, all notable for their research and reinterpretation. David Waddell, who had already deployed his knowledge of the Caribbean background to rewrite the history of British interest in the Independence of northern South America, used his research to wider effect in his chapter in *The Cambridge History of Latin America*, Volume III, while at the same time he looked in greater detail at the facts and the implications of the Foreign Enlistment Act of 1819.[85]

The so-called British services to Independence were normally sold as commodities of one kind or another. Andrés Bello, while he urged Britain to respond positively to Spanish America, also understood that American Independence had to be won not through external agencies but through 'the desire inherent in any great society to administer its own interests and not receive laws from outside'. Spanish Americans in London lived in the midst of this dilemma, caught between the power of Britain and the interests of their homelands. María Teresa Berruezo reopens the subject by identifying a missing dimension and focusing on intellectual history.[86] She studies the exiles not simply as foreign agents but as participants in the movement of ideas, who expressed their political and cultural identity in books, pamphlets, newspapers and journals, and fought the War of Independence far from home. In a widely researched study of Anglo-Mexican relations in 1808-21, Guadalupe Jiménez considers a series of factors ranging from the image of Mexican insurgency in Britain and especially in the British press, to the pressure of British trade interests and the fortunes of the merchant company Gordon and Murphy, and finally the various conspiracies – some of them British-based – in support of Mexican independence.[87] Antonio Vittorino also demonstrates that British documents allied to Latin American sources can still yield significant results, in this case for knowledge of Colombian-British relations; his account of José Rafael Revenga's experiences in

---

[85]   D.A.G. Waddell, 'International Politics and Latin American Independence', in Bethell (ed.) *The Cambridge History of Latin America*, vol. III, pp. 197-228; and 'British Neutrality and Spanish-American Independence: The Problem of Foreign Enlistment', *Journal of Latin American Studies*, vol. 19, part 1 (1987), pp. 1-18.

[86]   María Teresa Berruezo León, *La lucha de Hispanoamérica por su independencia en Inglaterra, 1800-1830* (Madrid, 1989); and see the same author's *La participación americana en las cortes de Cádiz (1810-1814)* (Madrid, 1986).

[87]   Guadalupe Jiménez Codinach, *Gran Bretaña y la independencia de México, 1808-1821* (Mexico, 1991).

London, including the regulation spell in gaol, says it all.[88] Celia Wu presents new research on a subject, Anglo-Peruvian relations 1820-40, which has never received the detailed attention which it deserves.[89] The centre of her interest is Belford Hinton Wilson and his role in the Peru-Bolivian Confederation, but in the process of clarifying this story she provides a rare account of the Peruvian generals and their politics in the early modern period. Klaus Gallo takes another look at Anglo-Argentine relations in the years 1806-26, focusing on political and diplomatic aspects without ignoring the commercial factor, and bearing in mind the imbalance between Argentina, which was on the margin of British policy, and Great Britain, which was at the centre of Argentine interests.[90] As Spanish Americans sought friends abroad, Spain offered few attractions and spent these years counting its losses, as Michael Costeloe records. Soon London too was counting the cost of Independence; Frank Dawson skilfully sets out the details of the investment mania of 1822-25, assesses its human and political, as well as financial, toll and divides responsibility for disaster between England and Latin America.[91]

Conclusions

Historians now have a distinct approach to Spanish American Independence: it is a transitional era, not an autonomous event. Yet if we extract it from this framework, it remains basically the same subject we always knew, the history of peoples responding in different ways to crisis in the Hispanic world and finally reaching a common state of liberation from colonial rule. Predictably, recent historiography has not created a great theory of Independence; no one has explained it away, no one has discovered a new liberator or uncovered a new revolution. When revision takes place, it is normally in particular aspects rather than general

---

[88] Antonio Vittorino, *Relaciones colombo-británicas de 1823 a 1825, según los documentos del Foreign Office* (Barranquilla, 1990).

[89] Celia Wu, *Generals and Diplomats: Great Britain and Peru 1820-40* (Cambridge, 1991).

[90] Klaus Gallo, *De la invasión al reconocimiento: Gran Bretaña y el Río de la Plata 1806-1826* (Buenos Aires, 1994).

[91] Michael P. Costeloe, *Response to Revolution: Imperial Spain and the Spanish American Revolutions, 1810-1840* (Cambridge, 1986); Frank Griffith Dawson, *The First Latin American Debt Crisis: The City of London and the 1822-25 Loan Bubble* (New Haven and London, 1990).

interpretation. In the last decade almost all aspects of the subject have been advanced: some, such as pre-revolution, social movements and incipient nationalism, notably so; others, such as demography, religion and ideas, to a lesser extent. But even where there are gaps, these have been identified and research has already begun.

CHAPTER 2

De lo uno a lo múltiple:
Dimensiones y lógicas de la Independencia

François-Xavier Guerra

En este capítulo propongo hacer, primero, algunas consideraciones sobre las múltiples dimensiones del proceso de Independencia en la América Hispana, insistir después en su unidad, y terminar trazando a grandes rasgos su lógica interna y los principales actores que intervienen en ella, limitándome, por razones de espacio, a sus primeras y fundamentales fases.

Tres dimensiones del proceso de Independencia

La primera dimensión es la que indica la palabra 'Independencia' aunque su sentido no sea evidente. Su significación inmediata es que América española deja de depender – políticamente – de cualquier autoridad exterior a ella. Dejemos de lado aquí otros tipos de dependencia – económica o cultural, por ejemplo – que servirán después a discursos nacionalistas o tercer-mundistas para denunciar su carácter incompleto, puesto que difícil es en estos campos encontrar en ningún lugar una independencia absoluta. Pero incluso en el sentido político, la fórmula empleada no es más que una primera aproximación puesto que hay que precisar quién se independentiza y de quién.

Aunque al término del proceso encontremos nuevos Estados en América, es difícil pretender que ellos sean quienes actúan, pues es obvio que su existencia no tenía precedentes. Los Estados hispanoamericanos son realidades radicalmente nuevas sin ningún otro antecesor que las comunidades humanas creadas por la expansión europea en diversas regiones del Nuevo Mundo. Aunque la conquista y el poblamiento de América se adaptaron en parte a las estructuras indígenas preexistentes, muchos otros factores durante los tres siglos de la Colonia, y entre ellos las divisiones administrativas de la Corona, fueron modelando comunidades humanas singulares. La relación entre estas comunidades y los nuevos Estados dista de ser evidente: ni todas ellas llegaron a ser

Estados, ni todos éstos corresponden a comunidades claramente definidas en la época colonial.

En cuanto a saber de quién se independentiza, decir que de España, como comúnmente se hace, es también discutible. Durante toda la época colonial y las primeras fases de la Independencia, los americanos consideraron siempre que las Indias no dependían de un país, sino de un monarca, que era a la vez rey de España y de Indias. De ahí la extrema violencia con que rechazaron – ahí tenemos una de las causas más ciertas de la Independencia – el estatuto colonial que los españoles de la península les atribuyeron cada vez más frecuentemente a partir de mediados del siglo XVIII[1]. Cierto es que el término era polisémico pues tanto podía remitir a un sentido antiguo – designando como en Grecia un poblamiento lejano que reproduce el modelo de la ciudad de origen, o como en Roma los asentamientos de colonos militares en un territorio conquistado – o moderno – tal como se empleaba para designar regiones, como las Antillas francesas, sin existencia política propia y destinadas al provecho económico exclusivo de una metrópoli. En cualquier sentido en que la palabra se empleaba, lo que rechazaban los americanos era la dependencia política de otro Estado. Formaban parte ciertamente de la Corona de Castilla y a través de ella de la Monarquía hispánica, pero no dependían de una España peninsular que, por lo demás, no tenía existencia jurídica, sino de un rey que era el monarca común de todos. La persistencia de la imagen de una Monarquía plural tal como se concebía en época de los Austrias es considerable.

Ciertamente, en una segunda fase de la crisis, los mismos que habían rechazado hasta entonces el estatuto de colonia van a reivindicarlo como un argumento para justificar la Independencia.[2] Pero este cambio pertenece ya a las mutaciones de la identidad que la guerra provoca entre los americanos y no resuelve además un problema acuciante de la América independiente: al cortar los lazos con el poder central de la Monarquía, se disolvieron también los vínculos que unían entre sí a las diversas comunidades americanas. La Independencia es tanto la ruptura con el

---

[1] Véase, por no citar más que algunos ejemplos bien conocidos, Camilo Torres, *Memorial de agravios* (1809) y Fray Servando Teresa de Mier, *Historia de la revolución de Nueva España* (1813), Libro XIV.

[2] La influencia de la terminología norteamericana se conjuga entonces con la influencia de las obras del Abbé de Pradt sobre las tres edades de las colonias. Cfr. para la influencia del Abbé De Pradt en Perú, véase M. Quijada, 'De la colonia a la República: inclusion, exclusion et mémoire historique au Pérou', in *Mémoires en devenir. Amérique latine XVIe-XXe siécles* (Bordeaux, 1994), cap. IX.

poder regio y con la España peninsular, como la fragmentación interna de la América hispánica. Más adecuado es decir, por lo tanto, que la Independencia es la disolución de ese conjunto multisecular que era la Monarquía hispánica, o el fracaso de un imperio tal como los Borbones habían intentado construirlo.

¿Hasta qué punto pueden aplicarse a este proceso términos como descolonización o emancipación nacional que encontramos aún en bastantes interpretaciones de la Independencia? Si la palabra descolonización se emplea en el sentido que le damos después de la Segunda Guerra Mundial, se trata de un verdadero contrasentido histórico, ya que no se puede equiparar la descolonización contemporánea por la cual pueblos sometidos por Europa se liberan de su tutela, a una Independencia cuyos principales actores fueron los criollos, los descendientes de los europeos establecidos en América. Hacer de los países independientes los herederos de los antiguos 'estados' indígenas, es aceptar ingenuamente una parte de la retórica independentista destinada a legitimar la ruptura, o el discurso pedagógico de las 'historias patrias' deseosas de dignificar las nuevas 'naciones' con un pasado glorioso. Si descolonización remite a la palabra colonia en los sentidos que le daban los hombres de la época de la Independencia, su uso no parece recomendable pues, como ya lo hemos dicho, exige múltiples precisiones de sentido y de contexto histórico.

El uso de la expresión 'emancipación nacional', asociada frecuentemente a 'nacionalismo', aparece también como profundamente ambiguo y dispensa de analizar la especificidad de la Independencia hispano-americana. La expresión nos introduce en un terreno conocido, el de la 'cuestión nacional' de la Europa del siglo XIX. Siguiendo un esquema que podríamos llamar 'nacionalitario' de la formación del Estado-nación, los Estados hispanoamericanos se conciben así como la expresión de nacionalidades que, por la Independencia, adquirieron una existencia autónoma como nación. Los problemas que plantea este esquema tan familiar y aparentemente claro son innumerables.

El primero es la ausencia casi total antes de la crisis de 1808 de movimientos nacionalistas, entendidos éstos como la acción de grupos significativos de hombres en favor de la Independencia. Como es sabido, y como lo repitieron a saciedad los mismos independentistas, muy escasos fueron los que, como Miranda y algunos otros, persiguieron antes este objetivo, y su fracaso fue evidente. Tampoco cabe atribuir un carácter nacionalista a las grandes revueltas sociales, como las de la década de 1780, en Nueva Granada o en los dos Perú, revueltas típicas del antiguo régimen, que comenzaron con el grito de '¡Viva el rey y muera el mal gobierno!'.³

El segundo problema concierne al contenido de esas hipotéticas nacionalidades que, en otros lugares, remiten a comunidades dotadas de una especificidad lingüística y cultural, religiosa o étnica. América española es un mosaico de grupos de este tipo, pero ninguna 'nación' hispanoamericana pretendió nunca identificarse con ninguno de ellos; hubiera sido empresa imposible ya que después de tres siglos de vida común, todos estos grupos se encontraban profundamente imbricados y mestizados y compartían además en su casi totalidad una misma religión y una misma lealtad política. Los fundadores de los nuevos Estados, los constructores de las nuevas naciones, fueron en su inmensa mayoría de origen europeo y compartían todos los rasgos que en otras áreas geográficas conforman la nacionalidad: el mismo origen, el mismo idioma, la misma cultura, las mismas tradiciones políticas y administrativas. Sólo el lugar de nacimiento e identidades regionales en formación los distinguían de los españoles de la Península. Aunque es evidente que estos últimos rasgos sirvieron para la formación de nuevas naciones, parece excesivo atribuirles el carácter de una 'nacionalidad'. El problema de América española no es el de nacionalidades diferentes que se constituyen en Estados, sino más bien cómo construir 'naciones' separadas a partir de una misma 'nacionalidad' hispánica.

Prueba de esta realidad es el hecho conocido que las 'naciones' actuales corresponden rara vez a las que surgieron en la época misma de la Independencia. La existencia de esos primeros Estados fue en general efímera: como el conjunto político del que procedían, ellos mismos se fragmentaron a su vez, como arrastrados por una fuerza centrífuga.⁴ ¿Si una 'nacionalidad' indiscutible justificaba su existencia, cómo explicar que esa 'nacionalidad' se fragmentase pocos años después?

El carácter teleológico de este esquema es evidente y procede de la confusión semántica entre uno de los sentidos políticos del término nación – ser un Estado soberano – y uno de sus sentidos culturales – ser una comunidad dotada de una identidad específica. Sólo la necesidad urgente de consolidar países inciertos y conformarlos con el modelo de Estado-

---

³   Aunque en los Andes en una segunda fase surgiesen proyectos de comunidades independientes, este hecho está más en relación con la permanencia de una 'utopía andina' que con el nacionalismo tal como se entiende en el siglo XIX.

⁴   Del imperio mexicano se desgajan las Provincias Unidas de América Central, que a su vez se fragmentarán en cinco estados; de la 'Gran Colombia' salen el Ecuador, Venezuela y Colombia; de las Provincias Unidas del Río de la Plata surgen Paraguay, Uruguay y Argentina, etc.

nación que triunfaba en la Europa del siglo XIX, explica que los autores de las 'historias patrias' se hayan esforzado en hacer de la Independencia el resultado casi ineluctable de la preexistencia de la nación. Todo indica, por el contrario, que el Estado no es el punto de llegada de la nación sino un punto de partida para su creación. La Independencia precede tanto al nacionalismo, como a la nación.

¿Quiere decir esto que los nuevos Estados no estuviesen fundados en ninguna identidad colectiva previa? Sería absurdo pretenderlo, pero el problema está en saber, por una parte, cuáles fueron entre las múltiples identidades de grupo que existían en esta monarquía del antiguo régimen las que sirvieron de base a la constitución de los nuevos Estados y, por otra, si esas identidades bastan para explicar el proceso de Independencia. La desaparición del imperio ruso-soviético a la que acabamos de asistir ejemplifica claramente cómo la desintegración de un conjunto político multicomunitario puede no ser provocado por las reivindicaciones de las comunidades que lo componen – muy inciertas además en muchos casos, como lo muestran las experiencias de Bielorusia o de Ukrania – sino por una crisis que afecta primero al centro del imperio, pone después en entredicho los principios en los que se basa y acaba al final provocando su implosión.

Es en la óptica de la implosión de un conjunto político multicomunitario – del que el siglo XX nos ofrece otros ejemplos – que hay que considerar la Independencia de la América hispánica. Hay pues que tener en cuenta primero la estructura política de la antigua Monarquía hispánica y las modificaciones que experimentó bajo los Borbones, analizar los diferentes tipos de identidades políticas que existían en ella a finales del siglo XVIII; estudiar después, sin prejuicios teleológicos, esa crisis política inédita que comienza en 1808, y que va a desquiciar las relaciones entre los dos lados del Atlántico. Hay, en fin, que explicar por qué, y en nombre de qué, diferentes comunidades de la porción americana de la Monarquía se separan de ella y adoptan esa forma inédita de existir que es la nación moderna. Esta nación soberana que legitima la Independencia no es una realidad atemporal que existió siempre y en todos los sitios, sino un nuevo modelo de comunidad política que se va forjando a lo largo del siglo XVIII y se impone con la revolución norteamericana y, sobre todo, con la revolución francesa.[5]

Esta novedad de la nación nos conduce a examinar una segunda dimensión de la Independencia: la de ser, por las profundas y bruscas mutaciones que se producen entonces, una época revolucionaria. En lo

[5] Cfr. para un tratamiento más amplio de este tema, François-Xavier Guerra, 'La nation en Amérique espagnole: le problème des origines', en *La Nation, La Pensée Politique*, no. 3 (Paris, 1995), pp. 85-106.

político, aún antes de la adopción del régimen republicano por los nuevos países, triunfa en todo el mundo hispánico – incluída en la España peninsular – el constitucionalismo liberal: desaparece el absolutismo, sustituido por la soberanía del pueblo como nuevo principio de legitimidad. Se promulgan constituciones en las que aparecen principales elementos de la política moderna: declaración de derechos del hombre, promulgación de la libertad de opinión y de prensa; instauración de régimenes representativos, de la separación de poderes y de elecciones modernas fundadas en el ciudadano. Más allá de esta mutación política, y englobándola, se producen profundas mutaciones culturales en el sentido más fuerte de la palabra. El individuo sustituye al grupo en las nuevas maneras de concebir el hombre y la sociedad, el poder y la economía, los valores y los comportamientos, y a partir de él se construyen nuevas formas de sociabilidad y nuevas prácticas sociales.

El carácter revolucionario de estos cambios fue evidente para todos los actores de la época, tanto para sus partidarios como para sus adversarios, así como para la mayoría de sus inmediatos sucesores. Sólo ya bien entrado el siglo XX, se ha tendido a negar, o por lo menos a restringir, este carácter revolucionario al definir la revolución como una transformación radical de las estructuras sociales y económicas, y el acceso al poder de nuevas clases sociales. La restricción del concepto de revolución es difícilmente defendible. Es evidente que esos cambios no modifican radical e inmediatamente la relación entre grupos sociales, pero ¿no pasa lo mismo en Europa, en donde nadie duda en calificarlas de revolución? Que a pesar de las rupturas, haya continuidades entre el antiguo y el nuevo régimen es una constante en todos los fenómenos revolucionarios, incluso en los más radicales, como Tocqueville bien lo señaló para la Revolución Francesa.

Hace falta una singular capacidad de 'abstracción' para no sentir que no sólo la política sino también la sociedad de la América independiente, funcionan de manera diferente antes y después de la Independencia. Es necesario ver que la competición por el poder adquiere formas inéditas que se manifiestan tanto en sus referencias teóricas – los derechos de la nación, del pueblo o del ciudadano – como en la aparición de nuevos actores – ejército, caudillos, organizaciones específicamente políticas – y en nuevas prácticas sociales – opinión pública, elecciones, pronunciamientos. Es necesario dar importancia al carácter ideológico de la nueva política y a las profundas divergencias que ella provoca en temas tan fundamentales como la manera – centralista o federalista – de organizar el poder, o de concebir la relación entre la Iglesia y el Estado. Es necesario advertir que el modelo ideal de la nación compuesta por individuos iguales, y no por cuerpos privilegiados, ejercerá una influencia durable en campos tan diversos y fundamentales para la historia posterior como los de las políticas indígena, agraria, migratoria o educativa.

Llegamos así a la tercera dimensión de la Independencia: el ser una vasta conmoción social que pone en movimiento una multitud de actores sociales y políticos, con una amplitud y simultaneidad sin equivalente en otras épocas históricas. Estallan entonces una multitud de movimientos populares como los de Hidalgo o Morelos en México, los del Alto y Bajo Perú, el de los Llanos de Venezuela y otros menores, en los que intervienen en combinatorias variadas los diferentes grupos étnicos – indios y negros, mestizos y castas, criollos y peninsulares. La guerra se convierte en un fenómeno social endémico y aparecen nuevos actores sociales – ejércitos, guerrillas, montoneros, bandas armadas de todo tipo – y con ellos jefes militares y caudillos, cuyo peso como actores políticos será cada vez mayor. Pero la guerra, destructora de hombres y bienes y ruinosa para los presupuestos, será también un poderoso disolvente de la sociedad del antiguo régimen y creará también nuevas solidaridades.[6]

Difícil es analizar estos fenómenos en términos puramente económicos y sociales; raras veces los actores que las fuentes nos revelan pueden ser identificados con un determinado grupo social, puesto que los diferentes bandos incluyeron actores sociales muy diversos. Salvo escasas excepciones locales, ningún grupo social – definido por criterios económicos o étnicos – actuó de manera unánime. Las actitudes adoptadas por los criollos, los indios, los negros o las castas fueron muy diversas y lo mismo puede decirse de los hacendados, de los comerciantes, de los campesinos o de otras categorías sociales. Que para explicar sus diversas actitudes haya que considerar las tensiones, antiguas o recientes, de una sociedad compleja es la evidencia misma, pero no basta esto para explicar el hecho mismo de una conmoción social tan amplia y simultánea.

Los contemporáneos de la Independencia rara vez analizaron así la crisis que estaban viviendo. Para ellos, la conmoción social, definida como 'anarquía' y 'discordia', no procedía primariamente de reivindicaciones sociales sino de factores políticos, del 'espíritu de turbulencia y de desorden, inseparable de toda revolución'.[7] La agitación popular era para ellos la consecuencia de la fragmentación del poder y de la omnipresencia de las 'facciones':

---

6 José Maria Luis Mora hará hincapié en México sobre este fenómeno.

7 Gregorio Funes, *Oración patriótica que por el feliz aniversario de la regeneración patriótica de la América Meridional dixo en Buenos Aires el día 25 de mayo de 1814* (Buenos Aires, 1814).

[El peligro] será [el] de quedar cada provincia aislada, sugeta solo a su propio Gobierno; y entonces no será la América del Sur, un vasto continente; sino un conjunto de Gobiernos separados, expuestos a convulsiones y desórdenes que trae consigo la influencia popular.[8]

A lo que remiten estas explicaciones, tan corrientes entre los mismos actores, ya sean insurgentes o realistas, es a la disolución del vínculo social al hundirse el sistema político y cultural que regulaba las relaciones entre los actores sociales.

Un proceso único

La Independencia remite, por lo tanto, a una pluralidad de fenómenos de índole diferente: implosión de un conjunto político multicomunitario, revolución política y cultural, conmoción social. Es obvio, sin embargo, que esta distinción conceptual no puede ocultar una evidencia a veces olvidada: la existencia, más allá de sus múltiples facetas y de la diversidad local, de un único proceso histórico. Hablar de la Independencia de la América hispánica no es una manera cómoda de englobar bajo una etiqueta arbitraria una diversidad de casos y situaciones locales. Todos sabemos o intuimos cómo, más allá de los indispensables estudios particulares, la unicidad del fenómeno de la Independencia no es una construcción conceptual, como puede ser hablar del movimiento de las nacionalidades en la Europa del siglo XIX, sino una realidad histórica que se impone, o debería de imponerse, a todos los investigadores.

La unicidad del fenómeno es patente por varias razones. En primer lugar, por su punto de partida: la invasión de la España peninsular por Napoleón y la abdicación de la familia real. En segundo lugar, porque la lógica y los ritmos del proceso son los mismos en las diferentes regiones, a pesar de la gran diversidad de las estructuras sociales. La lógica porque todas ellas, incluída la España peninsular, tienen que resolver los mismos problemas. En una primera etapa ¿cómo suplir a la ausencia del rey y conservar la unidad de la Monarquía? ¿quién tiene derecho a asumir la soberanía y a constituir por tanto juntas de gobierno? ¿cuáles son los derechos respectivos de las dos partes de la Monarquía en cuanto a la representación política? Y una vez constituidas las primeras juntas americanas en 1810: ¿sobre qué bases reconstruir nuevas unidades

---

[8]   José Gordon, *Representación. Señores de la Cámara de Representantes* (Cartagena de Indias, 1813).

políticas? ¿cómo articular la pretensión a la preeminencia de las antiguas capitales con el deseo de autonomía de las regiones y ciudades periféricas? ¿cómo constituir un régimen político libre, fundado en la soberanía de los 'pueblos' y en los derechos de los ciudadanos? ¿cómo ganar a su causa a los que han adherido al partido adverso? ¿cómo ganar la guerra? ¿cómo hacerla compatible con el régimen representativo y con las libertades públicas? ¿cómo movilizar a la sociedad y mantener al mismo tiempo el orden social existente? Los ritmos son también los mismos, porque una buena parte de estos problemas están determinados por una coyuntura global que en una primera fase, depende, ante todo, de la evolución militar y política de la España peninsular, factor al que se añaden luego los avatares de la guerra en América que es también un fenómeno global.

En tercer lugar, porque la imbricación de los fenómenos políticos, culturales y militares entre las diferentes regiones es tal que hace imposible estudiarlos con una óptica exclusivamente local, so pena de caer en errores flagrantes al atribuir a causas locales evoluciones que son comunes a toda el área hispánica. En el campo de las ideas o del imaginario, por ejemplo, es imposible estudiar el progreso de las referencias modernas desde un único punto de vista local, sin tener en cuenta la circulación de los escritos – impresos o manuscritos – entre las diferentes regiones del Nuevo Mundo entre sí y con Europa. La perspectiva frecuentemente utilizada de explicar esta evolución simplemente por el contenido de las bibliotecas, por los autores más leídos y por un análisis interno de los textos resulta claramente insuficiente. En efecto, lo que se lee, y lo que se discute, ante todo en la época de la Independencia, son las gacetas, los folletos impresos o manuscritos, las cartas, las proclamas, los manifiestos, procedentes de todas las regiones de los dos mundos. Ellos son los que transmiten las noticias sobre la evolución política y militar de Europa y de América con relación a la cual se determinan los actores locales. Ellos son también los que vehiculan las mutaciones ideológicas de un lugar a otro, los que imponen los temas y el lenguaje de un debate que desborda ampliamente el marco regional. De ahí, la importancia que tienen tanto las reimpresiones de libros y folletos como la reproducción de artículos de periódicos;[9] de ahí la importancia

---

[9]   Por ejemplo, para la primera época en la que juega un papel tan importante el debate español, el 34 % de los impresos de tema político publicados en México en 1808, y el 48 % en 1809, son reimpresiones de publicaciones hechas en España. Lo mismo ocurre en Buenos Aires. Las reimpresiones de los papeles venidos de la Península – esencialmente políticos y patrióticos – representan alrededor del 50% del total de los impresos en 1808 y 1809. Las proporciones son aún más impresionantes si hacemos intervenir los artículos de los periódicos. François-Xavier Guerra, *Modernidad e Independencias. Ensayos sobre las*

que los actores dieron a las políticas de información y de propaganda, destinadas a difundir sus propios escritos y a obstaculizar los del adversario. Sin el conocimiento de estos circuitos no se entiende, por ejemplo, la aparición recurrente en múltiples regiones de expresiones comunes y esenciales del discurso americano como, en una primera época, la afirmación que las Indias 'no son colonias o factorías [...] sino una parte integrante y esencial de la monarquía española' o, en una segunda, la descripción con los mismo términos de la opresión a la que habían sido sometidos los americanos.[10]

Lo mismo pasa con la mutación de las identidades americanas durante la guerra. Sometidos a una misma represión, los diferentes 'pueblos' americanos refuerzan cada uno sus propios agravios con las injurias que los otros han sufrido. En la prensa insurgente de las diferentes regiones abundan las noticias de los excesos de la represión 'realista' en otros lugares; se va así formando un 'martirologio' americano en el que ocupan al principio un lugar muy particular los 'mártires de Quito' del 2 de agosto de 1810 y al que se incorporarán después México, Venezuela y otras regiones víctimas de la rigurosa represión 'española'.

Ahora bien, si la unicidad del proceso es patente ¿cómo podemos explicarlo? Ningún proceso revolucionario de gran amplitud – como lo es la Independencia – puede reducirse a una explicación simple en términos de causas y efectos. En efecto, cualquiera de estos procesos puede analizarse en tres niveles diferentes. Un primer nivel, clásico, es el de las causas propiamente dichas, con la distinción también habitual entre causas lejanas y causas próximas. Dos tipos de causas que remiten, de hecho, las primeras a las estructuras y las segundas a las coyunturas.

Las causas estructurales han sido las más estudiadas, insistiendo sobre todo en diversos aspectos de las reformas borbónicas: unos en los aspectos fiscales y económicos y en su impacto – negativo o positivo – sobre las diferentes regiones o grupos sociales; otros en la mutación que ellas suponen en la manera de concebir el Estado, sus relaciones con la sociedad, la estructura política de la Monarquía y el lugar que en ella ocupa América, tal como se manifiesta, por ejemplo, en los nombramientos a cargos públicos o en el ataque contra los privilegios de grupos como el clero. Ahora bien, a pesar de la pertinencia de muchos de estos estudios y de la riqueza de sus aportaciones, no bastan para dar una explicación global por su dificultad

---

revoluciones hispánicas (Madrid, 1992), p. 300.

[10]   La primera pertenece a la Real Orden de la Junta Central del 22 de enero de 1809, y la segunda remite al manifiesto del Consejo de Regencia del 14 de febrero de 1810, del que hablaremos después.

para articular lo estructural con lo coyuntural. Hay una ambigüedad semántica en el término mismo de 'reformas', puesto que remite tanto a medidas concretas tomadas en un momento dado, como a sus efectos a más largo plazo o a los supuestos que las inspiran. En el primer sentido, la articulación con el acontecimiento es inmediata. La relación entre la expulsión de los jesuitas y las revueltas de la Nueva España; o entre las reformas fiscales y la revuelta de los Comuneros de Nueva Granada o las de Túpac Amaru y del Alto Perú es inmediata, aunque para entenderla plenamente haya que recurrir a análisis estructurales, ya sean económicos, sociales o culturales. En el segundo y en el tercer sentidos, la articulación ya no es inmediata, puesto que, como es bien sabido, la crisis que abre en 1808 el proceso de la Independencia no corresponde a ninguna medida precisa tomada por la Corona, sino a un acontecimiento inédito: la desaparición del rey. Ahí reside una de la principales diferencias entre los orígenes de los procesos de Independencia en la América británica y en la española.

El estudio de las causas próximas, de la coyuntura que precede a 1808, es ya más esclarecedora, cuanto más cerca está de la crisis. En este campo, la Revolución francesa ocupa un lugar primordial, no tanto, como lo repitieron a saciedad muchos historiadores del siglo XIX, porque ella fuese directa e inmediatamente la inspiradora de las revoluciones americanas, sino ante todo por sus efectos sobre el equilibrio internacional. Con ella, se abre un ciclo de guerras que no se cerrará más que con la derrota definitiva de Napoleón en 1814.

La guerra rompe la evolución interna previsible de la Monarquía hispánica. En primer lugar, por su costo que trastorna los equilibrios financieros y lleva a sus gobernantes a adoptar medidas extremas como la amortización de los vales reales que provocaron un profundo descontento en múltiples sectores sociales[11] y una considerable descapitalización de las economías americanas. En segundo lugar, por su impacto sobre el comercio entre España y América como consecuencia del bloqueo marítimo inglés. Desde 1797, y salvo cortos períodos de tregua, América cesa de comerciar regularmente con España. Más allá de sus efectos puramente económicos – como la escasez de mercurio que contribuye a la crisis del sector minero en varias regiones – el hecho es fundamental para explicar uno de los más tenaces agravios americanos: la libertad de comercio. El comercio libre del que América gozó *de facto* desde esta época no fue nunca oficializado por

---

[11]   El impacto de esta primera desamortización es bien conocido para México, pero no es sin duda menor en otros lugares. Es significativo que una de las primeras medidas tomada por las autoridades españolas y americanas en las semanas que siguen al levantamiento contra Napoleón, fuese el suspenderla.

las autoridades metropolitanas sometidas, durante el período álgido de la crisis, al chantaje financiero del Consulado de Cádiz.[12] Lo que en otra época hubiera podido ser un simple conflicto de intereses será considerado, a causa de las nuevas ideas económicas marcadas por la influencia creciente de Adam Smith, como un signo manifiesto de la 'tiranía española' y de la voluntad de los peninsulares de mantener América fuera del progreso de la civilización. En tercer lugar, porque la persistencia de la guerra y la incapacidad de la metrópoli de asegurar por sí misma la defensa del nuevo continente contra los enemigos del monarca, transfirió esta responsabilidad a los reinos y provincias de América: a las autoridades, pero también a la sociedad. Bien conocida es la repercusión que tuvieron en Buenos Aires las invasiones inglesas, no sólo para el surgimiento de nuevos actores sociales como las milicias, sino también para la toma de conciencia que las élites empezaron a adquirir de ser responsables de su patria.[13]

Pero, además de estos efectos indirectos, la Revolución francesa tuvo otros más directos, en las élites de las dos partes de la Monarquía. A partir de 1791, el Gobierno tomó medidas represivas para impedir el contagio revolucionario: clausura de la mayoría de los periódicos españoles y dificultades mayores para su creación en América; censura reforzada de la imprenta; control de la llegada de extranjeros y de las importaciones de impresos; vigilancia de las formas de sociabilidad modernas sospechosas de 'asambleismo' – significativamente a la vez de simpatía hacia la Francia revolucionaria y de ser el germen de nuevas agrupaciones políticas. Todas estas medidas, aunque a veces fueron transitorias y de eficacia limitada, contribuyeron a que una parte de las élites intelectuales – a menudo los más jóvenes – fuese separándose del ideal ilustrado de la reforma desde arriba y aspirando a un régimen político nuevo que impidiese el poder arbitrario de los ministros y la existencia de favoritos como el odiado Godoy. La aspiración a la reforma política de la Monarquía, aunque no presentase un cariz revolucionario, nunca había estado tan difundida. En fin, a esta coyuntura internacional cada vez más crítica se añadían, en algunas regiones de América, coyunturas de crisis propias – como la crisis agrícola en Nueva España – que explican las modalidades de violencia social que tomarán los acontecimientos en ese reino.

---

[12]   Las referencias a la indignación que esta dependencia provocaba en América son innumerables. Cfr., por ejemplo, *El Argos Americano. Papel político, económico y literario de Cartagena de Indias*, 11 de marzo de 1811.

[13]   Néstor Meza Villalobos, *La actividad política del Reino de Chile entre 1806 y 1810* (Santiago de Chile,1958) señaló hace años con acierto el impacto de este fenómeno sobre el despertar político de las élites chilenas.

A este primer nivel, clásico, de análisis por las causas se añade a menudo otro no menos clásico: el de los resultados, el análisis de la situación final a la que condujo el proceso. Como en todo balance, hay que considerar tanto los aspectos positivos como los negativos. En lo político: la aparición de nuevos Estados, la modernidad de las constituciones o de las ideas, la libertad de prensa y el surgimiento de la opinión pública, la victoria de la nación, el régimen republicano y, en general, toda la política moderna; pero también la omnipresencia de los caudillos, de los caciques, los afrontamientos ideológicos y la inestabilidad política. En lo social, la igualdad de todos los ciudadanos ante la ley, la supresión legal de las distinciones étnicas, a veces la abolición parcial o total de la esclavitud, una mayor movilidad social provocada por la guerra; pero también la ofensiva contra las comunidades indígenas y sus tierras, el declive de la administración pública, la feudalización de la sociedad, la decadencia de tantas ciudades y ruralización de la sociedad. En lo cultural, los planes y a veces la reforma de la instrucción, la difusión de la imprenta y de los impresos, la elaboración de una historia y de una simbología nacionales; pero también, la desaparición de tantas escuelas en los pueblos, la decadencia de los establecimientos de enseñanza superior, el abandono del cultivo de la ciencia por unas élites que han hecho de la política su ocupación principal. En lo económico, en fin, la apertura del comercio a otras naciones y, después de absorber los efectos nefastos de la guerra, la recuperación económica de algunos países; pero también la ruina o el estancamiento económico o demográfico de tantos otros, la descapitalización de las economías, la desorganización de tantos circuitos comerciales externos o internos.

En todos estos campos el balance está en gran parte por hacerse. El riesgo de caer en una visión teleológica es considerable: intentar explicar el punto de partida por el punto de llegada, confundir el *post hoc* con el *propter hoc*, sin tener en cuenta que entre el antes y el después está el proceso mismo de la Independencia. Este es el segundo y fundamental nivel de análisis, muy frecuentemente descuidado: el desarrollo mismo del proceso, su dinámica propia. Si el punto de partida y el punto de llegada pueden analizarse sin demasiadas dificultades de manera estática, como un cuadro en el que se pueden captar la composición general, los principales volúmenes, el paisaje, los personajes centrales y los secundarios, el segundo, 'el análisis del proceso', no es de naturaleza estática, sino dinámica. En él reinan el movimiento, la acción, el encadenamiento casi siempre imprevisible de los acontecimientos. El enfoque con que hay que considerarlo se asemeja más al análisis cinematográfico que al pictórico: aprehender la lógica de los personajes, la sucesión de las escenas, los nudos del guión, el ritmo general de la película.

No llevemos más lejos la analogía, pues sus límites son evidentes, ya que, a menos de imaginar un misterioso determinismo histórico, la acción de una 'mano invisible' o la intervención explícita de la Providencia,[14] no hay, para un historiador, en estos procesos históricos, ni director, ni guión, ni papeles definidos de antemano.

Pero sirve la comparación para poner de manifiesto que es indispensable estudiar el proceso revolucionario en sí, no como un entreacto entre dos estados conocidos – el inicial y el final – sino como el centro mismo de la investigación histórica.

Sólo entonces se puede llegar a una inteligibilidad global, ya que en él se revelan los actores, sus referencias culturales, la estructura y las reglas del campo político, lo que está en juego en cada momento y los debates que esto provoca. Y todo ello en un continuo cambio de situaciones y momentos que el proceso mismo va generando por las decisiones, en gran parte aleatorias puesto que libres, de los múltiples actores que intervienen en él. Es entonces cuando se revelan las estructuras profundas: las políticas, las mentales, las sociales, las económicas. También entonces aparecen los resultados finales como lo que son: la consecuencia de una combinatoria compleja de actores múltiples que actúan según sus lógicas específicas en el marco de estructuras más profundas. Unos resultados, en la mayoría de los casos, no sólo imprevisibles, sino incluso contrarios a los fines que los actores se habían propuesto: los 'efectos perversos', es decir, la consecuencia no buscada de decisiones dotadas en sí mismas de racionalidad.

En nuestro caso, para desentrañar su dinámica volvámonos a lo que sus mismos actores consideraban como esencial. Retomando lo que dice claramente la declaración de Independencia de Venezuela partamos de:

los hechos auténticos y notorios, que han debido desprender, y han desprendido de derecho a un mundo de otro en el transtorno, desorden y conquista que tiene(n) ya disuelta la Nación Española.[15]

Las primeras fases de la dinámica revolucionaria

Es el encadenamiento de esos 'hechos auténticos y notorios' que han disuelto la 'Nación española', los que hay que examinar, siguiendo – ¿por

---

[14] La explicación providencialista es, sin embargo, una de las más utilizadas por los actores durante la crisis de la Monarquía hispánica.

[15] *El publicista de Venezuela*, no. 2, 1811.

qué atribuirnos una clarividencia mayor que la suya? – el esquema político de la desintegración de la Monarquía que sus protagonistas trazaron con lucidez tantas veces:

... la abdicación de Carlos IV, la renuncia de Fernando en Bonaparte, su prisión y detención en Francia ha roto y disuelto de una vez para siempre los vínculos conque parecíamos estar ligados ... porque decidida por la España la disolución del pacto social, declarada la soberanía del pueblo ... organizado un gobierno por el voto de sus representantes, y proclamada solemnemente la integridad de América en el todo de la monarquía, considerada como un pueblo entero constitutivo de la nación, ha sido vexada en su representación, oprimida en la manera de gobierno, insultada en sus reclamaciones, tratada como rebelde e insurgente y convertida en un teatro sangriento de muerte y desolación.[16]

La lógica política del proceso está aquí claramente indicada: las abdicaciones reales; la disolución del cuerpo político por la acefalía del poder real; la reversión de la soberanía a la sociedad; el renacimiento de la representación política; la victoria de la soberanía del pueblo; el rechazo por los gobiernos peninsulares de la igualdad política entre España y América; los agravios americanos; la guerra y la ruptura. Sigamos, pues, este esquema, no desde un punto de vista narrativo, imposible en este marco, sino intentando conceptualizar y periodizar los problemas que el desarrollo de la crisis fue planteando sucesivamente, los actores que se movilizaron para resolverlos y las soluciones que éstos intentaron darles. Es obvio que en nuestro intento, la periodización remite a los problemas dominantes en cada época, pues muchos de ellos, como el de la representación, la reconstitución del vínculo social o la definición de las nuevas identidades, son permanentes durante todo el período y aún después.

La primera y fundamental fase es sin duda la que va de 1808 a 1810. Todo este período, en el que se producen la mayoría de los acontecimientos claves que van a producir la desintegración de la Monarquía, está dominado por la coyuntura militar y política peninsular. La abdicación forzada de Fernando VII y el rechazo – casi unánime en España y unánime en América – de la nueva dinastía y de la dominación francesa abren el ciclo revolucionario, al plantear de una manera repentina y angustiosa el problema

16 Juan Fernández de Sotomayor, *Catecismo o instrucción popular* (Cartagena de Indias, 1814), reproducido en Javier Ocampo López, *El proceso ideológico de la emancipación* (Tunja, 1974), pp. 459-69.

del poder: ¿cómo colmar el vacío de la autoridad real que legitimaba hasta entonces todos los otros poderes y en el que se fundaba la cohesión de la Monarquía? Las respuestas – prácticas y teóricas – que fueron dadas entonces en ambos continentes, fueron semejantes: desaparecido el rey, la soberanía volvía a la sociedad. Formulada con términos diversos – al 'reino', a la 'nación', a los 'pueblos' – esta respuesta ponía de hecho fin al régimen absolutista, a un poder que se ejercía unilateralmente de arriba a abajo.

Ante una situación inédita que ponía en peligro no sólo el destino de toda la Monarquía sino el de cada uno, la iniciativa política, que durante tanto tiempo el régimen absolutista se había esforzado en monopolizar, pasa bruscamente a la sociedad, con toda la diversidad que este término implica. Políticamente, esta iniciativa se manifestó en España por la formación de juntas de defensa y de gobierno, y en América por tentativas para formarlas. En lo social, la movilización fue masiva en España; el levantamiento contra Napoleón fue una gran oleada popular que arrastró incluso la parte de las élites que, fatalista, estaba aceptando el nuevo poder. Pero, aspecto en el que se insiste menos, en América los acontecimientos peninsulares produjeron también una intensa movilización que afectó a todos los sectores sociales. Las manifestaciones populares de adhesión al rey y a la 'patria' – entendida como el conjunto de la Monarquía – que se produjeron en las ciudades fueron de una magnitud hasta entonces desconocida.[17] Más aún, las noticias corrieron por todos los lugares, incluso por ínfimos pueblos indígenas provocando a la vez la exaltación de un patriotismo monárquico y religioso[18] y una sorda inquietud que dejaba ya presagiar futuros desquicies.

Pero si la incertidumbre y la conmoción de los ánimos fueron generales, ¿cuáles fueron los actores políticos de esta primera época y en qué marco actuaron? Como era lógico, a ambos lados del Atlántico, el marco fue la ciudad, el lugar político por excelencia, sede de todos los poderes, y de manera preeminente las ciudades capitales, como cabezas que eran de reinos y provincias. En cuanto a los actores, como también era lógico en sociedades del antiguo régimen, los principales fueron las autoridades regias – individuales o colegiadas – y las múltiples corporaciones eclesiásticas o civiles y, entre ellas, sobre todo los cabildos, los que mejor encarnaban simbólicamente a la sociedad. Pero, más allá de esta primera aproximación –

---

[17]   Cfr. por ejemplo, para México, *Diario de México,* 30 de julio de 1808, t. IX, no. 1035, p. 118; o para Guanajuato, 'Relación de las demostraciones de lealtad y júbilo que dio la ciudad de Guanaxuato desde el 31 de julio [...] hasta el dia 18 de septiembre', en *Suplemento a la Gazeta de México,* 28 de diciembre de 1808, t. XV, no. 147, pp. 1013-1025

[18]   Algunas de estas manifestaciones de pueblos indígenas se encuentra en AGN México, Historia, t. 46.

las ciudades y las autoridades y cuerpos, al mismo tiempo lugares y actores de la política – otros grupos aparecen en primer plano.

Para centrarnos ya más en América, por un lado se ven los grandes clanes familiares, ya perteneciesen a la aristocracia, al patriciado o a familias de fortuna más reciente. Y por otro, esos hombres ilustrados, llamados entonces 'sabios', 'literatos', o 'letrados', que independientemente de su origen social, constituyen la 'República de las Letras', un nuevo medio social que se distingue del resto de la sociedad por sus prácticas culturales y sus formas de sociabilidad. En fin, todos estos actores empiezan desde el principio mismo de la crisis a agruparse y a oponerse en lo que todos llaman entonces con inquietud 'partidos' o 'facciones', y entre los cuales descueyan el 'americano' y el 'europeo' u otros nombres equivalentes y a menudo más injuriosos.

Estos apelativos no son ante todo una indicación de su composición – aunque algo indican de ella – sino más bien caracterizan una sensibilidad y una actitud.[19] El primero, el 'americano', es más pesimista en cuanto al destino de la España peninsular, desconfía más de la legitimidad de los gobiernos provisionales españoles, de su lealtad política hacia el rey y de su voluntad de conservar la integridad de la Monarquía. El segundo, el 'europeo', muestra un optimismo voluntarista y acusa al otro de derrotismo, de querer trastornar el gobierno e incluso de tender en secreto a la independencia.

Las dos actitudes remiten de hecho a actitudes que van a chocar en lo que va a ser la gran cuestión de los años siguientes, la igualdad política entre España y América. El tema de la igualdad entre criollos y peninsulares, de ya tan larga historia desde el siglo XVI, surge con una fuerza avasalladora, en la medida en que lo que antes eran protestas dispersas que dependían de situaciones y coyunturas locales diversas, se convierte ahora en problema general y urgente. La desaparición del rey y el hundimiento del absolutismo exigían que todas la autoridades, ya fuesen locales o centrales, tuviesen que fundar su legitimidad en el consentimiento de la sociedad. Esta exigencia lógica planteaba sin embargo de manera abierta la cuestión del estatuto político de América dentro de la Monarquía, a través de dos problemas paralelos y complementarios: su derecho a formar a juntas de gobierno, análogas a las peninsulares, y su representación igual en las instancias centrales de la Monarquía.

---

[19] En muchos lugares, el partido 'europeo' está esencialmente formado por criollos, cosa por lo demás perfectamente explicable aunque no fuese más que por el número reducido de europeos que residen en América. Lo mismo pasa con el partido americano de que también forman parte peninsulares residentes desde largo tiempo en América.

El primer problema es el que va a producir los conflictos más vivos y precoces, puesto que lo que primero está en juego es el poder local: en cada reino, en cada provincia, de hecho, en las capitales. Desde el momento mismo de la recepción de las noticias de la crisis peninsular, es ahí donde se movilizan los actores y los 'partidos' ya descritos. La fuerza y la cronología del conflicto, y la intensidad de la lucha entre 'facciones', dependen de múltiples factores, algunos estructurales como las tensiones y rencores provocados por la política que regía en los años anteriores, otros más accidentales como la personalidad y actitudes tomadas por las más altas autoridades reales[20] – virreyes, gobernadores, audiencias – o la manera y el orden aleatorio en que fueron llegando las noticias de los acontecimientos peninsulares.

En todo caso, la tentativa de formación de juntas chocó desde el principio con el rechazo radical por parte de la mayoría de las autoridades regias y del partido 'europeo'. El proceso de convocación de una Junta General – de las Cortes – de Nueva España fue brutalmente interrumpido en septiembre de 1808 por el golpe de estado del partido europeo encabezado por Yermo. Las juntas de la Paz y de Quito de 1809 fueron reprimidas inmediatamente, a pesar del papel que ellas jugaron en agravios locales contra las autoridades regias. Más grave aún, las autoridades provisionales de la Monarquía aprobaron siempre esta actitud intransigente. La desigualdad de tratamiento con la península, donde se daban fenómenos parecidos, era flagrante. América se veía privada de gobernantes surgidos de ella misma o que por lo menos hubiesen renovado su legitimidad en el consentimiento del 'pueblo'. El calificativo 'despótico' con el que muchos americanos van a empezar a designar a las autoridades regias encuentra aquí uno de sus principales fundamentos.

El segundo problema, la representación en las instancias centrales de la Monarquía, por su naturaleza misma, dio lugar a menos afrontamientos locales, pero tuvo una influencia sin duda mayor en la ruptura moral entre los dos continentes, puesto que los textos que organizaban esta representación eran oficiales, generales y solemnes, y además conocidos y publicados en todos los sitios. A través de ellos aparecía la imagen que la mayoría de los peninsulares y los sucesivos gobiernos centrales se hacían de América y de los americanos, y el lugar secundario y dependiente que de

---

[20]   Es evidente que la personalidad y la experiencia de un virrey como Abascal fue una de la causas de la tranquilidad de Lima, como, al contrario, la actitud de Iturrigaray favoreció la acción del cabildo de México, en su intento de convocar una Junta General de Nueva España. Sin querer con eso disminuir el peso de lo estructural, bien se puede constatar que la presencia de gobernadores particularmente poco dotados o impopulares fue un elemento determinante de los posteriores acontecimientos de Caracas, de Quito o Santiago de Chile.

hecho les asignaban en la Monarquía. Los principales fueron la Real Orden de la Junta Central del 22 de enero de 1809, en la que se convocaba los reinos y provincias de América a elegir diputados a la misma Junta Central, el segundo el Manifiesto del recién formado Consejo de Regencia del 14 de febrero de 1810, por el que se convocaba la elección de diputados a las Cortes que pronto se reunirían en España.[21]

El primero tuvo un extraordinario impacto, no solo por la novedad absoluta que este hecho suponía, sino también por su muy ambigua definición del estatuto político de América. La declaración que las Indias no eran 'propiamente colonias o factorías como las de las otras naciones, sino una parte esencial e integrante de la monarquía española' equivalía a afirmar y a negar al mismo tiempo la igualdad política entre los dos continentes. Las palabras 'propiamente' y 'colonias' remitían a algo que los Americanos aborrecían puesto que implicaba un estatuto político inferior con relación a los reinos peninsulares y una dependencia no del rey sino de la España peninsular. Inferioridad que se veía confirmada por el número de diputados que se les atribuían, 9 contra 26 a España, para una población mayor. La Real Orden produjo muchos documentos de protesta, algunos muy conocidos como el 'Memorial de Agravios' del cabildo de Santafé de Bogotá redactado por Camilo Torres, y otros que duermen todavía en los archivos,[22] y sus principales pasajes suministraron después múltiples argumentos a los independentistas.

El segundo documento, el Manifiesto del Consejo de Regencia, impregnado del lenguaje más radical de los revolucionarios españoles, daba a los americanos una formulación de sus agravios que impregnará buena parte del discurso independentista:

Desde este momento, Españoles Americanos, os veis elevados a la dignidad de hombres libres: no sois ya los mismos que antes, encorbados baxo un yugo mucho más duro mientras más distantes estabais del centro del poder; mirados con indiferencia, vexados por la codicia; y destruidos por la ignorancia ... vuestros

---

[21] Cfr. para estos temas Marie-Danielle Demélas et François-Xavier Guerra, 'Un processus révolutionnaire méconnu: l'adoption des formes représentatives modernes en Espagne et en Amérique (1808-1810)', *Caravelle. Cahiers du monde hispanique et luso-brésilien*, no. 60, Toulouse (1993), pp. 5-57.

[22] Cfr. por ejemplo, 'El Despertador. Discurso o reflexión que hace un Patriota Americano a sus hermanos aletargados para que sacudan las cadenas del despotismo, opresión y tiranía y establezcan sobre sus ruynas un Govierno savio, livre y independiente y util para todas las clases del Estado', manuscrito, problablemente 1809, AGI, Diversos 2, 1812, ramo 3, no. 1,

8

destinos ya no dependen ni de los Ministros, ni de los Virreyes, ni de los gobernadores; están en vuestras manos.'[23]

La intención de los redactores del manifiesto era una condena del antiguo régimen y el anuncio de una nueva libertad, pero, también equivalía a decir a los americanos que durante tres siglos habían yacido en la servidumbre y que en cierta manera seguirían teniendo un estatuto político inferior, puesto que la representación que se les otorgaba por el momento en las futuras Cortes era de 28 diputados contra más de 200 a España.

La negación práctica de la igualdad de derechos políticos, tal como se manifestaba en la oposición a la formación de juntas en América y en la inferioridad de la representación, ponían de manifiesto la nueva concepción de la Monarquía que reinaba en los ambientes gubernamentales españoles desde mediados del siglo XVIII tal como ya se había revelado en las reformas de Carlos III: en lugar de una Monarquía plural, un Estado unitario, un imperio, en el que las Indias ocuparían una posición central como fuente de riquezas, pero políticamente subordinadas al centro imperial.[24]

A esta divergencia profunda sobre los derechos de América, contribuía otro fenómeno esencial de los años 1808-1810: la profunda mutación ideológica que estaban experimentando las élites intelectuales a ambos lados del Atlántico. La razón principal de esta mutación no reside primariamente en la adhesión de las élites a nuevas ideas, aunque ciertamente éstas fuesen conocidas y apreciadas por algunos de sus miembros más radicales. El factor nuevo que explica su rápida extensión es el nacimiento de la opinión pública, elemento esencial del espacio público moderno. La existencia de esta opinión estaba ya en germen en las discusiones e intercambios de escritos dentro de ese medio social y cultural nuevo que hemos llamado antes la República de las Letras. Aunque reducido desde las medidas represivas de los años 1790 al ámbito privado, las opiniones de este medio social estaban ya convirtiéndose en una suprema instancia de juicio sobre el poder y sobre la sociedad: en el 'tribunal de la opinión'. Los acontecimientos de 1808 hacen que de repente esta instancia tome una nueva fuerza. En España, el hundimiento del aparato del Estado absolutista, lleva consigo la desaparición *de facto* de la censura, la multiplicación de la literatura patriótica – periódicos e impresos de todo tipo – y una gran tolerancia hacia

---

[23]   Decreto del Consejo de Regencia, 14 de febrero de 1810, publicado, por ejemplo, en México por Bando de la Audiencia gobernadora el 16 de mayo de 1810, AGN, Bandos, vol. 25, exp. 80.

[24]   Cfr. para esta nueva concepción del imperio, David A. Brading, *Orbe indiano. De la Monarquía católica a la república criolla, 1492-1867*, trad. esp. (México,1991), XXI.

las formas de sociabilidad en las que se agrupan los miembros de ese grupo.
En América, aunque el aparato de control sigue en pie, es imposible poner coto a las reuniones y discusiones, a la lectura y la reproducción de documentos – impresos y cartas – procedentes de la península y a multiplicación de escritos – en su mayoría manuscritos – que debaten sobre la crisis de la Monarquía.

En ambos mundos esta nueva libertad de hablar – y en España de publicar – va a centrarse rápidamente en el tema político central de la época: el de esa nación en la que ha recaído la soberanía. Discutir sobre la nación, después de la Revolución francesa, equivale a plantearse todos los temas centrales de la modernidad: la naturaleza contractual de la sociedad, como asociación de individuos iguales, la soberanía popular, la ley como expresión de la voluntad general, etc.[25] En menos de dos años este debate conduce a la victoria de las ideas y del imaginario modernos, como lo mostraría enseguida las Cortes reunidas en Cádiz en 1810 y, poco después, los escritos y las asambleas de los insurgentes americanos.

La segunda fase del proceso revolucionario se abre nuevamente en 1810 con acontecimientos militares y políticos en la Península: la ofensiva victoriosa de las tropas francesas en Andalucía, la huida de la Junta Central de Sevilla a Cádiz y su sustitución pocos días después por un Consejo de Regencia, de muy incierta legitimidad y sometido a la influencia de Cádiz y de sus comerciantes. Como es sabido, una buena parte de las principales ciudades americanas se negó a reconocer a este nuevo gobierno y formó juntas que reasumieron la soberanía, como conservadoras de los derechos de Fernando VII.

Aunque la constitución de juntas no equivaliera para sus autores a la separación total y definitiva de la España peninsular, su formación abría el camino tanto a la desintegración territorial en América como a la ruptura definitiva con la Península.

La desintegración territorial surge no sólo de la diversidad de posiciones adoptadas por las diferentes regiones de América, sino también de la lógica misma de la reversión de la soberanía a los 'pueblos'.[26] La diversidad de actitudes hacia el Consejo de Regencia era prácticamente inevitable. En efecto, aunque la decisión tomada por las ciudades juntistas pudiera justificarse plenamente, también podía justificarse la posición contraria: reconocer de nuevo, como un mal menor, a la recién formada Regencia y

---

[25] Para estos temas, F. X. Guerra, *Modernidad e independencias.*(Madrid, 1992), cap. 2 y 9.

[26] Para este tema, cfr. Antonio Annino y José Carlos Chiaramonte, *De los imperios a las naciones. Iberoamérica* (Zaragoza, 1994), cap. 4 y 8.

esperar que la España peninsular no sucumbiese enteramente ante las ofensivas francesas. Las autoridades regias de regiones tan importantes como la Nueva España, América Central o el Perú propiamente dicho escogieron, por razones diferentes, esta última solución.

En las regiones en las que las ciudades capitales eliminaron a las autoridades regias y constituyeron juntas (Venezuela, Nueva Granada, Río de la Plata, Chile), la decisión no podía ser unánime. Los principios utilizados para justificarla – la reversión de la soberanía a los 'pueblos' – llevaban consigo la desaparición de las autoridades regias que aseguraban la unidad política de las diferentes circunscripciones administrativas. Cada 'pueblo', cada ciudad principal quedó de hecho libre de definir su propia actitud: reconocer o no a la Regencia, pero también reconocer o no la primacía que querían ejercer sobre ellas las ciudades capitales. Se vuelve así a plantear en América el mismo problema que oponía hasta entonces los 'pueblos' americanos a los españoles: ¿cuáles eran los 'pueblos' que tenían derecho a constituir sus propias juntas?; dicho de otra manera, se suscitaba el problema de la igualdad de los 'pueblos' americanos entre sí.

Por eso, de inmediato, las ciudades capitales tuvieron que enfrentarse con otras ciudades importantes que no aceptaban su pretensión de preeminencia. Caracas tuvo que enfrentarse, entre otras, con Coro y Maracaibo; Buenos Aires, no sólo, como antes, con Montevideo, sino también con las ciudades del interior; Nueva Granada, se fragmentó en múltiples juntas rivales; Quito constituye su junta no sólo para librarse de la ocupación limeña, sino también de la dependencia de Bogotá. Una buena parte de la comprensión de los conflictos que entonces debutan depende de un estudio preciso, todavía por hacer, de las razones de la rivalidad entre ciudades: rencores nacidos por la creación de nuevas unidades administrativas – tan importantes para entender la actitud de las élites limeñas – distorsión entre el peso humano y económico y la categoría política, modificación de las rutas y de los flujos comerciales. Pero también depende de un análisis geopolítico centrado en estos actores esenciales que son las ciudades: sus áreas de influencia, sus recursos y estrategias.

En esta perspectiva, era lógico que las ciudades más importantes y sobre todos las antiguas capitales intentásen parar la desagregación territorial o reconstruirla si ésta se había ya producido. Para constituir gobiernos de orden superior al de las ciudades e impedir la aparición de gobiernos independientes en cada 'pueblo' (en el Río de la Plata o Venezuela), o para reunir mediante un nuevo pacto las diferentes juntas ya formadas (en Nueva Granada), dos vías eran posibles, la representación o el empleo de las armas, y ambas fueron utilizadas en combinaciones diversas según las regiones o los momentos.

La reunión de los 'pueblos' en un organismo representativo común, como dos años antes en la Península, fue una solución que todos intentaron emplear: de una Junta General, formada por diputados de los 'pueblos', destinada a construir un gobierno provisional, un gobierno que impidiera la disolución territorial, definiera una posición común en cuanto al reconocimiento del Consejo de Regencia, asegurara la defensa común, fijara las reglas para elegir un congreso realmente representativo y elaborara una constitución destinada a reconstruir el cuerpo político. Pero esta solución fue en general incapaz de poner coto a las fuertes tensiones que se manifestaban no sólo en el campo de la rivalidad directa entre ciudades principales, sino también en otras no menos importantes. En unos casos se trata de la modificación de la estructura territorial misma; algunas ciudades principales anexan pueblos de otra provincia,[27] ya sea por la fuerza o ante la demanda de unos pueblos dependientes que piensan así liberarse de la tutela de sus capitales, lo que representa para estas últimas un atentado intolerable a sus prerrogativas y un verdadero *casus belli*.[28] En otros casos se atenta a la jerarquía de dignidad y jurisdicción de las localidades: pueblos dependientes piden convertirse en ciudades capitales y otros reclaman la igualdad de derechos con ellas.[29] Casi en todas partes los pueblos secundarios piden una participación en los procesos representativos que se están poniendo entonces en marcha, rechazando así la representación implícita a la que pretenden sus cabeceras. Quedaba entonces abierta la otra posibilidad: el empleo de la armas. La guerra entre ciudades – en el Río de la Plata, en Nueva Granada, en Quito, en Venezuela – empieza en el momento mismo de la formación de la juntas.

A estos conflictos internos vino muy pronto a añadirse la guerra que va enfrentar cada vez más a los dos continentes, España y América, y dentro de ésta, al 'partido americano' con el 'europeo'. La gran ruptura se produce en este campo en el año que sigue a la constitución de las juntas,

---

[27] El Estado de Cundinamarca practicó ampliamente lo que se llamó púdicamente 'las agregaciones', no sólo de pueblos sino incluso de provincias.

[28] Véase por ejemplo, los múltiples casos de este tipo en los que deberá arbitrar el Congreso, en Acta de Federación de la Provincias Unidas de Nueva Granada, 27 de noviembre de 1811 en Diego Uribe Vargas, *Las constituciones de Colombia* (Madrid, 1977), T. I, pp. 365 sq, art. 44, 45, 46, 47.

[29] En Venezuela este debate y, sobre todo la partición de la provincia de Caracas, ocupa una parte importante de los debates del Congreso, cfr. *El publicista de Venezuela*, no. 2, 1811 y Véronique Hebrard, *Le Venezuela indépendant. Une nation par le discours. 1808-1830* (Paris, 1966).

en fechas variables según las regiones. La formación de ésas estaba fundada – además de su derecho al autogobierno – en dos hipótesis: la inexistencia de un verdadero gobierno central en la metrópoli y la probable derrota total de la España peninsular. Pero pocos meses bastaron para mostrar la fragilidad de las dos. No sólo el Consejo de Regencia existía realmente y había sido reconocido por las juntas españolas supervivientes y por una buena parte de América, sino que la España peninsular seguía resistiendo con la ayuda inglesa; más aún, en septiembre de 1810 se reunían en Cádiz las Cortes generales y extraordinarias de la Monarquía, a las que poco a poco iban llegando, a partir de enero de 1811, los diputados americanos elegidos por las regiones que habían reconocido al Consejo de Regencia. Esta circunstancia, en gran parte inesperada, complicaba aún más la situación al obligar a las juntas americanas a repensar su actitud hacia el gobierno peninsular y, eventualmente, a contemplar la posibilidad de una negociación.

Esta, como bien se sabe, no tuvo nunca realmente lugar, pues el Consejo de Regencia reaccionó violentamente ante las noticias de América, sin intentar lo que tantas veces había hecho antes la Junta Central, o ella misma en la España peninsular: negociar con las juntas provinciales. En julio de 1811 esta vía se cerró definitivamente con el rechazo por las Cortes de la mediación inglesa, que había intentado evitar una guerra que no podía menos que debilitar el combate común contra Napoleón.[30] Si muchas veces se ha puesto de relieve la importancia del no reconocimiento del Consejo de Regencia por las juntas americanas, se hace menos hincapié en el fenómeno inverso: el rechazo por él de la legitimidad de las juntas americanas. Desde el principio la Regencia las consideró como provincias desleales, rebeldes a su soberano.

La guerra, pues, va a convertirse en un fenómeno central que transforma no solo la economía y la sociedad sino también las identidades americanas. Por la lógica misma de la oposición entre amigo-enemigo, empieza a producirse entonces una muy rápida inversión de identidad. Ante la desigualdad política flagrante con que han sido tratados, los juntistas adoptan progresivamente la apelación de 'colonias' que habían hasta entonces tan ardientemente rechazado para convertirla en una justificación de la independencia. La mutación de la identidad no es sólo política sino que modifica la manera que los criollos tenían de considerarse a sí mismos. Ellos, que hasta entonces reivindicaban su condición de españoles americanos para demandar la igualdad de derechos

---

[30]   Para esta mediación, cfr. Brian R. Hamnett, *La política española en una época revolucionaria, 1790-1820* (México, 1985), p. 126.

con los peninsulares, separan ahora los dos términos y los utilizan para calificar su lucha como el afrontamiento de dos pueblos – y pronto de dos naciones. En la guerra verbal que acompaña siempre a cualquier guerra, y más aún a las guerras civiles, los peninsulares van también a utilizar un lenguaje que no puede más que acrecentar el alejamiento de las dos partes de la Monarquía. Para muchos de ellos, la guerra no es sólo una simple lucha contra vasallos 'rebeldes e insurgentes' – lo que era ya una calificativo extremo – sino incluso una nueva conquista de América, lo que equivalía a identificar a los criollos con los indios vencidos. Los 'insurgentes' van a aceptar también esta asimilación pero en un sentido contrario, atacando la legitimidad de la Conquista. Renace así, sorprendentemente, la querella de los 'justos títulos', en la que los criollos utilizan todo el acervo de la llamada 'leyenda negra' europea del siglo XVI, identificándose a los pueblos conquistados que recuperan ahora su libertad perdida. Ya sea refiriéndose a los orígenes, ya sea denunciando el despotismo de los gobiernos peninsulares, el resultado es el mismo: el pacto que unía América a la Corona o nunca fue legítimo o ha sido roto por los españoles; la vía hacia la independencia estaba ya abierta. También se abría el repliegue de las identidades hacia ámbitos cada vez más restringidos; la patria, que designaba aún en 1808 al conjunto de la Monarquía y luego a toda América va a identificarse al reino, a la provincia, a los pueblos.

Toda esta evolución que, en sus primeras fases, no había hecho intervenir más que actores pertenecientes al mundo de las élites, va progresivamente a movilizar otros que no pertenecen a este mundo. Dos razones complementarias explican la aparición de actores mucho más populares. Por un lado, la impugnación de la legitimidad de las autoridades bloquea los mecanismos de regulación de las tensiones sociales; por otro, para obtener un mayor apoyo en la lucha contra sus adversarios, los 'partidos' utilizan, para ganarlos a su causa, los agravios y demandas de los diferentes grupos sociales. El fenómeno empieza pronto, como se puede ver en el Alto Perú, en donde los viejos rencores de la 'Gran Rebelión' de los años 1780 resurgen con las juntas de 1809 y un año después con las proclamas incendiarias de Castelli. Lo mismo ocurre, pero con una amplitud mucho mayor en Nueva España en 1810. El conflicto entre los dos 'partidos' había sido aquí el más precoz y el más fuerte. Aunque el alzamiento de Hidalgo tenga mucho de una reacción improvisada de autodefensa, también muestra como, una vez cerrada la vía normal de la acción de las élites en su marco urbano, quedaba la posibilidad de movilizar al pueblo. La originalidad mexicana fue el extraordinario eco que este llamado tuvo al prender en la materia inflamable de una sociedad sacudida por una terrible crisis económica y social.

En otros lugares, a medida que el conflicto se iba enconando, todos los actores sociales fueron entrando en liza movilizados por los 'partidos'; al principio relativamente bien controlados por ellos y después, como lo muestra el caso de los llaneros en Venezuela, siendo cada vez más autónomos y siguiendo sus estrategias propias.

Conclusiones

Digamos para concluir dos palabras, sobre uno de los mayores problemas que la independencia legó a las generaciones futuras, el de la nación. 'Disuelta la nación española', como decía la declaración de Independencia de Venezuela, ¿en qué podían fundarse las naciones que el nuevo imaginario político postulaba como sujeto de soberanía? Ni en una muy global pero tenue identidad americana de contenido puramente cultural y operativa sólo en la lucha contra los peninsulares; ni en nacionalidades que, como dijimos, no existían todavía. Sólo algunas de las múltiples comunidades políticas del antiguo régimen podían servirle de base. En algunos y más afortunados casos, en los reinos, cuando éstos habían conseguido constituirse en comunidades ciertas o indiscutibles, como fue el caso en México y en Chile. En otros, habrá que hacerlo a partir de las ciudades principales; la nación será el resultado, difícil y a veces aleatorio, primero de los conflictos o de los pactos entre esas ciudades y después de la fortuna de las armas de los libertadores. Pero en todos los casos, quedaran todavía por construir otras dimensiones constitutivas de la nación moderna: la social, romper la sociedad estamental para crear individuos y ciudadanos; y la cultural, hacer que todos compartan una memoria y un imaginario comúnes, aunque sean míticos. Tareas que, en la mayoría de los casos, ocuparán una buena parte del siglo XIX.

CHAPTER 3

Independence Compared: The Americas North and South

David Bushnell

The concept of a 'common history' of the Americas, which enjoyed a brief heyday slightly more than a half century ago,[1] is today decidedly out of fashion save in the rhetoric of Pan American Day and similar occurrences. But if the hemisphere ever did share a common historical experience, one might plausibly argue that it was in the late eighteenth and early nineteenth centuries, when one American colony after another was breaking the bonds that linked it to a European power. The commonality of the experience was indeed self-evident to those at the time who acclaimed one or another of the various 'Washingtons of the South' who were busily emulating the glorious deeds of that same 'Bolívar (or San Martín) of the North'. Not everyone at the time, it is true, accepted the accuracy of the parallel; and later historiography has accepted the presence of numerous differences. It would seem, nevertheless, that the various Independence movements at least have enough in common to permit a meaningful comparison of some sort, in which an identification of the differences as much as the similarities can serve to clarify our understanding of all of them.

For the record, we should note first that the impulse to Independence was not quite hemispheric in scope. Not only were there everywhere supporters of continued colonial rule, but in some colonies their cause was successful. British Canada failed to follow the example of its immediate neighbours to the south, and Spanish Cuba and Puerto Rico became secure bases for royalist forces operating on the American mainland. The French West Indies uniformly felt reverberations of the revolutionary events in Paris but in the end only Haiti became independent. Nor did the British West Indies (or the Dutch or Danish or Swedish, i.e. the Swedish West Indies of St. Barthélemy that only in 1877 was unloaded permanently onto France) break their bonds to the respective mother countries, although

---

[1]   For a compilation of pertinent texts, see Lewis Hanke (ed.), *Do the Americans Have a Common History?: A Critique of the Bolton Theory* (New York, 1964).

they, too, were profoundly affected by the various independence movements. Canada became a target of revolutionary armies from the south, and the smaller Caribbean islands both served as supply *entrepôts* for patriots and royalists alike and provided such key figures as Alexander Hamilton to the English American cause, and Luis Brion to the Spanish American. In comparative perspective the non-Independence of certain colonies can no doubt throw light on what happened in the others and raises interesting questions – e.g., what did Canada have in common with Cuba, or Puerto Rico with St. Kitts, that made them hold back as they did? – but this set of problems is beyond the scope of the present chapter.

One thing all the American colonies had in common – even those that did not at this point make the break for Independence – was an internal process of social, economic and cultural growth that in varying degrees created a sense of regional identity distinct from that of the mother country, or even a complex of local interests (most often relating to overseas commerce) that were at variance with imperial policy. Such developments did not preclude continued attachment to the traditional monarchy but undoubtedly fostered sentiment for some kind of limited autonomy within the empire (such as the English colonies in fact already enjoyed) and made it easier to accept the Independence option when other circumstances brought it to the fore.

Another common feature, though again of varying intensity, was exposure to all those currents of political and social thought conventionally lumped together as intellectual influence of the Enlightenment. Here, of course, the English colonies were less concerned with the *Encyclopédie* than with the Lockian concepts of individual rights and limited government that they imbibed directly from their own traditions rather than as redistilled by French philosophes, whereas the intellectual authorities to whom Latin American reformists and revolutionaries appealed were predominantly French. In the Spanish American case specifically, there is a school of thought that downplays the Enlightenment in favour of the residual influence of Hispanic Catholic thought of the school of Francisco Suárez. However, the latter's name is conspicuously lacking among the authors cited by Independence-era publicists, and it is likely that Suarezian concepts of popular sovereignty and the rest served as subconscious reinforcement for the newer ideas associated with the Anglo-American and French Revolutions.[2]

---

[2]   For a sample of authorities cited, see David Bushnell, 'El "modelo" angloamericano en la prensa de la emancipación: una aproximación cuantitativa de su impacto', appendix to Javier Ocampo López, *La independencia de los Estados Unidos de América y su proyección en Hispanoamérica. El modelo norteamericano y su repercusión en la independencia de*

Those revolutionary examples were in themselves a form of shared political influence – although the Anglo-Americans, who came first, merely influenced each other. Certainly for Latin Americans the fact that the English colonies successfully threw off the imperial yoke was cited more often in justification of their own effort to do the same than were any mere words of North American philosophers like Franklin and Jefferson.[3] Even more broadly speaking, we can obviously say that the American Independence movements were part of a larger 'Atlantic' cycle of revolutions that began at Lexington-Concord in 1775 and culminated at Ayacucho in 1824, passing incidentally through Paris on the way. How much all these movements really had in common, apart from the use of revolutionary violence and rhetoric, is highly debatable, particularly as regards the impact of the French Revolution, from which most Latin Americans were careful to distance themselves in their public statements. Indeed at certain times and places Spanish American revolutionists were consciously reacting *against* the French Revolutionary contagion that they perceived to be spreading in their direction by way of Spain.[4]

Another 'Atlantic-wide' phenomenon in which the Americas both North and South unwillingly participated was the attempt of the imperial powers in the eightenth century, whether driven by the agenda of Enlightened Despotism or the needs of imperial rivalry, to tighten control over their American dependencies. In English America the pertinent measures were principally fiscal, such as the famous stamp tax and tea duties decreed by Parliament in London to make Anglo-Americans pay more for the cause of imperial defence. In Spanish America there were new taxes, including the extension of the tobacco monopoly to additional colonies, as well as a tightening of administrative control through such mechanisms as the intendant system all summed up in John Lynch's repeatedly cited reference to a 'second conquest' of Spanish America.[5] Brazil underwent a similar process with the Pombalian reforms; Saint-Domingue was less affected, if only because the French home government

---

Colombia. Un estudio a través de la folletería de la independencia de Colombia (Caracas, 1979).

[3]   Ibid., both appendix and the preceding text, passim.

[4]   See, for example, Manfred Kossok, 'La imagen de Robespierre en Latinoamérica (1789-1825)', La revolución en la historia de América Latina: estudios comparativos (Havana 1989), pp. 209-18.

[5]   John Lynch, The Spanish American Revolutions 1808-1826 (New York, 1973), p. 7 and note 5, p. 349, where he generously attributes the concept to David Brading.

in the years leading up to 1789 was distracted with other matters. Of Curaçao and Danish St. Thomas I hesitate to speak.

In the thirteen English colonies that eventually became the United States, those fiscal measures were indeed the trigger that set in motion the whole series of events leading to revolution. The problem, of course, was not the very modest amount of the new taxes but their source, having been decreed by Parliament rather than by the colonial assemblies that by the unwritten constitution of the British empire had sole right to levy contributions upon the colonists. Certain exceptions to that rule existed, such as the customs duties, on the ground that their ultimate purpose was less to raise revenue than to regulate trade within the empire, something that even in Boston was viewed as a legitimate function of the Parliament in London. Accordingly, when the British government in the face of violent colonial protests abandoned its ill-fated effort of 1765 to impose a stamp-tax (i.e., the use of *papel sellado*) on its American colonies, it assumed that some new customs duties – soon also revoked except on tea – would avoid the same kind of outburst. However, it miscalculated, and the very moderation of the tea duty added to the sense of colonial grievance, because it signified that the British government expected the tax really to be collected, instead of evaded by contraband, which in turn meant that the purpose was frankly to raise revenue. The Boston Tea Party of December 1773 resulted, provoking an understandably harsh but again misguided reaction from London in the form of the so-called 'Intolerable Acts', which ranged from the closing of Boston harbour until restitution was made to a grant of greater privileges to the hated papists of nearby Quebec. From that point on, things quickly deteriorated, to the initial armed clash at Lexington and the declaration of outright independence at Philadelphia a year later.

Because of the centrality of the tax issue throughout, an unfriendly witness might sum up the events leading to the Anglo-American revolution as nothing but a struggle between tax evaders and the imperial treasury. However, the protesting colonials were perfectly correct in insisting that much more than money was at stake. Even if all the hated new taxes had in fact been paid, they would have had an insignificant impact on the material wellbeing of the inhabitants. The conflict therefore revolved preeminently around a question of political power, of a perceived threat to traditional rights of self-government – and a threat that, if carried out, could lead to more serious attacks in future. Once the threat had been successfully warded off by revolutionary action, those ancient liberties (involving somewhat more than just the principle of no-taxation-without-representation) were codified into state and national written constitutions that, apart from the mere fact of being written and the establishment of a novel federal union, bore striking resemblance to the system of government previously enjoyed by the colonies under the loose control of the British Parliament and Crown. It is in this sense that the Anglo-American revolution was essentially conservative in its political objectives, though always conservative of 'liberal' institutions.

Elsewhere in the hemisphere the Independence movements began not in direct response to objectionable measures of the imperial government but were nevertheless triggered by events in Europe. As in the English colonies, there began a process of reaction which did not at first seek separation – only the remedy of specific grievances – but sooner or later transformed itself into an Independence struggle. The first example occurred in Saint-Domingue, as a response to the onset of the French Revolution, with white planters seeking to ward off measures in favour of the slaves and free coloureds and the latter groups exerting pressure to make sure that such reforms were enacted or, once enacted, were not thwarted by the white population of the colony. Officials sent out from France quickly lost control of the situation, and so did the planters, despite the intervention of forces from nearby slave-owning British settlements.[6] Toussaint l'Ouverture, as the leader of rebellious ex-slaves, was willing to keep up the formality of allegiance to France, particularly as the revolutionary authorities in Paris agreed to the abolition of slavery; but in the end a return of metropolitan intransigence made inevitable the outright independence of Haiti.

Just as Napoleon must bear the blame for finally ruling out any solution acceptable to the Haitians, he deserves the blame or credit for triggering, unwittingly, the onset of the revolutions in Spanish and Portuguese America through his move to seize control of the respective mother countries. In Brazil the dénouement was delayed by the decision of the Portuguese court to take refuge in Rio de Janeiro; matters thus came to a head only after the court returned to Lisbon and Brazil declined to give up the de facto autonomy it had received while Rio was the capital of the entire Portugese world. The colonies of Spanish South America except for Peru also gained de facto (if sometimes short-lived) autonomy as a result of the French invasion of the Iberian peninsula, by the simple expedient of setting up their own provisional governments to rule in the name of captive Ferdinand VII; and Hidalgo at least tried to do the same for Mexico.

---

6   Not just the British but the other failures are lucidly set forth in David Patrick Geggus, *Slavery, War, and Revolution: The British Occupation of Saint Domingue 1793-1798* (Oxford, 1982).

The events in Spanish America did not occur as the culmination of an escalating public controversy (like that in English America) over colonial grievances, but the seriousness and nature of those grievances can be inferred from the speed with which the various juntas set up in 1810 took measures to correct them. By opening the ports to the trade of friendly powers, they showed their dislike of the previous imperial trade restrictions, even as modified by the repeated grant of special exceptions and the toleration of contraband. By awarding high positions to colonial natives and, if anything, practicing reverse discrimination against peninsulars, they answered Creole demands for bureaucratic advancement. By outlawing the slave trade and the Inquisition and ending the Indian tribute (in the latter case merely subjecting Native Americans to all ordinary taxes instead), they gave evidence of their social and cultural enlightenment. And by instituting elected assemblies and even some rudimentary written constitutions, they gave themselves the apparatus of representative, limited government in place of the anachronistic pseudo-absolutism of the old Spanish regime.[7]

In all of the above, the new governments set up in Spanish America were doing nothing (except for opening colonial ports and ending the slave trade) that was not being done by the rump governments holding out in Spain itself against the French-imposed monarchy of Joseph I. Indeed, the movement toward representative government was launched from the Spanish end when the Junta Central at Sevilla invited the American colonies to elect members to take their places on it; and one of the most notable achievements was the Cádiz Constitution of 1812 that turned the empire as a whole into a constitutional monarchy. As Timothy Anna and others have shown, the Spanish Constitution was warmly welcomed by many Spanish Americans,[8] and a figure such as Andrés Bello – who served as agent in Britain for the Venezuelan revolutionists, the first to abandon the pretence of loyalty to Ferdinand – was long reluctant to give up hope for a final compromise between Spain and America on the basis of imperial constitutionalism.[9] However, no such solution was possible.

---

[7]   On the Argentine case, including reference to Spanish liberal parallels, see David Bushnell, *Reform and Reaction in the Platine Provinces, 1810-1852* (Gainesville, Fla., 1980), chapter 1.

[8]   It was 'greeted...with enthusiasm', as Anna says of Mexico City Creoles. See Timothy Anna, *The Fall of the Royal Government in Mexico City* (Lincoln, Nebraska, 1978), p. 108. In the former capital of Spanish Florida, St. Augustine, there is still a Constitution Square and Constitution Monument honouring the constitution not of Philadelphia but of Cádiz.

[9]   Antonio Cussen, *Bello and Bolívar: Poetry and Politics in the Spanish American Revolution* (Cambridge, 1992).

Not only was the representation offered to Americans in the Spanish Cortes inadequate, but a meaningful degree of autonomy for the colonies – on the order of the later British Commonwealth – was never accepted even by the liberals in Spain. Venezuela, as noted, was the first to see the logic of the situation, declaring formal Independence in July 1811; but armed struggle had begun as early as 1809 against Quito and La Paz, and it engulfed most of the continent before a complete set of independent governments was in place from Mexico to Montevideo. Unlike what happened in English America, the new political order in Spanish and Portuguese America (in the latter case to a lesser extent because of the retention of the monarchy) did represent a sharp break with pre-existing political arrangements. Whether it was a sharp break in other respects is a question we need to return to.

Though its intensity varied by region, the Spanish American struggle was the longest and, except for Haiti, the harshest of the Wars of Independence in the Americas. The decisive battle was fought at Ayacucho, fifteen years after the first shots were fired, but sporadic clashes and guerrilla warfare continued some years more, and the fortresses of Callao and San Juan de Ulúa fell only in 1826. In between, the conflict was punctuated by such extreme measures as Bolívar's declaration of war to the death and the mass executions of New Granadan patriots carried out by order of Morillo. By contrast, the English American War for Independence lasted just six years, from Lexington-Concord to Yorktown, or eight years if one takes as closing date the signing of a formal peace treaty with Great Britain. (If the Spanish American struggle is also to be seen as lasting until the signing of peace, then it dragged on into the 1830s for Mexico and New Granada and even longer for some of the other countries.) Nor did George Washington ever feel compelled to declare a 'Guerra a Muerte'. The one index of ferocity in which Washington's struggle stood out was in the proportion of the colonial population that ended up in exile: between two and three percent of the total (an even higher percentage of the white population), which amounts to a significantly greater exodus than that caused by either the French or the Spanish American Revolutions.[10]

The relative accessibility of Canada as a haven was naturally one factor at play in that last respect. In somewhat the same way, the brief duration of the war in English America was due in no small part to the massive foreign aid that the revolutionists received – from France, Spain

---

[10]   Robert McCluen Calhoun, *The Loyalists in Revolutionary America 1760-1781* (New York, 1965), p. 501.

and even Holland – which stands in stark contrast with the failure of any outside power to declare war on Spain in alliance with *her* rebellious colonies. The latter received a flow of volunteers and mercenary fighters as well as military supplies for cash or on credit from private arms dealers, but such unofficial aid can scarcely be compared with the value of the French regular army that fought alongside Washington on the North American mainland or the services of the French fleet (previously resupplied in Havana) that made possible Washington's victory at Yorktown by preventing British reinforcements from reaching the beleaguered Lord Cornwallis.

Only the Haitian revolution showed a similar or greater degree of internationalisation, with Spain once again curiously aligned (at least briefly) with the revolutionists against a European foe. But in this case the outside interventions tended to cancel each other out and certainly contributed little to the end result. Neither did foreign powers intervene directly in the Brazilian war for Independence, whose brief duration was due rather to the gross disparity of resources between rebellious colony and mother country, although the good offices of British diplomacy in favour of a speedy resolution of the conflict between an old client and a potential new client state had at least something to do with Portugal's readiness to bow to the inevitable.[11]

For the comparative study of revolutions, those military and diplomatic details are no doubt of lesser interest than the social context, referring both to the social bases of the forces on either side and to the degree of structural or other changes brought about. And obviously the Haitian revolution has no close rival in terms of social significance. With minor exceptions, the division of forces was clear-cut, pitting rebellious slaves against both white planters and *petits blancs*, the main ambiguity being the role of the free coloured, who had their own grievances against the pre-revolutionary order but were hesitant to make common cause with the slaves, to whom they felt superior. The outcome was also clear-cut, insofar as Haiti became the first New World nation to abolish slavery completely and with it (even if against the desires of such leaders as Toussaint l'Ouverture) the plantation system itself. Compared to the social upheaval that occurred, independence from France appears of almost incidental importance.

In English America, the political and social changes appear of quite similar magnitude, although in neither case amounting to so sweeping a

---

[11]   Neill Macaulay, *Dom Pedro: The Struggle for Liberty in Brazil and Portugal, 1798-1834* (Durham, N.C., 1986), pp. 181-5.

tranformation as that experienced by Haiti. Political independence, as already noted, only reaffirmed and enlarged the *de facto* autonomy that existed before 1776. As for the social impact, a preliminary question that needs to be examined is whether there were significant social or other differences between the groups fighting on either side, the Patriots and Tories as they were conventionally known. The popular impression in the United States is that the enemies of Independence were essentially the British and their hired German mercenary troops, but there were native royalists drawn from every social group, from black slaves to landed aristocrats, and the British cause certainly had the support of many unassimilated Indians living beyond the frontier of effective white settlement. Whether or not the Native Americans had heard that one of the terrible abuses listed in the Declaration of Independence itself was the British government's attempt to halt white settlement of vast stretches of the continental interior, it is not surprising that if forced to choose they generally preferred the distant hand of London to that of their immediate neighbours.[12]

But leaving aside the Indians – who really played little part in the conflict – and for the moment also the role of the slaves, in speaking of the social origin of the contending factions one has to make certain distinctions between the northern and southern colonies. In the north, the cream of the cream of the commercial oligarchy tended to be Tories, whether out of instinctive fear of change, close ties to British commercial interests or even a religious factor, in that they were predominantly Anglicans, members of the established church of the mother country as distinct from the dissident Protestant sects that were in a majority in all the colonies from Pennsylvania northward. But if the top of the social pyramid in the north was royalist, the intermediate groups, both mercantile and professional, along with the Puritan clergy and a plurality of the rest of the population – mainly farmers and artisans – were patriots. I say plurality, because neither side enjoyed an absolute majority of support and an indeterminate number sought to avoid commitment to either cause.[13]

In the southern colonies, on the other hand, the peak of the social pyramid was occupied by the members of a landed and slave-owning

---

12   On the Indians see Barbara Graymont, *The Iroquois in the American Revolution* (Syracuse, N.Y., 1972) and James H. O'Donnell, *Southern Indians in the American Revolution* (Knoxville, Tenn., 1973).

13   Robert Middlekauf, *The Glorious Cause; The American Revolution 1763-1789* (New York, 1982), pp. 549-55 gives a brief overview of the loyalists, estimating that they were about one-fifth of all colonists.

aristocracy, the Washingtons and Jeffersons and others less well known, who, like the Bolívars of Venezuela, assumed the leadership of the patriot cause. As the people who mainly controlled existing organs of government, they sought to safeguard their position against metropolitan interference; as agroexporters, they saw a chance to get out from under imperial commercial regulations that were not a serious handicap but still an annoyance. The leading merchants of the southern port cities also leaned to the patriot side, but naturally there were exceptions, and a good many hard-pressed smallholders of the interior counties chose – like so many of the very Indians on whose lands they were encroaching – to identify with distant George III rather than with the great planters who controlled local governments or the merchants to whom they owed money.

The one other major population group, at least in the south, was the slaves, who for the most part continued tilling the soil or performing urban and domestic crafts just as they had before the conflict began. In United States historiography this fact appears so natural and inevitable that it receives little comment. In a hemispheric perspective, of course, the failure of either side to make serious use of slave manpower for military ends, as Boves did against Bolívar or San Martín did in his crossing of the Andes, is more striking. There were scattered instances of military service by slaves and free blacks, and the last British governor of Virginia briefly made recruitment of slaves a key part of his strategy. However, the attempt was soon abandoned as counterproductive: the favour of slave-owners was more important than the help of the slaves.[14]

Aside from the marginal status of slaves and the predominantly pro-British but also somewhat marginal role of autonomous Indian peoples, it is hard to find consistent patterns of social alignment in the Anglo-American War of Independence. What might be said in broad-brush terms of one region would not necessarily apply to another, and, in addition, the distances between social strata were less pronounced than in other parts of the Western world at the time. Recall, in this regard, the shocked surprise of Francisco de Miranda, as he travelled along the North Atlantic seaboard, on observing the easy camaraderie between employers and (white) employees.[15] Here was a society without either bishops or titled nobility, and if there was a great gap in levels of material comfort between a South Carolina planter and a Pennsylvania frontiersman, at least they

---

[14]   Middlekauf, *Glorious Cause*, pp. 556-7.

[15]   William S. Robertson (ed.), *The Diary of Francisco de Miranda: Tour of the United States 1783-1784* (New York, 1928), e.g., pp. 82-3.

both were landowners. In the English North American colonies virtually all members of the white population either owned land or could reasonably expect to become landowners, by moving to the frontier if necessary. A somewhat similar situation existed with regard to the level of popular education, New England having attained near universal literacy and the other colonies at least surpassing general European levels. The society as a whole, furthermore, ascribed to the values of practical common sense, hard work and accumulation so eloquently extolled in the writings of Benjamin Franklin. Accordingly, just as Tulio Halperŷã speaks of Argentina as a nation 'born liberal',[16] the United States can be described as a nation 'born bourgeois'. Not everyone was strictly bourgeois in economic function, and the southern plantocracy, though practising commercial export agriculture, made use of a precapitalistic labour system. But the spirit of the society as a whole was bourgeois, and to that extent the conflict between Tories and Patriots can be described simply as a civil war within the ranks of the bourgeoisie itself.

But did that conflict produce any significant changes in North American society? It certainly did, according to a school of thought well exemplified by the work of Gordon Wood, *The Radicalism of the American Revolution.*[17] Wood's thesis is that the prerevolutionary society was controlled by landed or commercial colonial oligarchies and that what emerged from the conflict was for the first time a truly democratic order. In effect, the popular sectors of independent farmers and artisans who fought in the revolutionary armies and supported the cause in countless other ways took literally the egalitarian rhetoric of the Declaration of Independence and demanded a meaningful voice in the political process. One result was a further extension of suffrage, as one state after another lessened restrictions on the right to vote (admittedly widespread even before the revolution because of the broad distribution of land ownership) and either attained or approached the ideal of universal male suffrage – referring, in particular, to white males, since even free blacks did not always obtain the same privilege.[18]

Another outcome was a series of measures eliminating such features of the colonial regime as established churches (Anglican in the south, Puritan in the north) and the rule of primogeniture in those places where it

---

[16]   Tulio Halperín Donghi, 'Argentina: Liberalism in a Country Born Liberal', in Joseph L.Love and Nils Jacobsen (eds.), *Guiding the Invisible Hand: Economic Liberalism and the State in Latin America* (New York, 1988), pp. 99-116.

[17]   Gordon Wood, *The Radicalism of the American Revolution* (New York, 1992).

[18]   Chilton Williamson, *American Suffrage: From Property to Democracy, 1760-1860* (Princeton, 1960), chapters 6 and 7.

had existed. There was even the beginnings of the abolition of slavery; either during or shortly after the war a number of states ended the institution altogether or adopted the free-birth principle that would later be so widely used for gradual emancipation in Spanish America. Typically, the abolitionist states were those with insignificant slave populations, like Massachusetts; the free-birth states were those like New Jersey, where slavery was just important enough for the slave-owners' interest to carry weight in state politics. Where nothing at all was done about slavery was, of course, in the southern states where it played a vital economic role – although it should be noted that the Federal Constitution of 1789 itself set a date for the ending of the slave trade.[19] Numerous other reforms that were democratic or 'radical' at least for the period could be listed, and disgruntled oligarchs would naturally have pointed to the wave of fiscal and other demagoguery characteristic of state politics in the immediate postwar years. The creation in 1789 of a strong federal government was at least supposed to bring the latter excesses under control. Be that as it may, the social and economic consequences of the Anglo-American Revolution, though real, still cannot be compared with those of the French and Haitian Revolutions that were to follow, nor with the major revolutions of the twentieth century. Precisely because of the relative social equality (among white males) and predominantly bourgeois ethos existing before the revolution, social changes did not represent an abrupt break with the past but like the political changes were largely of degree.

In Spanish America the social context was more complicated. As regards the alignment of forces, it is safe to say that import-export merchants – with the obvious exception of the representatives of Cádiz merchant houses – predominantly supported the independence movement. So, too, did the landowners whose production was geared to foreign markets, as in Venezuela and Río de la Plata, and the assorted lawyers and functionaries at the service of those groups. To what extent all these people can be called 'bourgeois' is debatable, but at least the label can be applied to their ultimate objective of widening and deeping connections with the North Atlantic market. However, they could not have won the struggle without enlisting the help of clerical propagandists, non-agroexport landowners (particularly in colonies like New Granada where export trade was limited), and members of the popular classes to serve as cannon fodder at the very least. The clergy, to be sure, appear to have lined up on either side in pretty much the same pattern as non-clergy of

---

[19]   William M. Wiecek, *The Sources of Antislavery Constitutionalism in America, 1760-1848* (Ithaca, N.Y., 1977).

similar social and regional origins. As for the non-export *hacendados*, they had no reason by virtue of their economic function to embrace Independence; but that does not mean they always backed the royalists. The very same popular classes were naturally enlisted, too, by foes of the revolution, and often with greater success. Though the real preference of Native Americans in the Spanish colonies generally was no doubt to stand aside and let Creoles and peninsulars fight among themselves, it seems that when they had to take part they more often backed the royalists, both because most areas of heavy Indian population (e.g., Peru) were controlled most of the time by Spain and for somewhat the same reasons that led the Iroquois in North America spontaneously to prefer the British. The success of royalist irregulars in enlisting slaves and free *pardos* against the Venezuelan Second Republic is also well known, though not quite as familiar an example as the outpouring of support for Hidalgo among the masses of central Mexico. But, as those contrasting cases demonstrate, there is no one formula that can relate social origin to patriot/royalist alignment for Spanish America as a whole. After all, in Cuba even the landed and commercial agroexport interests were solidly pro-Spanish.

It is often argued that the necessary alliance of bourgeois or proto-bourgeois revolutionists with sectors of the clergy and more traditional landowners condemned the Spanish American independence movement to becoming an 'incomplete revolution' – one that achieved a greater opening to world commerce but failed to eliminate the entrenched corporate privileges and other features of the colonial regime that stood as obstacles to liberal capitalist development.[20] Or, to be more precise, a start was made towards eliminating those obstacles, even if the principal breakthroughs would come only at mid-century. Among the steps taken during or just after the struggle were such things as the outlawing of *mayorazgos* almost everywhere; again almost everywhere, a beginning of the abolition of slavery; the substitution of economic for ethnic qualifications, by and large, for access to political participation and the more prestigious professions; and assorted decrees for the conversion of the Indian common lands into private property. These last would, admittedly, remain in most instances a dead letter for several decades, and neither did it greatly help a *pardo* to be eligible now for university admission if he could not even read. As far as slavery is concerned, the Latin American pattern is strikingly similar to that in the United States:

---

[20]   See, for example, Kossok, *La revolución en la historia de América Latina*, pp. 139-40 and passim.

where slavery was insignificant, as in Chile, it was abolished outright; where it was of moderate importance, or important in just some provinces, as in Gran Colombia, the free-birth route was adopted; where it played a central role in the economy, as in Spanish Cuba, nothing at all happened. Nor in imperial Brazil, where the existence of slavery on a massive scale gave a more conservative cast to society than in almost any of the new republics – but where some other innovations, such as religious toleration, were readily accepted.

In the case of slavery, manumission decrees had probably less effect in hastening the demise of the institution in independent Spanish America than the effects of the military struggle itself, with the drafting of slaves for service in armies on either side, after which they could never be returned to bondage, and the many opportunities that wartime provided for simply escaping. In somewhat the same way, military service provided an avenue of upward mobility for many free men of humble or middling social background, while forced loans and confiscations of assets were a means of downward mobility for others, particularly royalists. Voluntary or involuntary exile among the losers created openings for both enterprising natives and new arrivals from abroad. All these and other instances of upward and downward (or outward and inward) mobility did not necessarily make much difference in overall social structure, as movements in one direction tended to balance those in another. But not entirely, for the society that emerged from the struggle was at least slightly more open than its colonial predecessor, and not only because of the adoption of a few reforms like the elimination of *mayorazgos* or because of the social repercussions of the military struggle itself. The representative and constitutional forms of government adopted – more novel for Latin America than for English America – in and of themselves expanded the opportunities for middle-sector employment. The late-colonial bureaucratic elite could not fill all the positions created, and as a result ambitious newcomers from hitherto marginal regions or marginal social sectors were admitted a share of power.[21] This was quite apart from the broadening of political participation brought about by the holding of more or less regular popular elections. Almost everywhere the suffrage was still more restricted than in the United States, but elections were probably more meaningful in the total political process than has conventionally been imagined.

---

[21] On the case of New Granada specifically, see the highly suggestive dissertation of Víctor Manuel Uribe Durán, 'Rebellion of the Young Mandarins: Lawyers, Political Parties and the State in Colombia, 1780-1850', unpublished PhD thesis, University of Pittsburgh, 1993.

What did not change, even so, was ultimate control of the new republics (and new monarchy for Brazil) by a relatively small upper class with interests tied to agroexporting or, depending on the region, more traditional large landholdings. This small upper class was not quite as small as it had been, but as a result of the political fact of Independence it had taken into its own hands certain functions of decision-making and administration previously vested in a distant monarchy and its colonial bureaucrats. This gain undoubtedly counted for more than the need to share power with certain fellow nationals. In comparative perspective, one might still argue that the direction of social change in Spanish America – and Portuguese America too, though Brazil has been rather neglected in this part of the discussion – was comparable to that in English America, and maybe even that the degree of change was comparable. The main difference was in the starting points, for socially as well as politically the English colonies were already far closer to achieving the aims of bourgeois liberalism than the Iberian. For the former, the War of Independence in the last analysis brought more of the same; for Latin America what it brought was something different, but still mixed in with much of the same.

PART II

CONFLICTS, CITIZENSHIP, CULTURE AND NATIONHOOD

CHAPTER 4

Popular Participation in the Wars of Independence in New Granada

Rebecca Earle

The aim of this chapter is to explore the vexed question of popular participation in the Independence wars in New Granada. This might appear an overly ambitious task for a short essay, particularly given the relative scarcity of detailed regional studies of New Granada for the Independence period. For this reason, we must begin with a disclaimer. Title notwithstanding, the paper makes no claim to provide an exhaustive exploration of popular involvement in New Granada's struggle for Independence. It will offer no account of which social or racial sectors of New Granadan society supported Independence, and which did not. (In any event, such a sector-based analysis would contribute only partially to an understanding of popular mobilisation.) This chapter will, instead, consider a rather more narrowly defined version of the question. Its aim is to discuss the process by which, and the extent to which, the inhabitants of New Granada transferred allegiance from Spain to the new republican state. Yet more specifically, it will examine one side of this process. That is, the chapter will explore the ways in which Spain lost the allegiance of Neogranadans during the Wars of Independence.

It should be clear that this is not a mere evasion of a difficult question. Rather, any examination of the transfer of allegiance from Spain to the Colombian state cannot focus exclusively on the development of a national identity within the new republic. It must also look at the ways in which the metropolis lost, or, indeed, abdicated, its position. One must look at how Spain lost the support of Neogranadans.

Now, it might immediately be objected that, in fact, Spain had never enjoyed the allegiance of New Granada's population even before the outbreak of war in 1809-10. After all, the many riots and uprisings in the late eighteenth century have been taken by some historians to demonstrate precisely that, by the late eighteenth century, Neogranadans were already disillusioned with Spanish rule, particularly as practised by the Bourbon monarchs. Moreover, leaving this view aside, surely the flurry of junta-forming that spread across New Granada in 1810 indicates that Spanish authority was at a low ebb even at the start of the war. Surely the War of Independence was, in essence, a process by which the Creole revolutionaries attempted to rebuild the authority that Spain had already lost. This, certainly, is an area in which interesting recent research has been done, and there are some intriguing studies of the attempts by Neogranadan revolutionaries to create loyalties to the newly-imagined independent republic.[1] What authority, then, remained for Spain to lose after 1810?

Spain of course retained substantially more authority than the model outlined above acknowledges. Indeed, after the 'reconquest' of New Granada by royalist troops sent from Spain in 1815, Spanish authority appeared to have been firmly re-established in the viceroyalty. From 1810 until 1815, during the Patria Boba, or First Republic, insurgent forces in New Granada had failed to unite behind a single authority, and indeed descended into unseemly squabbling among themselves. After the arrival of the relatively small royalist Expeditionary Army of General Pablo Morillo in 1815, the insurgent armies in the viceroyalty were rapidly defeated. By July 1816, all New Granada was again in royalist hands, with the exception of the Llanos de Casanare, to which a handful of insurgents had escaped. Aside from the siege of Cartagena, and one or two important battles, the recapture of New Granada did not pose major military difficulties to the Spanish. Indeed, Colombian military historian Jorge Mercado has described the reconquest as a mere 'paseo militar'.[2] This evaluation, while perhaps exaggerated, does emphasise the relative ease with which the Spanish at first restored royal authority in New Granada. Most importantly, the inhabitants of New Granada did not oppose the Spanish invaders *en masse*. The capital itself surrendered to the royalists without a battle, and indeed welcomed the reconquerers with deputations of beautiful young women and triumphal arches. In short, in 1816 at least, Spain was still regarded by many in New Granada as a creditable agent of government. The reasons for this are not difficult to discover. By 1816, the inhabitants of New Granada were deeply disillusioned with their new

---

[1]   See, for example, Hans-Joachim König, 'Símbolos nacionales y retórica política en la independencia: el caso de la Nueva Granada', in Inge Buisson, Günter Kahle, Hans-Joachim König, and Horst Pietschmann (ed.), *Problemas de la formación del estado y de la nación en hispanoamérica* (Cologne, 1984); and Georges Lomné, 'Las ciudades de la Nueva Granada: teatros y objetos de los conflictos de la memoria política (1810-1830)', *Coloquio Internacional: Les Enjeux de la Mémoire* (Paris, 1992).

[2]   Jorge Mercado, *Campaña de invasión del Teniente General Don Pablo Morillo, 1815-1816* (Bogotá, 1919), p. 201.

republican leaders. Independence had brought civil war and conflict, 'fatigas y penalidades', as José Manuel Restrepo put it.[3] Spain's General Morillo benefitted from what Juan Friede has called a 'protest vote' against the insurgents.[4] Furthermore, by 1815 many of the insurgents themselves were afflicted by serious self-doubt. The defeat of Napoleon in Europe and the return of Ferdinand VII to the Spanish throne greatly disheartened republican troops. One captured insurgent officer reported in 1815 that the news of Ferdinand's return was having a terrible effect on his troops: 'he had noticed a lot of dejection, and ... every day there were resignations from officers and soldiers'.[5] General Morillo's task was apparently an easy one. Sent to reconquer a populace ready to be reconquered, he profited from the divisions and ineptitude of the governments of the First Republic. As the former insurgent Andrés Rosillo put it: 'From 1815 [New Granada's] inhabitants were so determined to recognise the king's government and abandon the [insurgency] that it would have seemed absurd to imagine that there might remain vestiges of disorder after the arrival of Spanish troops'.[6] José Manuel Restrepo, another partisan of Independence, speculated that even had the insurgents succeeded in uniting their disparate forces under a single military command, the populace of New Granada itself would have risen up to welcome the Spanish.[7] Under such circumstances, the royalists' initial success is entirely understandable. In 1816, then, the battle for public opinion in New Granada was not over. Spain, far from being an expired force, indeed enjoyed considerable credit with Neogranadans eager to put the trials of the Patria Boba behind them.

However, in the succeeding years the royalists' military hold on New Granada slowly weakened. From early 1817, a series of small revolts

---

[3]   José Manuel Restrepo, *Historia de la revolución de Colombia* (Medellín, 1969), vol. 2, pp. 105, 156.

[4]   Juan Friede, *La otra verdad: la independencia americana vista por los españoles* (Bogotá, 1972), pp. 14-15; and José Manuel Restrepo, *Autobiografía, con apuntamientos sobre la emigración que hice en 1816 de la provincia de Antioquia a la de Popayán* (Bogotá, 1957), p. 65.

[5]   Declaration of Vicente Vanegas, Pasto, 25 Oct. 1815, Archivo General de Indias (henceforth AGI), Audiencia de Quito, legajo 275. See also Oswaldo Díaz Díaz, *La reconquista española, vol. 1, Historia Extensa de Colombia*, vol. 6 (Bogotá, 1964), p. 64.

[6]   Council of the Indies summary of letter by Andrés Rosillo, AGI, Audiencia de Santa Fe, legajo 1017.

[7]   Restrepo, *Historia de la revolución*, vol. 2, p. 132.

tested the royalists' control of the viceroyalty. In March 1817, the insurgent Nonato Pérez and local Indians captured several towns in the Llanos. Meanwhile, Pamplona rose in revolt, and forces led by José Hilario Mora harassed royalists across the Cauca Valley. Guerrilla groups around Socorro, protected by Antonia Santos, engaged in small-scale operations until the execution of Santos in July 1819. The Almeyda brothers of Cúcuta briefly occupied Chocontá, less than fifty miles north of Santa Fe. In the capital itself, Policarpa Salavarrieta organised an ambitious (if unsuccessful) plot to subvert royalist troops in the city's garrison. Throughout 1817 and 1818 continuing insurgency occupied the royalist army's attention, particularly in the Llanos de Casanare. In the Llanos and elsewhere, small groups of guerrillas launched attacks on royalist troops and then retreated, defying capture.[8] None of these groups enjoyed any lasting success, but all succeeded in alarming the royalists and obliged them to spend months chasing small forces across large distances.

The response of the royalist army to this revived insurgency was extremely counterproductive. Royalist officers, making little military headway, lashed out at civilians, burning villages and arresting indiscriminately, employing counter-insurgency techniques very similar to those used in the same period by royalist officers in Mexico.[9] The uprising in the Llanos led by the Almeyda brothers met with particularly fierce repression from Carlos Tolrá, the royalist officer in charge of the counter-insurgency campaign. Tolrá did not, however, succeed in crushing the revolt, and, by early 1818, the royalists had been forced to withdraw entirely from the Llanos.[10] The republican capture of Angostura in July 1817 further weakened Spain's hold on Venezuela.[11]

---

[8]   See Pablo Morillo to Minister of War, Chaguarama, 8 May 1817 and Cumaná, 28 Aug. 1817, Antonio Rodríguez Villa, *El Teniente General Don Pablo Morillo, Primer Conde de Cartagena, Marqués de la Puerta (1778-1837)* (Madrid, 1980-1910),vol. 3, pp. 379-85, 430-9; *Díaz, la reconquista española*, vol. 1, pp. 149-78, 335-95, vol. 2, pp. 230-56; and *Noticias sobre José Ylario Mora*, Cartagena, 21 July 1817, AGI, Papeles de Cuba, legajo 717.

[9]   Brian Hamnett, 'Royalist Counterinsurgency and the Continuity of Rebellion: Guanajuato and Michoacán, 1813-1820', *Hispanic American Historical Review*, vol. 62 (1982).

[10]   See Díaz, *La reconquista española*, vol. 2, pp. 29-112; and Jane Rausch, *A Tropical Plains Frontier: the Llanos of Colombia, 1531-1831* (Albuquerque, 1984), Chapter 7.

[11]   Rafael Sevilla, *Memorias de un oficial del ejército español, campañas contra Bolívar y los separatistas de América* (Madrid, 1916), pp. 171-200, gives a royalist account of the siege.

From 1817 onwards, then, the populace that had once welcomed the Spanish now turned against them. The royalist Expeditionary Army was unable to retain the confidence of New Granada's population after its initial success in 1816. Why did this happen? How did Spain manage to lose the support it had enjoyed in 1816? This is an important question, not merely for historians of the Wars of Independence, but also for students of the national period. The account of how Spain failed as a colonial authority is surely germane to a study of the evolution of the succeeding Colombian state. If Independence was as much the consequence of 'imperial dysfunction', as indeed Timothy Anna has argued; and if Independence was as much the result of the collapse of Spanish authority as it was of the triumph of republicanism, then we can perhaps understand better the subsequent difficulties of the republic, and the struggle to create a viable Colombian nation.[12]

So, to return to our initial question, how did Spain manage to lose the support it had enjoyed in 1816? The remainder of this chapter will attempt to outline a partial answer. Reference has already been made to the work of Timothy Anna on Spain and the loss of America, and there is no need to elaborate here on his thesis that loss of America was largely the result of Spain's repeatedly sabotaging its own authority after 1808. We will here take a worm's eye view of this process of self-sabotage, looking at interactions between the royalist army and the inhabitants of New Granada. We will see that the impolitic behaviour of royalist troops did much to lose Spain the support of Neogranadans. Leaving aside the behaviour of royalist troops during actual military engagements, their actions off the battlefield occasioned much complaint and soured the reconquest years for even the most ardent royalists. After receiving a generally warm reception during their triumphant campaign of 1816, the royalists were to wear out their welcome in the years of military occupation that followed, so that, when challenged by republican forces in 1819, they found scant support from New Granada's population.

Of course, antagonism between the civilian population and the colonial army was not new to New Granada, as Allan Kuethe has shown.[13] However, the earlier problems faced by colonial militias scarcely matched those generated by Morillo's invading troops after the royalist army

[12] Timothy Anna, *Spain and the Loss of America* (Lincoln, Neb., 1983). Cf. Timothy Anna, *The Fall of the Royal Government in Mexico City* (Lincoln, Neb., 1978); and Timothy Anna, *The Fall of the Royal Government in Peru* (Lincoln, Neb., 1979)

[13] Allan J. Kuethe, *Military Reform and Society in New Granada, 1773-1808* (Gainsville, 1978), p. 102.

entered New Granada in force after 1815. To begin with, the royalists arrived as a conquering army, charged with defeating what they were told was a group of traitors and 'egoists'. These 'infidentes', royalist troops were told, were to be regarded as common criminals, not enemy combatants entitled to any rights under the laws of war. Second, the royalist army was consistently under-funded. It was thus forced to live off the land, which in practice meant living off New Granada's populace. This inevitably caused conflict. Finally, the royalist soldiers who arrived in Venezuela with Morillo in 1815 were Spanish, not American. Spanish officers found New Granada surprisingly different from Spain and generally distrusted Americans, and they communicated these views to their peninsular troops. These facts coloured the royalist army's interactions with Neogranadans, and set the sharply confrontational tone that was to characterise the entire reconquest and its aftermath. Continually in search of supplies and labour, and inherently suspicious of the populace, the royalist army perhaps inevitably lost the support of New Granada's inhabitants.

It is, of course, well known that hostility between Creoles and peninsulars had increased markedly in the last decades of the eighteenth century. The impact of the Enlightenment and the Bourbon Reforms had fed tensions which were heightened by the outbreak of revolution. Many Spaniards believed that the movement for Independence was led solely by Creoles; this merely confirmed their pre-existing suspicions about Creole loyalty.[14] Nor was the Spanish military prepared to view Indians with a more favourable eye. Centuries of prejudice encouraged Peninsulars to find Indians docile, unthinking and submissive, which they did.[15] Official military communiqués reinforced these views; army reports on New Granada tended to classify civilians into various uncomplimentary categories.[16] Moreover, many Spaniards were quite unprepared for the racial heterogeneity of both New Granada and Venezuela. Rafael Sevilla,

---

[14] See, for example, Gabriel de Torres to Ministry of Overseas, Cartagena, 22 Sept. 1820, AGI, Audiencia de Santa Fe, legajo 1017.

[15] For rivalry between Creoles and Peninsulars, see Anthony McFarlane, *Colombia before Independence* (Cambridge, 1993), pp. 272-346; and Margarita Garrido, *Reclamos y representaciones. variaciones sobre la política en el Nuevo Reino de Granada, 1770-1815* (Santafé de Bogotá, 1993), p. 292.

[16] Plano de observación topográfica de la Provincia de Antioquia, 12 May 1816, AGI, Papeles de Cuba, legajo 897. See also Morillo's 'Instrucciones particulares a los jefes del ejército', aboard the San Pedro, 1 April 1815, Archivo Histórico Nacional de Madrid (henceforth AHNM), Estado, legajo 8717, doc. 16.

a Spanish officer, on his arrival in Venezuela was shocked by the appearance of the first black woman he saw: 'that woman's bristly hair, her emaciated limbs, and her filth made me turn my head in disgust. She seemed the very image of heresy'.[17] Such low opinions about Venezuela's black population extended to the black or mulatto soldiers fighting for Spain, whom Spanish officers compared to desert Arabs, a designation that was not intended as a compliment.[18] And indeed, Spanish distrust of the *pardos* who had been largely responsible for the fall of Venezuela's early republic meant that the royalists there soon lost the support of these autochthonous royalists.

The Spanish were by and large no more impressed by New Granada's Creole population. Indeed, the arrogant behaviour of young Spanish officers, and their open contempt for middle-aged Creoles incensed the latter, who expected to be treated with some measure of respect. The Spanish officers, who were often quite young, lorded it over the Americans and displayed what can, at best, be called a lack of tact. Old age was certainly not respected: Francisco Xavier Arámbarri, an official in Caracas, commented that the youthful royalist officers made plain their conviction that, 'those of us who are older than forty are a poor, despicable, useless lot'.[19] In the Cauca Valley, the military was said to be occupying private homes, leaving the owners to sleep in the street. 'We are treated worse than slaves and mules', complained one wealthy landowner from southern New Granada.[20]

Moreover, the crude and abrasive manner of some members of the Spanish military upset the American *gente decente*. Even the Cuban-born Viceroy Francisco Montalvo was offended by the 'maneras irritantes' displayed by Morillo and his subalterns.[21] Spaniards were widely perceived as rude and vain; 'the arrogance of that nation', commented the

---

[17]   Sevilla, *Memorias*, p. 38.

[18]   Instructions to Francisco González de Linares and Pedro José Mijares, Caracas, 18 Jan. 1821, AHNM, Estado, legajo 8733, doc. 24.

[19]   Francisco Xavier Arámbarri, *Hechos del General Morillo en América* (Murcia, 1971), p. 31.

[20]   See Vicente Sánchez Lima to Francisco Montalvo, Medellín, 4 Aug. 1817; and Sala Capitular de Buga to José Solís, Buga, 30 June 1817; both in AGI, Audiencia de Santa Fe, legajo 631, doc. 64.

[21]   Francisco Montalvo to Minister of Grace and Justice, Cartagena, 24 Sept. 1817, AGI, Audiencia de Santa Fe, legajo 631.

santafereño diarist José María Caballero, 'rivals that of Lucifer'.[22] According to Caballero, the royalist army's arrival in Santa Fe resulted in the open and daily harassment of the *santafereños*. Caballero added that panic reigned in the capital, not merely because of the frequent arrests and executions of suspected insurgents, but also because of the 'constant stream of the insults and robberies' directed against *santafereños* by the Expeditionary Army.[23] Indeed, one of the criticisms levelled particularly frequently against the royalist troops was that both officers and troops used excessively vulgar and insulting language in their day-to-day dealings with Neogranadans. Agustín de Velasco, a *regidor* in Popayán's *cabildo*, complained in 1817 that following a quarrel with an officer, he was arrested and taken to the barracks. There he was insulted by the commander, who shouted 'palabras groseras y indecentes', and furthermore beat Velasco with a stick.[24] This demeaning treatment deeply offended the *regidor*, who complained vigorously to the viceroy. The point is that Velasco was no insurgent. He was, as far as he himself was concerned, an honourable, loyal public official, a member of a *cabildo*, and a royalist. Yet he was treated with contempt by Miguel de Letamendi, the royalist officer who arrested him.

Complaints about the behaviour of royalist troops in New Granada extended far beyond their use of offensive language. Unprovoked attacks on innocent civilians, public brawls, acts of drunkenness, and unspecified 'desórdenes' were regularly denounced to the authorities.[25] Some army

---

[22]   José María Caballero, *Diario* (Bogotá, 1990), p. 192.

[23]   Caballero, *Diario*, p. 213.

[24]   'Sala Capitular de Popayán to Francisco Montalvo', Popayán, 5 July 1817, AGI, Audiencia de Santa Fe, legajo 631. See also 'Cabildo of Buga to José Solís', Buga, 9 Aug. 1817; 'Cabildo of Buga to José Solís, Buga', 11 Aug. 1817; and Cayetano Sarmiento to José Solís, Llanogrande, 19 Aug. 1817; all in AGI, Estado, legajo 57, doc. 35-D (1b); and Horacio Rodríguez Plata, *La antigua provincia del Socorro y la independencia, Biblioteca de Historia Nacional*, vol. 98 (Bogotá, 1963), p. 411.

[25]   See, for example, Miguel de la Torre to Sebastián de la Calzada, Mompós, 14 March 1816, AHNM, Estado, legajo 8721, doc. 86; Pablo Morillo to Miguel de la Torre, Ocaña, 25 March 1816, AHNM, Estado, legajo 8717, doc. 48; Two letters of Pablo Morillo to Gabriel de Torres, Ocaña, 22 April 1816, AGI, Papeles de Cuba, legajo 709; Lorenzo Josef Noriega to Gabriel de Torres, Fragata Atocha, 4 April 1816, AGI, Papeles de Cuba, legajo 707; Pablo Morillo to Miguel de la Torre, Bucaramanga, 13 May 1816, AHNM, Estado, legajo 8717, doc. 64; Pablo Morillo to Francisco Montalvo, 29 July 1816, AGI, Papeles de Cuba, legajo 707; Investigation into Lieutenant Juan José Guevara, Cartagena, 1 Dec. 1816, AGI, Papeles de Cuba, legajo 739; the various complaints from the Cauca Valley in 1817 in AHNC, Archivo Anexo, Guerra y Marina, tomo 152, fols. 226-241; Orden General del Día, 5 February 1817, Biblioteca de la Real Academia de Historia (henceforth BRAH), sig.

units were more notorious than others. Venezuelan troops were generally regarded as troublemakers, while the Battalion of Granada was actually dissolved as a consequence of the 'excesos' committed by its members. This particular battalion, General Morillo commented, was composed primarily of thieves, deserters and convicts, and he was not surprised that its soldiers committed innumerable crimes. Indeed, General Morillo asserted that royalist ranks were routinely filled by the dregs of society, who inevitably committed atrocities after their arrival in the Americas.[26] As Morillo put it:

> The troops sent to America should, in my opinion, consist of honourable men of good conduct, and not of the multitude of deserters and bad soldiers who are usually rounded up to be sent overseas ... Here [these] men do more damage than the enemy themselves. One cannot hear without shuddering the excesses committed by the former Battalion of Granada ... and the so-called Curros de Monteverde. These units, composed primarily of deserters, thieves, convicts and the most perverse soldiers in the entire army committed every sort of crime when they arrived in these provinces.[27]

Not surprisingly, these 'desórdenes' and acts of violence served to alienate the populace and increase support for the republicans. The royalist officer José María Barreiro conceded in early 1819 that the royalists enjoyed no support whatsoever in the Llanos as a consequence of the 'excesses committed by a few officers'. 'All the inhabitants [of the Llanos] are our sworn enemies', he added.[28]

Furthermore, while royalist officers dismissed such excesses as the unfortunate consequence of troops disobeying orders, many in New Granada considered even the official policies of Morillo's army to be entirely unacceptable. The execution of over 100 prominent republicans, usually after highly arbitrary trials; the revival of the ancient and repellent

---

9/7651 (legajo 8); and Pablo Morillo to Miguel de la Torres, Calabozo, 8 Nov. 1817, AHNM, Estado 8171, doc. 147.

[26] Pablo Morillo to Ministry of War, Valencia, 22 April 1818, Rodríguez Villa, *El Teniente General Pablo Morillo*, vol. 3, pp. 563-7, and Stephen Stoan, *Pablo Morillo and Venezuela* (Columbus, 1974), p. 206. Cf. Christon Archer, *The Army in Bourbon Mexico, 1760-1810* (Albuquerque, 1977), p. 254-5.

[27] Pablo Morillo to Ministry of War, Valencia, 22 April 1818, Rodríguez Villa, *El Teniente General Don Pablo Morillo*, vol. 3, pp. 563-7.

[28] Díaz, *La reconquista española*, vol. 2, p. 326.

custom of dismembering and displaying the remains of the executed in wire cages; the deliberate harassment of the relatives of suspected republicans, and the arbitrary behaviour of royalist officers all served to fulfil the worst predictions of New Granada's revolutionaries. Daniel Florencio O'Leary expressed this bluntly: 'The conduct of Morillo in Santa Fe did more damage to the royalist cause than the most disastrous defeat.'[29]

A particularly large body of complaint about royalist behaviour emerged from southern New Granada in 1817 and 1818, and concerned the Third Division of the Expeditionary Army, which was under the nominal command of Juan Sámano. The Third Division numbered some 1,000 men and had been stationed in various towns in the Cauca Valley from late 1816. These troops were highly unpopular, and many observers, both in Spain and America, claimed that the arrival of the Expeditionary Army jeopardised the pacification of New Granada. It was generally agreed that the royalist troops were eating all the cattle, had requisitioned all the horses, and had taken all the slaves to work on the army's various road-building projects. The royalist army did requisition large numbers of animals and slaves. It was thus extremely difficult to carry out any work on the numerous haciendas in the Cauca Valley. The presence of the troops had furthermore led to an outbreak of smallpox and dysentery in the province.[30]

One of the principal sources of friction between the royalist army and the inhabitants of the Cauca Valley concerned the army's penchant for road building. Various projects of military engineering were undertaken after 1816, but the road-building projects were probably the most unpopular. New roads were opened from Sonsón to Mariquita; from Zapatoca to the Magdalena; from Honda to Santa Fe; from Santa Fe to the Llanos; from Cali to Buenaventura; from the Valle de Osos to Cáceres; and from the Cauca Valley to Anchicayá. Pre-existing roads were improved as well. There is no doubt that new roads were needed; complaints about the poor quality of the roads and of transport in general were made regularly throughout the eighteenth century, and roads continued to be a problem during the war itself. Royalist officer Francisco Warleta complained in 1816: '¡Qué caminos tan fatales! Más se rueda por

---

[29]   Daniel Florencio O'Leary, *Bolívar and the War of Independence* (Austin and London, 1970), pp. 93-4.

[30]   See Sala Capitular de Anserma to José Solís(?), Anserma, 7 July 1817; AGI, Audiencia de Santa Fe, legajo 631; and Tomás de Heres to Ruperto Delgado, Cali, 20 May 1817, AGI, Audiencia de Santa Fe, legajo 631.

ellos que se anda.'[31] The royalists' plans to improve New Granada's roads were, however, overly ambitious. José Manuel Restrepo, himself placed in charge of one of the road-construction projects in Antioquia, listed in his autobiography the orders a fellow overseer had been given:

First, that the road be 25 yards wide, second that the bridges be of the same width, third that the road from Sonsón be covered with gravel, and finally that all the trees cut to make room for the road be totally uprooted. These instructions are so silly that they don't deserve further analysis.[32]

It proved impossible to build roads to these standards, but, perhaps as a result, most of the new roads were reportedly swallowed up by undergrowth within a year of construction.[33] Despite the failure of the roads to make a permanent contribution to Colombia's transport problems, the construction of these roads placed heavy demands on local labour supplies. The royalists resorted to requisitioning slaves and labourers to work on the roads. Notable insurgents were placed in charge of overseeing the construction, and heavy fines were levied on overseers who allowed labourers to escape. Slave owners were also fined if their slaves fled the roadworks.

The road being built from the Cauca Valley to Anchicayá, south of Buenaventura, under the supervision of Ruperto Delgado and Francisco Warleta, was the object of particular complaint.[34] 'The name alone of [the road to Anchicayá] instils a terror in the entire Cauca Valley which is difficult to explain', wrote one officer.[35] The royalist military requisitioned slaves from haciendas in the Cauca Valley to work on the road, thereby reportedly bringing agricultural work to a virtual standstill. Moreover, when the requisitioned slaves began to escape into the backlands, the army

[31]   McFarlane, *Colombia before Independence*, pp. 137-8, 162, 261, 312, 317-320; and Francisco Warleta to Pablo Morillo, Remedios, 17 March 1816, BRAH, sig. 9/7658 (legajo 15), fols. 38-39.

[32]   Restrepo, *Autobiografía*, p. 20. See also Pablo Morillo to Miguel de la Torre, San Gil, 16 May 1816, AHNM, Estado, legajo 8717.

[33]   Restrepo, *Historia de la revolución*, vol. 2, pp. 143-4.

[34]   Much information about the opposition to the road to Anchicayá, including reports by local *cabildos*, army officers, and private citizens, may be found in AGI, Audiencia de Santa Fe, legajo 631, ramo 64.

[35]   *Diary of the Primer Batallón del Regimiento de Infantería de Numancia (Third Division)*, March 1817, AGI, Papeles de Cuba, legajo 759A.

started imposing fines of 30 pesos per escaped slave on the slave-owners, who were expected to prevent their slaves from running away.[36] The *cabildo* of Buga, for example, complained that, in the two years from 1815 to 1817, slave owners in the town had paid some 5,000 pesos in such fines, which implies that on average one slave from Buga fled the roadworks every five days.[37] Throughout 1817, constant complaints about the road poured into colonial government offices. *Cabildos* across the Cauca Valley protested against the project, and the governor of Popayán added his name to the protests. Eventually Viceroy Francisco Montalvo himself ordered construction to halt, but his command was entirely ignored by royalist officers, who brazenly refused to recognise any authority aside from General Morillo and his immediate subordinates.[38]

Physical labour was not the only resource requisitioned by the army. Large quantities of money were also required to keep the forces afloat, and these funds were by and large provided by the inhabitants of New Granada. The Spanish, unlike the British forty years earlier, made little effort to maintain transatlantic supply lines.[39] On the contrary, very little cash and virtually no supplies were remitted from Spain to New Granada's royalist army. The crown's reliance on local funding to support royalist troops was predictably unpopular with Neogranadans, and the continual demands for financial support further soured relations between the royalist army and Neogranadans.

To pick but one example, in Popayán the *cabildo* calculated that its royalist garrison absorbed nearly 5,000 pesos a month in supplies alone, without taking into account the troops' salaries, which the city also provided. Altogether, the *cabildo* estimated that its inhabitants provided over 7,000 pesos a month to the garrison of 265 men stationed there. In addition to this, Popayán had paid Colonel Francisco Warleta a forced contribution of 500,000 pesos, a truly enormous sum, more than thirty times the annual salary of the viceroy.[40]

---

[36]   Vicente Romero to José Solís, Anserma, 22 May 1817, AGI, Audiencia de Santa Fe, legajo 631.

[37]   Sala Capitular to Buga to José Solís, Buga, 30 March 1817 and 30 June 1817, both in AGI, Audiencia de Santa Fe, legajo 631.

[38]   Ruperto Delgado to José Solís, Popayán, 13 July 1817; Ruperto Delgado to Juan Sámano, Popayán, 20 July 1817, AGI, Audiencia de Santa Fe, legajo 631. See also Report by Pascual Enrile, Madrid, 18 May 1819, AHNM, Estado, legajo 8739, doc. 139.

[39]   For British military funding during the American Revolution, see Piers Mackesy, *The War for America, 1775-1783* (London, 1964), pp. 65-9, 118-20, 222-4.

[40]   Sala Capitular de Popayán to Francisco Montalvo and José Solís, Popayán, 3 May

A further source of unhappiness with the royalist army stemmed from its demand for recruits. We have already noted that hostility towards the colonial army had existed long before the outbreak of revolution in 1809; military service was unpopular, and desertion had always been a problem. The arrival of Morillo's army in 1815 aggravated these pre-existing tensions. From almost the first moment of his arrival in Venezuela, Morillo began recruiting Americans to fill gaps in the Expeditionary Army left by death and desertion. Initially, the traditional exemptions enjoyed by married men, the very young, and very old were honoured. As the war progressed, however, the extremely depleted royalist ranks were increasingly filled by anyone fit enough to shoulder arms. This occasioned many bitter complaints both from those recruited and from civilian officials.[41] It is worth noting that the constant problem of desertion is in itself a measure of the increasing unpopularity of the royalists. While Simón Bolívar had in 1815 predicted that Morillo would find no shortage of recruits, by 1819 the royalists found it difficult even to find individuals prepared to carry messages, let alone enlist. By 1819, entire battalions were deserting.[42] Neither repeated warnings that soldiers caught deserting would be shot, nor offers of generous prizes for those apprehending deserters appear, to have had much effect.[43]

1817, AGI, Audiencia de Santa Fe, legajo 631. Viceroy Montalvo earned 14,000 pesos annually.

[41] Toribio Montes to Francisco Montalvo, Quito, 21 June 1817, AGI, Audiencia de Santa Fe, legajo 631. See also Juan Sámano to Pablo Morillo, Popayán, 19 Aug. 1816, BRAH, sig. 9/7665 (legajo 22), fols. 55-58; and Manuel Ficillo to Agirra, Sitio Nuevo, 17 Feb. 1820, AGI, Papeles de Cuba, legajo 747.

[42] Margaret Woodward, 'The Spanish Army and the Loss of America, 1810-1824', *Hispanic American Historical Review*, vol. 48 (1968), p. 591 See also Toribio Montes to Ministers of State and Overseas, Quito, 22 July 1815, AGI, Audiencia de Quito, legajo 275; Valentín Capmany to Gabriel de Torres, Mompós, 17 October 1816, AGI, Papeles de Cuba, legajo 712; Minister of State to Minister of War, Madrid, 15 March 1818, Rodríguez Villa, Pablo Morillo, vol. 3, pp. 646-648; Pablo Morillo to Minister of Overseas, Barquisimeto, 31 October 1820, AGI, Indiferente General, legajo 1568; List of deserters from 27 August 1821 to 8 October 1821, AGI, Papeles de Cuba, legajo 717.

[43] Bando de Pablo Morillo, Cumaná, 2 May 1815, BRAH, Sig. 9/7651 (legajo 8); Circular of Francisco Montalvo, Torrecillas, 20 September 1815, AGI, Papeles de Cuba, legajo 707; Circular de Gabriel de Torres, Cartagena, 19 March 1816, AGI, Papeles de Cuba, legajo 717; Orden General del Día, 5 February 1817, BRAH, Sig. 9/7651 (legajo 8); Pablo Morillo to Miguel de la Torre, Parapara, 23 January 1819, BRAH, Colección Morillo, sig. 9/7664 (legajo 21), ff. 76-77; and Bando de Pablo Morillo, Calabozo, 30 June 1819, Alberto Lee López (ed.), *Los ejércitos del Rey, 1819, vol. 2* (Bogotá, 1989), pp. 188-190.

Conclusions

By way of conclusion, then, the question that naturally needs to be asked is what effect these activities had on the popularity of the royalist cause. Did royalist abuses help swing public opinion back towards the republicans? Was it indeed the critical factor in reviving the insurgency? Certainly many observers commented on the link between royalist excesses and revived support for the republicans. It was widely alleged that the royalist army's excessive demands for labour and supplies led Neogranadans to flee their homes and hide in the hills, where they were easily recruited by republicans. Numerous reports from royalist officers alleged that it was precisely these heavy demands for cash and resources that fuelled the recrudescence of insurgency.[44] One might perhaps expect colonial officials to make such claims. New Granada's royalists often found it easier to blame fellow royalists for the revival of the insurgency than to acknowledge that the insurgents enjoyed any genuine support. However, it was not only royalists who believed that the behaviour of the Expeditionary Army had played a major role in changing the balance of opinion in New Granada. Francisco de Paula Santander, for example, asserted that the forced contributions imposed by the Spanish had been the principal cause of the royalists' declining support.[45]

Furthermore, it must be recalled that much of New Granada's initial support for the royalist reconquest had arisen from widespread disillusion with the insurgents. The movement for independence had meant death and hardship for many, and it had been hoped that a return to royalism would restore peace. As José Manuel Restrepo put it in 1815, 'the people of New Granada were tired of war, and longed to return to the tranquillity of Spanish government'.[46] When the arrival of the Spanish brought, instead, more suffering, the royalists lost their one great advantage over the republicans. It is noteworthy that the areas that remained most staunchly royalist throughout the war were precisely those that experienced least

---

[44] See José Solís to Francisco Montalvo, Popayán, 20 June 1817, and Toribio Montes to Francisco Montalvo, Quito, 21 June 1817, AGI, Audiencia de Santa Fe, legajo 631; Matías Escuté to Miguel de la Torre, Socorro, 19 March 1816, AHNM, Estado, legajo 8739, doc. 151; and Toribio Montes's correspondence with Juan Sámano, 1814, in Díaz, *La reconquista española*, vol. 1, pp. 84-5.

[45] Francisco de Paula Santander to Simón Bolívar, Santa Fe, 1 Oct. 1819, *Cartas Santander-Bolívar, 1813-1820*, vol. 1 (Bogotá, 1988), pp. 133-5. See also Francisco de Paula Santander to Simón Bolívar, Santa Fe, 17 Oct. 1819, *Cartas Santander-Bolívar*, vol. 1, pp. 154-6.

[46] Restrepo, *Historia de la revolución*, vol. 2, p. 156.

harassment from royalist troops. Pasto, and to a lesser degree Santa Marta, both of which had initially supported the Crown for specific local reasons, were as a consequence by and large exempted from providing supplies and money for the troops, and were moreover spared many of the atrocities committed elsewhere by royalists. These two regions remained in royalist hands until the conclusion of the war. Similarly Quito, which was for some years governed by the conciliatory President Toribio Montes, remained tranquilly royalist until the battle of Pichincha in 1822. The royalist governor of Popayán, José Solís, expressed the matter concisely: 'if there is a single town in these provinces that enjoys tranquillity, without signs of the previous revolution, it is those in which there are no royalist troops'.[47] The grave errors and abuses committed by the royalists alienated potential supporters and redoubled the resolve of committed republicans. The irony of Morillo's official title of 'Pacifier' was not lost on his contemporaries, and the counter-productive effect of his 'scorched earth' policies were widely condemned.[48] Colonial officials complained to Spain that the rapacity of royalist armies had made the very name 'Spaniard' a byword for atrocity.[49] Insofar as the wars of independence were fought in the realm of public opinion, Spain lost the war.

---

[47]   Report to the Secretary of War, 29 Jan. 1818, AGI, Estado, legajo 57, doc. 35c

[48]   See Arámbarri, *Hechos del General Pablo Morillo*, p. 86; and José Manuel Groot, *Historia eclesiástica y civil de Nueva Granada*, vol. 4 (Bogotá, 1893), p. 111.

[49]   José Francisco Heredia, *Memorias del Regente Heredia (de las Reales Audiencias de Caracas y México)* (Madrid, n.d.), p. 278; Woodward, 'The Spanish Army', p. 588; and Report on letters of Regent Cecilio O'Doardo of 4 Dec. 1816, 5 Feb. 1817, 27 Nov. 1819, 19 Feb. 1820, AGI, Santa Fe, legajo 1017.

CHAPTER 5

Political Instability in Post-Independence Argentina, 1810-1827

Klaus Gallo[*]

The first sixteen years of Independence in the River Plate were overshadowed by continuous turmoil. This was mainly the result of the wars of emancipation, and the political and economic rivalry between Buenos Aires and its surrounding provinces. The effects of these disturbances were reflected in the diverse and unsuccessful attempts to build national institutions during this period. Nevertheless, when Bernardino Rivadavia was elected as first president of the United Provinces of the Río de la Plata by the Constituent Congress in 1826, it appeared that a new era of national unity and political stability was about to start. This proved to be an illusion. Most of the provinces regarded both Rivadavia's government and the Constitution created by the Congress that year as representing the centralist interests of one faction, the Unitarios. Nineteen months later, Rivadavia was forced to resign and the presidential system came to an abrupt end. Shortly afterwards Juan Manuel de Rosas established a dictatorship which lasted for the next quarter of a century.

In 1847 Juan Bautista Alberdi, in exile from the Rosas government, reflected on the first 37 years of Independence in Argentina. In an emotive passage, the future architect of the 1853 Constitution observed:

> Tiene [Argentina] tantas banderas arrancadas en combates victoriosos, que pudiera ornar su frente con un turbante compuesto de todos los colores del Iris; o alzar un pabellón tan alto como la Columna de Vendome, y más radiante que el bronce en Austerlitz.

> ¿Pero esto, a qué conduce, sin otras ventajas, que, la pobre ha menester todavía en tanto número? Ha hecho ya demasiado para

[*] The author would like to express his gratitude to Eduardo Posada-Carbó, Victor Bulmer-Thomas, Ezequiel Gallo, Louise Fawcett, Mercedes Guiraldes, Francis Korn, and Natalio Botana for their comments and suggestions.

la fama: muy poco para la felicidad. Posee inmensas glorias; pero, ¡que lástima! no tiene una sola libertad.[1]

This chapter focuses on the difficulties which statesmen encountered in establishing a national government in the River Plate following Independence. It examines the different political trends and ideologies that dominated the region from the installation of the first revolutionary government in 1810 until the presidential experience of Rivadavia in 1826-27. This period can be divided into three distinct sub-periods. The first stretches from 1810 to 1814, and corresponds to the formation of the different types of government that emerged following the May Revolution: the Junta Grande, the two Triumvirates, leading on to the Assembly of the year XIII, and the subsequent creation of the Directory in 1816. The second sub-period consists of a succession of Directory governments, beginning in 1814 and ending in 1820. Other important events of these years included the Congress of Tucumán of 1816, the adoption of the 1819 Constitution and the internal problems which eventually led to the so called 'anarchy of the year 20', when, after the San Nicolás agreement, Buenos Aires ceased to be the capital of the United Provinces. The third and final sub-period will be referred to as the 'Rivadavia years', as it was dominated by Rivadavia's influence. These were the years of the Buenos Aires government of Martín Rodríguez, and of the Constituent Congress of 1824 which culminated with the creation of the presidency.

The frequency of change in systems of government during the period in itself reflects how unstable post-Independence Argentina was. This chapter will argue that the persistent involvement of military men in the politics of the region was a major source of instability, while the influence of radical ideas, mostly of European origin, further polarised internal conflict. At the heart of these problems was the unresolved struggle between Buenos Aires and the provinces.

First attempts at establishing republicanism

Achieving Independence from Spain in the River Plate was neither as traumatic as it was for the revolutionaries in Caracas, nor as it would be later for other leaders of South American revolutionary movements. Confrontation with the Spanish army took place the same year

---

[1]   J.B. Alberdi, 'La República Argentina, 37 años después de su Revolución de Mayo', in *Obras Completas de J. B. Alberdi*, vol. 3 (Buenos Aires, 1886), pp. 236-7.

Independence was declared. But this happened far away from Buenos Aires, the centre of the revolution, and it had some impact on the Primera Junta, the River Plate's first national government.

The relative lack of violence within the Buenos Aires districts in 1810 has usually been associated with the successful expulsion of invading British forces by mainly Creole soldiers in 1806. These events certainly helped to consolidate the formation of Creole armed forces. They also encouraged an awareness of the feeble condition of the Spanish garrison in the River Plate. The fact that the Spanish Crown failed to reinforce its garrisons in the River Plate after the British invasions – a consequence of either the shortsighted policies of Charles IV, or the impossibility of effecting this much-needed military reinforcement – seems the most appropiate explanation for the lack of resistance encountered by the *porteño* rebels.

This was a significant advantage for the Buenos Aires Junta. There were, however, other challenges: the threat of a Spanish reaction in other areas of the viceroyalty, and the resistance from Creole dissidents in some of the provinces. Preparations for confrontation with the royal armies on the battlefield were therefore inevitable. Some of the Creole leaders in government, who also held military positions, were consequently soon embroiled in intense military activities. This forced them temporarily to neglect their political affairs. Such were the cases, for example, of Manuel Belgrano and Juan José Castelli, who had been involved in the plans for the installation in the New World of monarchical regimes based on British constitutional models. Occasionally these plans resulted in embarrassingly ridiculous schemes, such as the one conceived by Carlota Joaquina de Borbon in 1808.[2]

The activities of the Junta were of course affected by the absence from Buenos Aires of these leading political figures, now dedicated to military campaigns. This contributed to the problems which marked the origins of early political instability in the River Plate in two respects. In the first place, this was a time when, the presence of the military in political affairs assumed increasing weight.[3] Secondly, the first political debate during this period was almost entirely restricted to the two dominant members of the government: Cornelio Saavedra, president of the Junta, and Mariano

---

[2] The standard biographies for Belgrano and Castelli are B. Mitre, *Historia de Belgrano*, 4 vols. (Buenos Aires, 1887), and J.C. Chaves, *Castelli, el Adalid de Mayo* (Buenos Aires, 1934).

[3] See T. Halperín Donghi, *Revolución y guerra. Formación de una élite dirigente en la Argentina criolla* (Buenos Aires, 1972), p. 174.

Moreno, secretary of this government throughout the first year of Independence.[4] Furthermore, the rivalry between Moreno and Saavedra set the tone for the first serious ideological debate in the political life of the emancipated provinces of the River Plate.

As Bushnell has noted, there was no leadership in the River Plate equivalent to that of Miranda or Bolívar, who combined both military and political skills.[5] Nevertheless, Moreno certainly seemed to be a clever political tactician, while Saavedra enjoyed an undisputed popularity amongst the army ranks. He, in particular, was much more inclined towards experimenting with political models based on the experience of the different European governments of the late eighteenth century, where the Enlightenment tradition was most evident. The French revolutionary governments of the 1789-99 period were, not surprisingly, a source of inspiration for the likes of Moreno. Following the French experience, the patriotic clubs made skilful use of propaganda techniques. So did Moreno, who created the *Gaceta* – the Junta's official newspaper, in which he published his republican and pro-French Revolution ideals.[6]

François-Xavier Guerra has suggested that the first revolutionary Spanish American governments were almost entirely influenced by the political principles of the French Revolution.[7] Frank Safford seems to agree, adding that traces of republican models based on the example of the United States were also prevalent.[8] Although there did not seem to be a conscious attempt to imitate any particular model of government in the early days of Independence, foreign models of government were certainly in the minds of some of the leading Creole politicians. In the case of the River Plate, French and to some extent British influences prevailed over

---

[4]   T. Halperín Donghi, *De la revolución de independencia a la Confederación Rosista* (Buenos Aires, 1972), pp. 82-6. This author provides a vivid description of the differences between Saavedra and Moreno, both in style and in their general attitude towards revolutionary politics.

[5]   D. Bushnell, 'The Independence of Spanish South America', in L. Bethell (ed.), *The Independence of Latin America* (Cambridge, 1988), p. 116.

[6]   A recent work on Moreno and on the influence of French Revolutionary ideals in the River Plate around 1810, is N. Goldman's *Historia y lenguaje: Los discursos de la Revolución de Mayo* (Buenos Aires, 1992). See also Halperín Donghi, *De la revolución*, p. 83.

[7]   F. X. Guerra, 'The Spanish-American Tradition of Representation and its European Roots', *Journal of Latin American Studies*, vol. 26, part 1 (February 1994).

[8]   F. Safford, 'Politics, Ideology and Society', in L. Bethell (ed.), *Spanish America after Independence* (Cambridge, 1987), p. 58.

the North American example.[9]

Among the French influences, the works of Montesquieu were apparently the most widely read in Buenos Aires.[10] But Rousseau seems to have been more frequently quoted by revolutionaries such as Moreno. He had translated and published fragments of Rousseau's *Social Contract* (although he was careful to omit passages referring to religion) – which showed his support for the idea of the 'general will' and a society consisting of equal individuals with an attachment to ancient civic virtues:

> No es tan difícil establecer una ley buena, como asegurar su observancia: las manos de los hombres todo lo corrompen; y el mismo crédito de un buen gobierno ha puesto muchas veces el primer escalón a la tiranía que lo ha destruído. 'Pereció Esparta' dice Juan Jacobo Rousseau, '¿qué estado podrá lisonjearse, de que su Constitución sea duradera?' Nada es más difícil que fijar los principios de una administración libre de corromperse; y ésta es cabalmente la primera obra a que debe convertir sus tareas nuestro Congreso; sin embargo, la suerte de los Estados tiene principios ciertos, y la historia de los pueblos antiguos presenta, mas lecciones seguras a los que desean el acierto.[11]

Moreno also unashamedly justified the whole process of the French Revolution, including the period of Jacobin terror.[12] These influences were also evident in the nominations and compositions of the first government models such as the Triumvirates and Directories.

When it came to defending the Revolution, Girondin and Jacobin-style paranoia regarding any legacy of the *ancien régime* shaped the attitude of the Junta towards internal opposition, as a document thought to have been written by Moreno indicates:

---

[9]   P. González Bernaldo, 'La Revolución Francesa y la emergencia de nuevas prácticas de la política: La irrupción de la sociabilidad política en el Río de la Plata revolucionario (1810-1815)', in *Boletín de historia argentina y americana, Dr.E.Ravignani*, 3 era. serie, nro.3, pp. 7-27 (1991). This work essentially analyses the role of Clubs and Patriotic Societies during the first years of River Plate Independence, and the extent of their participation in the revolutionary process.

[10]   C. García Belsunce, *Una Ventana al Pasado* (Rosario, 1994), p. 167.

[11]   M. Moreno, 'Sobre las miras del Congreso por Reunirse', *La Gaceta*, in J.L. Romero and L.A. Romero (ed.), *Pensamiento Político de la Emancipación (1790-1825)*, 2 vols. (Buenos Aires, 1977), p. 279.

[12]   Halperín Donghi, *De la Revolución*, note on p. 83. Also, Goldman, *Historia y lenguaje*, pp. 54-6.

La moderación fuera de tiempo no es cordura, ni es una verdad; al contrario, es una debilidad cuando se adopta un sistema que sus circunstancias no lo requieren; jamás en ningún tiempo de revolución, se vio adoptada por los gobernantes la moderación ni la tolerancia; el menor pensamiento de un hombre que sea contrario a un nuevo sistema es un delito por la influencia y por el estrago que puede causar con el ejemplo, y su castigo es irremediable.[13]

This extremist tendency was present in the campaigns of repression in those provinces where opposition against the May Revolution had been voiced. The case of Córdoba, which ended with the execution of former viceroy and hero of the British invasions, Santiago de Liniers, was the most notorious. One of the Commanders of this expedition in Córdoba was Castelli, who, along with Belgrano, Vieytes and Rodriguez Peña, was active in advocating liberal ideals in favour of Independence, and was a precursor of the River Plate revolutionary system.

Nevertheless, when time for action came, Castelli, like Moreno, adopted a more radical, Jacobin-style approach. Castelli's expedition marched on to Salta and Upper Peru, where he persecuted not only dissidents and Spaniards but also members of the Church. Apparently influenced in some ways by the spirit of 1789-91 in France, Castelli introduced a series of novel measures, such as that aimed at giving civil liberty and equality to the Indians of these areas by way of the suppression of the Indian tributes. This French-style radical approach was viewed with considerable distrust in the provinces, which in turn aggravated instability in the region.

Actions such as those of Castelli persuaded Saavedra to make full use of his position as military commander, especially after the serious defeat suffered by the Creoles at Huaqui in mid-1811. He decided to march northwards in order to supervise Castelli and try to curb his excesses. Having been driven onto the revolutionary battlefield, Saavedra neglected his duties as political administrator of the River Plate. With Moreno's death, a few months earlier, the political vacuum at the centre of the Buenos Aires government became a serious problem.

Other factors also contributed to internal instability. Creoles' positions vis-à-vis the Spanish Crown were of course at the heart of the Independence movement. The allegiance of Creoles towards Ferdinand

---

[13]   In Romero and Romero (eds.), *Pensamiento político*, p. 258. This extract belongs to the Junta Government's *Plan de operaciones* of 1810, and has been attributed by many historians to Moreno.

VII of Spain had originally been a most convenient device, which helped to disguise and contain radical desires for full Independence. However, it was clear from the outset that this situation would not be permanently accepted by the more radical factions of the revolution. By late 1811 there was already an active group, identifying itself with the ideals of Moreno, led by Bernardo de Monteagudo. It would not take long for this faction to oppose the Triumvirate government which had replaced the short-lived Junta in 1811.

This opposition criticised the leniency of the Triumvirate on a series of vital issues, such as the threat posed by the Portuguese presence in Uruguay, the reluctance to adopt more innovative political reforms and, most significantly, the failure to proclaim full independence from Spain out of fear of a British reaction.[14] On the other hand, the Triumvirate proved as systematic as the previous government in the persecution of Spanish and Creole dissidents, of which the execution of the Spanish resident and leading merchant Martín de Alzaga, accused of heading an anti-revolutionary conspiracy, was a notable example. The Triumvirate also attempted to secure a stronger and more stable government. Its leading ideologue and secretary of war, Bernardino Rivadavia, abolished a feeble legislative branch – the Junta Conservadora. This Junta had veto powers over the Triumvirate, and had convened a Constituent Congress to be held at a future date, mainly in order to strengthen the government's executive powers in the midst of the revolutionary strife.

The opposition, however, viewed this as a sign of his centralist ambitions and his desire to concentrate even more authority. Buenos Aires, as Lynch points out, was accused of re-installing the policies of the old metropolis.[15] Monteagudo – now assisted by military officers with European experience on the battlefield, and masonic persuasions, such as San Martín and Alvear – rapidly put into practice his propagandistic skills in an attempt to stir up public opinion against Rivadavia's plans.[16]

There seemed to be no room at this stage for civilian politicians such as Rivadavia, who had little grasp and practically no control of military organisation in the midst of continuous warfare. Indeed, as the Wars of Independence progressed, the arrival in the River Plate of Creole military officers from Europe, intent on military glory but also with pretensions to take part in the political organisation of the national state, was well

---

[14]   Halperín Donghi, *De la Revolución*, p. 91.

[15]   See J. Lynch, *The Spanish American Revolutions 1808-1826* (London, 1986), p. 67.

[16]   Halperín Donghi, *De la Revolución*, p. 92.

received by society at large. Military virtues were more fully appreciated than civil duties amongst a large section of River Plate society.[17]

San Martín and Alvear, for example, were soon immersed in the political arena. There emerged new secret political groups and lodges, the most well-known being the Logia Lautaro and the Sociedad Patriótica. This again illustrates a tendency among *rioplatenses* to value the presence of military men at the highest levels of politics.[18] However, the alternation of political and military duties was still an unresolved dilemma, as San Martín would soon realise.

Towards the end of 1812, the group led by Monteagudo managed, with the help of San Martín and Alvear, to provoke the downfall of the First Triumvirate. In its place, a new Triumvirate was set up with the aim of convening a Constituent Assembly, which would designate Alvear as its president. This was regarded as being a major step towards building a new, representative government, which basically meant definitive independence from the Spanish Crown.

In spite of Monteagudo's association with such eminent military men, he insisted that political organisation should take precedence over military affairs:

> Alguno me dirá que siendo éstas las causas del peligro, no debemos pensar sino en la organización de un buen sistema militar; convengo en ello y no dudo que el suceso de las armas fijará nuestro destino, pero también sé que los progresos de este ramo dependen esencialmente del sistema político que adopte el pueblo para la administración del gobierno; éste es el eje sobre el que rueda la enorme maza de fuerzas combinadas en que se funda la seguridad del Estado. El que prescinda de él en sus combinaciones, encontrará por único resultado de sus cálculos la insuficiencia y el desorden.[19]

The Assembly employed a series of measures to consolidate national sovereignty, such as the adoption of a national flag, creation of a national anthem, plus a series of military, social and economic reforms which,

---

[17]   Halperín Donghi, *Revolución y guerra*, p. 222.

[18]   *Ibid.*, p. 212., González Bernaldo in 'La revolución francesa', pp. 19-22, comments on the close-knit tendency of these secret societies and their scarce contacts with a wider audience given their elitist cultural nature.

[19]   Article written by Monteagudo in March-April 1812 which appeared in his Periodical *Mártir o libre*, entitled 'Observaciones didácticas', in Romero and Romero (eds.), *Pensamiento político*, vol. 1, p. 302.

some historians have suggested, marked the re-emergence of Jacobin ideals in the region.[20] However, although these measures represented a return to a more radical tone, they did not achieve the key political transformation: complete separation from the Spanish Monarchy.

The ultimate failure of the Assembly of the year XIII, as it has been called since, was, evidently, that it was unable to sanction a constitution – the crucial element for achieving political and social stability. The lack of a genuine national representation was one of the factors to have delayed full independence. As Halperín has observed, the prospect of Ferdinand VII's return to power alarmed many delegates, who were, in any case, already uneasy about the republican experiment.[21] Halperín also suggests that internal strife within the Lautaro group, especially that which arose between Alvear and San Martín, was another significant factor in delaying a declaration of full independence.[22]

The nature of the debate between these two leading military commanders sheds some light on the contradictions involved when sharing political and military duties during revolutionary wars. San Martín became disenchanted with the way in which Alvear used the *Logia*. In his view, this was more a vehicle for Alvear's personal political ambitions than for the achievement of independence on the battlefield. In turn, Alvear became pessimistic about the prospect of defeating the Spaniards, and obsessed with using the *Logia* for consolidating the government's specific political aims.[23] External and internal convulsions, paradoxically, allowed both these military men to concentrate and, eventually, take command of decisions on both these fronts.

The provinces of the interior posed further, almost insurmountable challenges to the Second Triumvirate. Many local *caudillos*, under the general political leadership of Artigas in Uruguay, began to rise against Buenos Aires, claiming some sort of federal status for their own provinces. This, as Lynch has correctly indicated, proved to be the main impediment to political unity between Buenos Aires and the provinces.[24] To complicate matters further, by 1814 the Portuguese were on the verge of taking possesion of Montevideo, in spite of warnings from the British

---

[20]   For example, D. Bushnell, *Reform and Reaction in the Platine Provinces 1810-1852* (Gainsville, 1983), p. 10.

[21]   Halperín Donghi, *De la independencia*, p.94.

[22]   *Ibid.*, p. 95.

[23]   *Ibid.* And also Halperín Donghi, *Revolución y guerra*, p. 240.

[24]   Lynch, *Spanish American Revolutions*, p. 64.

government's envoy in Rio de Janeiro, Lord Strangford. Nevertheless, Alvear decided that a government with a stronger executive was needed if these problems were to be tackled. He therefore removed the Triumvirate and replaced it with a Directory in 1814, a personal government which reflected the extent of his power at the time.

Meanwhile San Martín abandoned the Buenos Aires political scene. He was to be handed the command of the Northern Army, with which he would shortly confront the threat of Spanish penetration from the west.

The Directorial experiment

The creation of the Directory was a dramatic attempt to consolidate Buenos Aires as the centre of the revolutionary government. Alvear rapidly installed his uncle, Gervasio Posadas, as first Director, although it remained clear that he himself was the power behind the throne.

Very soon it became obvious that the achievement of stability depended on the support of European governments, particularly Great Britain. Probably influenced by his previous residence in Great Britain, Alvear at first seemed determined to structure the Directory along the lines of the British political system. Moreover, when he himself took over the Directory, after successfully fulfilling his military duties in Uruguay, he proposed that His Majesty's authorities take full command of the government in the River Plate. It was a remarkable suggestion:

> Estas provincias desean pertenecer a la Gran Bretaña, obedecer su gobierno y vivir bajo su influjo poderoso. Ellas se abandonan sin condición alguna a la generosidad y buena fe del pueblo inglés, y yo estoy resuelto a sostener tan justa solicitud para librarla de los males que la afligen.[25]

Although it did not reach the hands of Lord Strangford in Brazil as originally intended, this letter is now part of Argentine historical folklore, and certainly serves as evidence of the lack of political unity and cohesion among those in power in Buenos Aires.

Similar appeals to European governments had been made before Alvear's letter when, during the Posadas administration, the Directory sent a diplomatic mission to Europe. Entrusted to Belgrano and Rivadavia in

---

[25] In Mitre, *Historia de Belgrano*, vol. 2, p. 347. Had Alvear's envoy, Manuel García, handed this letter to the British authorities in Río de Janeiro as he had been instructed to, this might well have been more than just an astonishing anecdote.

November 1814, the mission was to look for guarantees of independence from the recently-restored Spanish monarch Ferdinand VII.[26] In the event of failure, they were asked to 'find' a European prince in either Russia, France, Germany or, preferably, Britain, who would act as a monarch in the River Plate, with the protection of his country of origin. This was a device to neutralise the threat of a Spanish military expedition to reconquer the region.[27]

These desperate attempts to obtain foreign protection indicate the extent of the government's impotence in restoring order and confidence. Moreover, the Directory's monarchic schemes took place at an inappropriate moment. By mid-1815 Napoleon's downfall was imminent. The Vienna Congress was beginning to operate as the guiding force of post-Napoleonic Europe. The Belgrano-Rivadavia mission therefore proved to be completely futile.[28] The Vienna Congress also made it clear that it would not even sympathise with the republican governments of the recently formed independent nations. On the contrary, it expressed its willingness to help European monarchies to restore their full powers as soon as possible. As a result, the governments of the River Plate mainly looked towards Britain for assistance, as the British gradually began to move away from Metternich's system.[29]

Following these diplomatic misfortunes, the days of Alvear's regime were numbered. Internal and external difficulties endured. There were some military victories in Montevideo, but the course of the revolutionary war was far from reaching its end. Indeed, unrest in the interior escalated during 1814-16.

Economic issues were of course a significant component in the disputes between Buenos Aires and the interior, as well as in the conflicts among some of the provinces. The effects of free trade, linked to the ever-increasing British commercial presence in the area, were a constant cause of friction.[30] However, the persistent inconsistencies of the political system

---

[26]   For full details and the correspondence related to this mission, see Universidad de Buenos Aires, *Comisión de Bernardino Rivadavia* (Buenos Aires, 1933-36).

[27]   Halperín Donghi, *De la revolución*, p. 97.

[28]   M. Belgrano, *Rivadavia y sus gestiones diplomáticas en España (1815-1820)* (Buenos Aires, 1945), offers another interesting account of this diplomatic venture.

[29]   See W.W. Kauffman, *British Policy and the Independence of Latin America* (New Haven, 1951), and D.A.G. Waddell, 'International Politics and the Independence of Latin America', in L. Bethell (ed.), *The Cambridge History of Latin America*, vol III.

[30]   Bushnell, *Reform and Reaction*, p. 14. An essential reference for a detailed account of commercial aspects during this period is: M. Burgin, *Aspectos económicos del federalismo*

– what Chiaramonte has called 'provisionalidad permanente' – seemed at this stage to be the main problem of the independence process.[31] Alvear's fall did not mark the end of the Directory type of government. Two more military commanders, Rondeau and González Balcarce succeeded Alvear in short-lived administrations. But by mid-1816 the threat of a Spanish expedition and the unabated internal struggle prompted the gathering of a new National Assembly. This Assembly duly met in Tucumán – a choice which signalled the *porteño* government's willingness to decentralise the political structure. More significantly, the Assembly issued the much-needed proclamation of full independence from the Spaniards. Independence, it was hoped, would help to stabilise internal politics. Nevertheless, the provinces of the littoral refused to attend the Assembly, in repudiation of Buenos Aires' claims to be capital of the River Plate. Thus, a most significant issue – the relationship between Buenos Aires and some of the provinces – remained unresolved.[32]

Surprisingly, the Directory survived as the accepted type of government. Pueyrredón was appointed new Director, confirming once more the tendency among *rioplatenses* to choose military heroes as heads of state. The seat of Congress itself was originally to remain in Tucumán, although shortly afterwards its residence was considered inconvenient due to its proximity to Upper Peru, where the most violent battles were taking place. As a consequence, it was removed to Buenos Aires, to the dismay of the leading *caudillos* of the interior.

One of the most intriguing features of the Tucumán Congress, however, was the monarchical project proposed by Belgrano, in July 1816, as an alternative means for achieving stability. On his European mission, Belgrano had perceived the tacit unwillingness of European Courts to offer any recognition or assistance to unstable republican governments. He therefore became convinced that a monarchy in the River Plate might increase the chances of obtaining some sort of European approval.[33] Belgrano was, of course, no newcomer to monarchic schemes; he had been a leading figure behind the Infanta Carlota fiasco of 1808. Like many military officers in the River Plate, notably San Martín, he

---

Argentino (Buenos Aires, 1969).

[31]   J.C. Chiaramonte, 'El federalismo Argentino en la primera mitad del siglo XIX', p. 82, in M. Carmagnani (ed.), *Federalismos latinoamericanos: México, Brasil, Argentina* (Mexico, 1993).

[32]   *Ibid.*, pp. 94-5.

[33]   Safford, 'Politics, Ideology and Society', p. 61.

favoured a monarchical solution rather than experimentation with republican models. The complex technicalities involved in the creation of a monarchy had previously discouraged such a solution, and Belgrano's new scheme was doomed to end in the same way, despite its novel features. What was new in Belgrano's monarchic proposal was the establishment on the throne of a native of the Americas, probably a descendant of the Incas, rather than a prince of European royal descent:

> que conforme a estos principios [of moderate government systems preferred by European powers], en su concepto la forma de gobierno más conveniente para estas provincias sería la de una monarquía temperada; llamando a la dinastía de los incas por la justicia que en sí envuelve la restitución de esta casa tan inicuamente despojada del trono por una sangrienta revolución, que se evitaría para que en lo sucesivo con ésta declaración y el entusiasmo general de que se poseerían los habitantes del interior, con solo la noticia de un paso para ellos tan lisonjero, y otras varias razones que expuso.[34]

The idea was probably picked up by Belgrano from a similar project presented by Miranda to the British government a couple of decades earlier. The influences of the British political model were apparent: Belgrano had in mind a constitutional monarchy with a bi-cameral chamber very much framed on the British parliamentary system.

The new Directorial government was more conservative. Half the members of the new Congress were priests, and centralist tendencies were now stronger.[35] Congress granted the Executive powers to nominate governors in the provinces, and voting was now reduced to a franchise more limited than that established by the year XIII Assembly.[36] There was no federal system during the Pueyrredón administration, from 1816 to 1819. Indeed policies favouring more direct political participation of the provinces were entirely absent. As a result, tensions between the interior provinces and Buenos Aires intensified considerably during this period, and national union seemed extremely remote.[37]

---

[34]   Report of the secret session of Congreso where Belgrano put forward these ideas: 'Informe al Congreso de las Provincias Unidas sobre el establecimiento de una monarquía' (1816), in Romero and Romero (eds.), *Pensamiento político*, p. 209.

[35]   Bushnell, *Reform and Reaction*, p. 124.

[36]   *Ibid.*, pp. 124-5.

[37]   Lynch, *Spanish American Revolutions*, p. 68.

These internal complications derived from the peculiar incapacity of members of the governments to view the provinces as an integral political and administrative component of the new structure of the River Plate State. It seems, as Chiaramonte suggests, that for members of the central government the term 'provincias' was more a reference to the administrative divisions of the Spanish viceroyalty, than to the composition of a new independent nation.[38]

There were some paradoxes involved in this process. For example, at a time when Paine seems to have been more read than Burke in *porteño* literary circles, the tendency of directorial policies became more conservative.[39] Pueyrredon's Directory was also notable for its lack of initiative in institutional and economic reforms, giving the impression of a stagnant government. The centralist and conservative nature of the Directory was ratified by a new Constitution set up by Congress in 1819.[40] The adoption of the 1819 Constitution was, to some extent, to mark the beginning of the end of this political system.

Centralisation provoked reaction in the provinces, and internal unrest swiftly followed. Pueyrredón sent armies to suppress revolts organised by the leading *caudillos* of the littoral provinces. However, his military commanders were outmanoeuvered by those in the provinces: López in Santa Fé, and Ramírez in Entre Ríos. A series of humiliating armistices followed, including an agreement to withdraw *porteño* troops from the interior. Further embarrassment was to await the Directory. Pueyrredón resigned in mid-1819, and was replaced by Rondeau. But shortly afterwards the new Director was defeated at the battle of Cepeda by López and Ramírez's forces. Buenos Aires was forced to sign the Treaty of San Nicolás, which established a half-baked federal structure for the nation.[41]

This new state of affairs implied that Buenos Aires was, in theory, no longer head of the national state, and that it had to form its own autonomous government. More significantly, it lost control over commerce, as freedom of river navigation was now established. Nevertheless, in spite of the political turmoil and confusion which prevailed in Buenos Aires during a few dramatic months of the so-called 'anarchic year 20', this structural change proved to be a blessing in disguise for the future development of *porteño* politics. What followed

---

[38]   Chiaramonte, 'El federalismo Argentino', pp. 94-5.

[39]   García Belsunce, *Una ventana*, pp. 177-8.

[40]   Bushnell, 'The Independence of Spanish South America', pp. 124-5.

[41]   Lynch, *The Spanish American Revolutions*, p. 71.

were the 'Rivadavia years', during which one of the most skillful revolutionary statesmen managed to introduce relatively more stable politics to the region.

The Rivadavia years

Bernardino Rivadavia became chief minister of the Buenos Aires government that was formed in February 1820 as a consequence of the San Nicolás Agreement, and led by yet another military figure, the respected Martín Rodríguez. However, in spite of this continuing military presence, conditions for more active civilian political life in Buenos Aires started to improve. On the one hand, the Wars of Independence – a major source of distraction for governments – were close to coming to an end in South America.[42] On the other hand, after the events of 'year 20', internal disputes arose between *caudillos* in the provinces. By 1821, both Artigas and Ramírez had vanished from the scene leaving López in charge. He succeeded in reaching a peaceful settlement with Buenos Aires which worked for a few years. Thus, for the first time since the outbreak of the independence and revolutionary wars, there was not an urgent need for external or internal military mobilisation. As Romero notes, a new spirit emerged, and the prevalence of peace constituted an indispensible agent for political and institutional order.[43]

Rivadavia's arrival on the scene also contributed to this new era in the River Plate. For a time he succeeded in persuading a large sector of society of the benefits to be obtained from political stability and institutional reform. Administrative reform, in order to reduce state bureaucracy, was his main ambition. But his programme was all embracing: political, economic, religous, military and social reforms. In this way, he hoped gradually to demilitarise *porteño* society, to encourage social harmony and to promote a higher awareness of democratic life.

Rivadavia's political stance was heavily influenced by his experience as diplomatic envoy in Europe during 1816-19, when he had the chance to follow closely contemporary European politics and the main ideological trends prevalent at that time. Meeting with prominent politicians in France, England, and Spain, and establishing connections with influencial political thinkers, such as Destutt de Tracy and Jeremy Bentham, no doubt

---

[42]   L.A. Romero, *La feliz experiencia. 1820-1824* (Buenos Aires, 1976), p. 213.

[43]   *Ibid.*, pp. 211-2.

helped to expand his own political vision.[44]

Rivadavia's abrupt introduction of reforms reflected his undisguised identification with the incipient utilitarian spirit which was having such effect on politicians of different ideological persuasions in Europe. His correspondence with Bentham, which took place between 1818-24, provides strong evidence of this ideological link. Bentham quite proudly considered Rivadavia, along with José Del Valle and Simón Bolívar, as a South American disciple.[45] Rivadavia's attempts to define more clearly the limits of the executive, the legislature and the judiciary, together with the declaration of universal suffrage adopted by the new 'Junta de Representantes' of the province on 14 August 1821, were measures aimed at enhancing his government's republican credibility among European radicals.

Other measures also show Rivadavia's attempts to keep close to his utilitarian beliefs. Such, for example, were the reforms he undertook to reduce the existing bureaucracy, measures which in some cases, considerably affected institutional remnants of the traditional colonial structure. These included the suppression of the *cabildo*, viewed as a continuous source of political unrest, and the abolition of church privileges – such as the 'fuero eclesiástico' and the tithes – which were regarded as obstacles to secularisation.

The reforms also targeted the military establishment, regarded by the government as a major source of administrative chaos for the state. According to Halperín, reform of the military was essential to Rivadavia's political model.[46] These reforms basically consisted in reducing the size of an army that numbered 2,500 soldiers and 125 officers, and enforcing an earlier retirement for officers with several years of service. Amongst those 'forced' to retire where notables such as Pueyrredón, Azcuénaga, Saavedra and Marcos Balcarce. Rivadavia certainly disliked some of the 'heroes of Independence', notably San Martín, and he was determined to keep these military leaders on the sidelines of the political process.[47]

---

[44]   R. Piccirilli, *Rivadavia y su tiempo* (Buenos Aires, 1943), vol. 1, p. 267. This is to date the standard biography of Rivadavia.

[45]   M. Williford, *Bentham on Spanish America* (Baton Rouge, 1980), p. 20. For Bentham's influence in Spanish America, see also: S. Collier, *Ideas and Politics of Chilean Independence, 1808-1833* (Cambridge, 1967); C. Hale, *Mexican Liberalism in the Age of Mora, 1821-1853* (New Haven, 1968); J. Dinwiddy, 'Bentham and the Early Nineteenth-Century', in *Radicalism and Reform in Britain, 1750-1850* (London, 1992).

[46]   Halperín Donghi, *Revolución y guerra*, p. 374.

[47]   Romero, *La feliz experiencia*, pp. 198-9.

This spirit of reform was also reflected in the economic changes that Rivadavia and Finance Minister Manuel García implemented. The Emphyteusis Law – an agrarian reform bill which allowed the government to lease land for the purpose of stimulating colonisation – and the creation of the first National Bank were among the most significant measures. The government also encouraged strong commercial links with British banks such as Baring Brothers, in order to obtain loans for public works and the modernisation of the city of Buenos Aires.

Rivadavia's intentions to modernise *porteño* society went beyond economics.[48] Education received significant attention, as evidenced in the creation of the University of Buenos Aires and the introduction of the Lancasterian system. Freedom of speech received a further stimulus.[49] So too did ecclesiastical and military reforms, both of which encountered bitter opposition.[50] The government managed to survive a few attempts to overthrow it, notably the conspiracy of General Pueyrredón's associate Tagle in March 1823.[51] However, it was the political community in general which was responsible for supporting the government against these conspiracies; even the opposition factions inside the new Buenos Aires Assembly, now called the Junta de Representantes, reacted vigorously whenever a threat to the regime appeared.[52]

Rivadavia aimed at drawing Great Britain's attention to the successful developments taking place in Buenos Aires. Apart from the commercial linkages already established, recognition of Argentine independence by the British Government was considered of paramount importance for the successful continuation of the new political model. It became obvious to Rivadavia that the other European governments were very much identified with the conservative order imposed by Metternich and the Holy Alliance which supported Ferdinand VII's attempts to reconquer his colonies.[53] Britain, however, under the diplomatic leadership of Castlereagh, was

---

[48]   See S. Bagú, *El plan económico del grupo rivadaviano, 1811-1827* (Buenos Aires, 1966).

[49]   *Ibid.*, pp. 221-9. On Rivadavia's education policies, see C. Newland, *Buenos Aires no es Pampa: la educación elemental porteña, 1820-1860* (Buenos Aires, 1992), pp. 81-92.

[50]   See G. Gallardo, *La política religiosa de Rivadavia* (Buenos Aires, 1962).

[51]   Halperín Donghi, *Revolución y guerra*, p. 368.

[52]   *Ibid.*, pp. 229-34.

[53]   K. Gallo, *De las invasiones al reconocimiento. Gran Bretaña y el Río de la Plata 1806-1826* (Buenos Aires, 1994), pp. 166-99. Kauffmann, *British Policy*, and Waddell, 'International Politics', are very useful on this point.

gradually attempting to split from the dominant ideological trends in continental Europe. By the time Castlereagh was replaced by Canning in 1822, British distance from the diplomacy of Metternich became clearer. It was Canning who eventually decided that the time was ripe for Spanish American recognition, and the River Plate was amongst the first Latin American nations to receive a British consul. The favourable reports of the River Plate consul, Woodbine Parish, on the state of affairs in Buenos Aires under Rivadavia, were surely behind Canning's decision to grant recognition in early 1825.[54]

However, one of the factors that had delayed Canning's recognition of the River Plate provinces was eventually to cause Rivadavia's downfall.[55] The fact that he was only a representative of the government of Buenos Aires, and not of the whole nation, had not passed unnoticed by Canning. Rivadavia's popularity, especially amongst the British community in the River Plate, was not sufficient to persuade Canning to consider the whole of Argentina as a 'safe', consolidated nation which deserved recognition in spite of its republicanism.[56]

By the time Martín Rodríguez's government had been replaced by that of General Gregorio de Las Heras in 1824, Canning was persuaded by Parish that a national River Plate Government was imminent. Manuel García – former finance minister and one of Rivadavia's key men in Rodríguez's government – emerged as the minister of government of the new administration. García assured the British consul that a National Congress would soon be convened; from this Congress, a national government would emerge.[57] Shortly afterwards, the 1826 Congress elected Rivadavia as first president of the newly-named United Provinces of the River Plate. This event marked the beginning of a short-lived reunification of the Platine provinces.

---

[54] Gallo, *De las invasiones*, pp. 204-37. For a detailed survey of Castlereagh's and Canning's policies respecting recognition of the Latin American republics, including the most significant British Official diplomatic correspondence, see C. Webster, *Great Britain and the Independence of Latin America 1812-1830* (London, 1938).

[55] Gallo, *De las invasiones*, pp. 216-36.

[56] The doubts and uncertainties of Canning and the British Government with respect to the River Plate recognition question, are described by H. Ferns, *Great Britain and Argentina in the Nineteenth Century* (Oxford, 1960). Also in Gallo, *De las invasiones*, pp. 203-37.

[57] Parish to Canning, 24 October 1824. Published in Webster, *Great Britain*, vol. 1, pp. 116-9.

Conclusions

When Rivadavia became president of the reunified Argentine Republic, it seemed that the consolidation of civilian government together with national unity had been finally achieved. However, a series of events which took place during the traumatic 1826-27 period eventually contributed to Rivadavia's and the presidential system's early downfall.[58] Rivadavia's persistent emphasis on political and administrative centralisation and other *unitario* programmes – amongst them the 'Unitario' Constitution of 1826, alienated the provinces. Leading provincial *caudillos* waved the *federalista* banner and once again reacted against a Buenos Aires-based government. Peace, an essential component in the first stages of the Rivadavian experiment, was lost on the internal front.

Moreover, international conflict had made a violent reappearance with the outbreak of the Argentine-Brazilian War in December 1825. Military events once more took centre stage, and Rivadavia proved incapable of dealing with this double challenge. To make matters worse, the inappropriate handling by Manuel García of diplomatic affairs in connection with the Brazilian War, speeded the downfall of the Rivadavian government, of the presidential system and, more significantly, of the recently-recovered national unity.

The years which immediately followed these events were marked by the daunting presence of General Rosas on the *porteño* political scene, as governor of the province of Buenos Aires. He was to rule from 1829 to 1852, with an interruption in 1832-35, eventually adopting 'extraordinary faculties' which practically granted him control of the whole country. This device enabled him to remain in power for a long period, forcing political opposition into exile, and transforming him into the feared and undisputed guarantor of political and social order. Rosas's rule was a *de facto* dictatorship. In his three decades in power, Argentina lacked not only a constitution, but also crucial national institutions in both the political and economic fields.[59]

A possible explanation for the abrupt culmination of the Rivadavia

---

[58]   For this period, E. Ravignani, 'El Congreso Nacionalde 1824-1827. La Convención Nacional de 1828-1829', in Academia Nacional de la Historia, *Historia de la nación argentina* (Buenos Aires, 1949), is probably still the most useful work on this specific period.

[59]   The standard biography on Rosas is J. Lynch, *Argentine Dictator, Juan Manuel de Rosas, 1829-1852* (Oxford, 1981).

system and the 'feliz experiencia'[60] might be connected to Lynch's thesis that Rivadavia achieved his objects too soon and proved to be 'fifty years ahead of his time'.[61] However, as Alberdi suggested, the persistent military endeavours in the River Plate seem to have been an even more powerful obstacle to the development of stable political institutions and civilian governments capable of replacing those established during the viceroyalty. Alberdi blamed this instability on the pre-eminence of military factors and the pursuit of military glory, together with the presence, in some stages, of ideological radicalism. Regarding the latter, he observed that:

> Por fortuna, ella [Argentina] sabe ya, á costa de llanto y de sangre, que el goce de este beneficio [liberty] está sujeto á condiciones difíciles y graduales, que es menester llenar. Así, si en los primeros días fue ávida de libertad, hoy se contentaría con una libertad más que moderada.

> En sus primeros cantos de triunfo, olvidó una palabra menos sonora que la de *libertad*, pero que representa un contrapeso que hace tenerse en pié a la libertad: el *órden*. Un órden, una regla, una ley; es la suprema necesidad de su situación política.[62]

Both these aspects, according to Alberdi, substantially conspired against the establishment of a stable political solution that combined security and liberty.

---

[60]   This term, used in reference to the Rodríguez Government of Buenos Aires of 1821-24, is attributed to General de las Heras in a speech delivered to the Buenos Aires Legislature in 1825. Romero, *La feliz experiencia*, p. 7.

[61]   Lynch, *Spanish American Revolutions*, p. 77.

[62]   Alberdi, *Obras completas*, p. 237.

CHAPTER 6

Ciudadanía y participación política en Venezuela, 1810-1830

Véronique Hebrard

Desde las elecciones de 1809 en las Cortes de Cádiz, y después de la instauración de la Junta de Caracas el 19 de abril de 1810, el principio electivo como fuente de legitimación del poder y como símbolo de la soberanía del pueblo quedó ratificado en Venezuela. Ya no pudo existir, por lo menos en teoría, un poder que no fuese la expresión de esta soberanía y que no fundese su legitimidad en el sufragio de los ciudadanos. Sin embargo, los textos escritos al definir este derecho, mostraron que, en la práctica, no conservaban el carácter universal que le estaba reconocido en la teoría. Además, las circunstancias en las cuales Venezuela conquistó su independencia y elaboró su proyecto político de accesión al rango de 'nación' contribuyeron también a crear una concepción singular de la ciudadanía.

A través del análisis de las disposiciones adoptadas para definir la ciudadanía, este capítulo intentará ver, por una parte, cómo y por quién se definía el ejercicio de la ciudadanía. Y, por otra parte, se pondrán en evidencia las limitaciones reales de la participación política, explícita en el discurso de las élites y en los debates que se desarrollaban entre los miembros de la sociedad. En efecto, ¿qué pudo significar la adopción de un 'sistema popular representativo' – para decirlo en la definición de los sucesivos gobiernos – fundado en principios políticos modernos, en una sociedad fuertemente heterogénea, poco acostumbrada a tal práctica, estructurada en cuerpos, y regida por privilegios? ¿En qué medida las nuevas élites estuvieron dispuestas en compartir ese principio con el pueblo que les espantaba y del cual temían desenfrenos? Y, ¿cómo conjugar, a pesar de todo, la referencia al principio de soberanía popular y las urnas, con la voluntad de distanciarse del pueblo real, de apartarlo en los hechos sino en los textos, de una participación política a la cual podía desde entonces pretender?[1]

---

[1] Los temas de la representación y de la ciudadanía en los primeros años de las luchas por la independencia en Hispanoamérica han sido objeto de recientes estudios de interés;

Estas modalidades – más que el desarrollo de las elecciones – son las que se propone estudiar este capítulo, insistiendo sobre los dos principios fundamentales que singularizan a Venezuela durante este período: el concepto de utilidad como discriminatorio del ejercicio de la soberanía y de sus derechos correspondientes; y la huella del elemento militar en la definición del ciudadano. Finalmente, se intentará poner en correlación la idea de participación política con sus modalidades de realización en frente del derecho y del contexto socio-político en el cual se ponen en práctica.

Los principios generales del sufragio

Los principios relativos a la ciudadanía durante el período bajo estudio estuvieron formulados en las cuatro constituciones de 1811, 1819, 1821 y 1830; en los cincos reglamentos para la elección de los diputados de 1810, 1818, 1821, 1827 y 1830; y en la Declaración de los Derechos del Pueblo del 1 de julio de 1811.[2] Con excepción del reglamento de 1818, todos estos textos se apoyaron sobre dos conceptos fundamentales: el voto indirecto y un doble nivel de elegibilidad con un sufragio de tipo censitario, que privilegiaba la posesión de propiedad, o su equivalente monetario u honorífico.

Un ciudadano útil y propietario

El primer deber de todos los miembros del cuerpo social consistía en una sumisión imperiosa a las leyes, sin importar cuales fuesen sus

---

véanse, entre otros, François-Xavier Guerra, 'The Spanish American Tradition of Representation, and its European Roots', *Journal of Latin American Studies*, vol. 26, pt. 1 (Febrero 1994); y José Carlos Chiaramonte, 'Vieja y nueva representación: los procesos electorales en Buenos Aires, 1810-1820', en A. Annino (ed.), *Historia de las elecciones en Iberoamérica, siglo XIX* (México, 1996). Véase también Guerra: *Modernidad e independencias* (Madrid, 1992), capítulo VI.

[2]   Para una introducción a la historia del sufragio en Venezuela, véase David Bushnell, 'La evolución del derecho del sufragio en Venezuela', *Boletín Histórico*, vol. 29 (mayo 1972), pp. 189-206. Para un panorama general de la historia constitucional venezolana durante el período, véase el clásico de José Gil Fortoul, *Historia constitucional de Venezuela* (Berlín, 1907), vol. 1. La historia electoral venezolana ha comenzado a atraer la atención de los historiadores, aunque todavía son muy contados los trabajos con una perspectiva moderna y los pocos que existen se ocupan del período posterior a 1830. Véanse: Alberto Navas Blanco, *Las elecciones presidenciales en Venezuela del siglo XIX, 1830-1854* (Caracas, 1993) y Eleonora Gabaldón, *Las elecciones presidenciales de 1835. La elección del Dr. José María Vargas* (Caracas, 1986).

condiciones.[3] La observancia de las leyes, condición de respetabilidad, aparecía en el mismo plano que la necesidad de mostrarse buen hijo, hermano, amigo, esposo y padre de familia.[4] Pero la sumisión a las leyes, y el reconocimiento de los principios de defensa y lealtad a la patria, no otorgaban a todos el derecho de participar a la elaboración de ellas – reservado a sólo una parte de los ciudadanos. Tal distinción reflejaba una noción política de la ciudadanía que no equivalía al beneficio de los derechos civiles. De allí se desprende el perfil dinámico de una ciudadanía 'pasiva': todo ciudadano pasivo podía llegar a ciudadano activo cuando adquiriese la educación y la 'fortuna' necesarias. En el reglamento de 1810, se excluía del 'deber'[5] de voto para la elección de los electores parroquiales, a todos los individuos en razón de su dependencia física y/o de su decadencia moral; así gozarían de los derechos civiles, pero no podían pretender al título de ciudadano en su sentido político.[6] Existía pues una distinción entre ciudadanía y nacionalidad que se añadía a la distinción entre ciudadano de primer y de segundo grado.

En la Declaración de los Derechos del primero de julio de 1811, se definía al ciudadano en este sentido. La distinción consistía efectivamente en el otorgamiento o no del derecho de voto. En primer lugar, se expresaba que todos los ciudadanos no podían participar en la elaboración de las leyes, en la medida que solamente una parte de ellos contribuían a la conservación del Estado, a su seguridad y a la tranquilidad pública; éstos eran los hombres útiles. De este postulado se desprendían los artículos 8, 9 y 10 del capítulo consagrado a los derechos del hombre en sociedad:

(8) Los ciudadanos se dividirán en dos clases: unos con derechos a sufragio, y otros sin él. (9) Los sufragantes son los que están establecidos en Venezuela, sean de la nación que fueren: estos solos forman el soberano. (10) Los que no tienen derecho a sufragio, son los transeúntes, los que no tengan la propiedad que

[3]   Véase, por ejemplo, 'Discurso pronunciado por el S. D. Antonio Nicolás Briceño, en consecuencia del juramento cívico que prestó el Illmo Señor Arzobispo de esta Metrópoli ante el Supremo Congreso el día 15 de junio', *El Publicista de Venezuela* (6), 8 de agosto de 1811.

[4]   Constitución federal por los Estados de Venezuela de 1811. cap. VIII: Deberes del Hombre en Sociedad, art. 195, en *Constituciones de Venezuela* (Madrid, 1975).

[5]   En efecto, es en términos de 'deber' que el voto está enunciado en el reglamento, lo cual muestra una concepción de la participación política en términos de privilegio concedido por el poder y no de una reivindicación basada en un derecho fundamental.

[6]   'Reglamento de Diputados', 11 de junio de 1810, cap. I, art. 4, p. 165.

establece la constitución; y éstos gozarán de los beneficios de la ley, sin tomar parte en su institución.[7] ·

De hecho el apego – en término afectivo – a la patria, que incluye su compromiso para defenderla, suplía la no participación efectiva. Por consiguiente, esta última se presentaba no como una voluntad discriminatoria sin fundamento, sino como el resultado de una concepción utilitarista del funcionamiento de la sociedad. Si todos eran ciudadanos en razón de su estado como hombres libres y de su voluntad 'expresa' de pertenencia a una misma comunidad, el papel y el lugar que desempeñaban en su seno condicionaban su participación efectiva a la cosa política, en particular la elección de los que tenían por misión representarlos.

Por consiguiente, a la parte 'sana' del pueblo – el cuerpo de los ciudadanos 'activos' – le correspondía cuidar efectivamente los destinos del país. Como lo ilustran los términos empleados en un texto dirigido a la población de Caracas, durante las elecciones de 1810: '¡Clases honradas y numerosas, tan útiles al Estado que os protege, que vuestra sencillez no entre jamás en el cálculo de la ambición!'[8] Encontramos en esta frase, no sólo las cualidades morales, sino al mismo tiempo la noción de utilidad, además del ejercicio de una actividad. Adicionalmente, los militares eran considerados como 'importante y distinguida clase del Estado'[9]: el espíritu patriótico que, una vez más, va a la par de la adhesión al proyecto político.

Más que el talento, que puede ser superficial, la utilidad y el patriotismo eran la base de la honra y determinaban la clasificación de la gente honesta, de los vecinos. Se insistía también en la necesidad de elegir personas idóneas 'apropiadas, dotadas de bastante patriotismo y luces, de buena opinión y reputación'. Estas exigencias morales se reclamaban con más fuerza e insistencia para los futuros diputados.[10]

El código electoral de 1810 – verdadero laboratorio del modo de acceso a la ciudadanía y de la práctica política para esta nación venidera –

---

[7] 'Declaración de los Derechos del Pueblo, 1 de julio de 1811, Derechos del Hombre en Sociedad, art. 9.', en *Textos oficiales de la Primera República de Venezuela*, vol. 2 (Caracas, 1959), p. 96.

[8] 'Ilustres y pacíficos caraqueños', *Gazeta de Caracas*, 30 de octubre de 1810.

[9] 'Organización militar', *Gazeta de Caracas*, 18 de mayo de 1810.

[10] El reglamento de diputados se refería, entre otras, a 'la mayor escrupulosidad' de los electores en atender a sus 'circunstancias de buena educación, acreditada conducta, talento, amor patriótico, conocimiento local del país...'. Véase 'Reglamento de Diputados', 11 de junio de 1810, cap. II, art. 4, p. 167.

permite percibir el desfase que existía entre ésta veleidad política y su establecimiento. Los criterios de selección sancionados por el código identificaban los contornos de una comunidad específica: la que reunía todos los grupos que contribuían a la realización del objetivo perseguido y, más allá, la comunidad de los patriotas. Se confirmaba aquí la primacía de la utilidad, la que se dotaba también de una fuerte carga moral y afectiva.

Las restricciones del derecho de voto fueron más importantes en el texto constitucional de 1811 que en el código de 1810. El acento fue más explícito en las incapacidades de orden económico que en las morales. La posesión de una propiedad – el valor discriminante – era necesaria para ser elector de primer y de segundo grado. Para ser elegido a la diputación, ya no bastaba dar prueba de patriotismo. Pero la posesión de una fortuna libre podía también servir de equivalente – lo que correspondía al imperativo de utilidad. Su valor dependía de dos parámetros: el lugar de residencia y el estado marital.[11]

Las exclusiones a propósito del estado social y de la situación frente a la ley, no diferían de las previstas por el código electoral de 1810. Pero se añadieron, para obtener el derecho de voto en el segundo grado, las de residencia.[12] Una lógica similar fue adoptada en el otorgamiento de la ciudadanía y del derecho de votar a los extranjeros que aceptaban renunciar a su ciudadanía de origen, y hacían acto de adhesión voluntaria al país adoptivo.

Por consiguiente, la residencia y la propiedad constituían claramente los dos principios claves para el otorgamiento del derecho de voto. Además, la propiedad figuraba entre los cuatros derechos fundamentales garantizados por la Constitución con la libertad, la igualdad frente a la ley sin distinción de nacimiento – más la interdicción del principio hereditario del poder – y la seguridad. Esta última consistía en la garantía y protección, para todos los miembros de la sociedad, de su persona, de sus

---

[11] 'Todo hombre tendrá el sufragio en las Congregaciones Parroquiales, si a esta calidad añade la de ser ciudadano de Venezuela, residente en la Parroquia o Pueblo donde sufraga; si fuera mayor de veintiún años, siendo soltero, o menor siendo casado, y velado, y si poseyere un caudal libre del valor de 600 pesos en las Capitales de Provincia, siendo soltero, y de 400, siendo casado, aunque pertenezcan a la mujer, o de 400 en las demás poblaciones en el primer caso, y 200 en el segundo, o si fuere propietario o arrendador de tierras para sementeras o ganado con tal que sus productos sean los asignados para los respectivos casos de soltero o casado.' Véase 'Constitución federal por los Estados de Venezuela de 1811'. Cap. II: Del poder legislativo, sección segunda, art. 26, en *Constituciones de Venezuela*, p. 184.

[12] *Ibid.*, art. 28, p. 184.

derechos y de sus propiedades. Y por eso pertenece a la categoría de los derechos naturales: 'Es [la seguridad] el derecho sin el cual la libertad y el seguro serían impensables. A la base de la reinvidicación de la libertad, está también al principio de la afirmación de la igualdad'.[13] Esta tiende a oponerse a la sociedad orgánica, puesto que considera los individuos en función de su órden real (su propiedad) sin referencia a su estado personal (su pertenencia a la jerarquía de los cuerpos).

En este sentido, el proyecto para la Confederación y los gobiernos provinciales escrito en el mes de julio de 1811 era muy claro. Proponía una definición de los residentes y propietarios, únicos a ser admitidos a participar en los negocios del Estado, de conformidad, según los autores, con lo que se practicaba en otros países. En ellos, y en Venezuela a su ejemplo :

(...) nadie será impedido a participar en el ejercicio de la suprema autoridad, a partir del momento en que el amor de trabajo, de la sobriedad, de la industria, de la economía, y de las otras virtudes domésticas abran un camino que permanece cerrado a los vicios y a la inutilidad, compañeros inseparables del abatimiento natural y político.[14]

Más allá de las situaciones individuales que determinaban el otorgamiento o no del derecho de sufragio, existían grupos de población cuyo estado jurídico y/o étnico fue objeto de discusión. Existía el temor por parte de los criollos de perder su ascendente, tanto en materia de representación política – desproporcionada en vista de su importancia numérica – y de control sobre las cargas administrativas. Esta actitud se cristalizó en relación con los pardos.

En una primera fase, durante los debates en el Congreso constituyente de 1811, los pardos vieron amenazada su posibilidad de ejercer los derechos a los cuales podían pretender en razón de su estado de hombres libres. Como había sucedido bajo la Monarquía cuando los pardos quisieron adquirir, mediante dinero, títulos de 'limpieza de sangre', los criollos no concibieron, en principio, que hombres de sangre mezclada pudiesen considerarse como sus iguales. Sin embargo, ciertos diputados temieron que los pardos se levantasen en armas para obtener por la fuerza

---

[13] P. Gueniffey, *Le nombre et la raison. La Révolution française et les élections* (Paris, 1993), p. 53.

[14] 'Proyecto para la Confederación y gobiernos provinciales de Venezuela', *Gazeta de Caracas*, 26 de julio de 1811.

un derecho adquirido por sus semejantes en otras provincias.[15] De todas maneras, la Declaración de los Derechos de julio de 1811 ya reconocía que la ley debía ser igual para todos, sin distinción de nacimiento. Eran, además, mayoría. Y tenían los recursos económicos e intelectuales de llevar el país al caos si no se les reconocía dicha igualdad jurídica. Como lo expresó Yanes, el presidente del Congreso, al defender las prerrogativas de este cuerpo:

Los pardos están instruidos, conocen sus derechos, saben que por el nacimiento, por la propiedad, por el matrimonio y por todas las demás razones, son hijos del país ; que tienen una Patria a quien están obligados a defender, y de quien deben esperar el premio cuando sus obras lo merecieren. Alterar estos principios y negar a los pardos la igualdad de derechos es una injusticia manifiesta, una usurpación y una política insana, que nos conducirá a nuestra ruina. Yo creo que la revolución y desgracias de Valencia no conocen otro origen que éste (...).[16]

Finalmente la igualdad de los pardos fue adoptada por la constitución. Pero fue más bien una decisión forzada por las circunstancias y de oportunidad política. El no reconocimiento del derecho del sufragio se pondría en contra de los principios de igualdad proclamados.

En referencia al principio de pueblo soberano, el recurso a la consulta por las urnas estaba colocado en el centro del dispositivo político y presentado como tal en la Constitución. Sin embargo existían condiciones muy precisas para gozar del derecho de participación:

El derecho del pueblo para participar en la legislatura es la mejor seguridad y el más firme fundamento de un Gobierno libre ; por tanto, es preciso que las elecciones sean libres y frecuentes y que los ciudadanos en quienes concurren las calificaciones de moderadas propiedades y demás que procuran un mayor interés a la comunidad tengan derecho para sufragar y elegir los miembros de la legislatura (...).[17]

Los debates del año de 1811 demostraron la realidad de esta

---

[15]   En Caracas, por ejemplo.

[16]   'Sesión del día 31 de julio', *Libro de Actas del Súpremo Congreso de Venezuela, 1811-1812*, vol. 1 (Caracas, 1960), p. 259-60.

[17]   'Constitución federal por los Estados de Venezuela de 1811', cap. VIII, sección 2, art. 182, en *Constituciones de Venezuela*, p. 199.

discrepancia entre la élite del poder – legítimamente en este puesto desde las elecciones de noviembre de 1810 – y los que, dotados virtualmente de la calidad de ciudadanos, constituían esa parte de la población que los representantes querían dejar fuera de la vida política. La garantía que representaba el voto indirecto, así como las limitaciones relativas al derecho de voto, permitían hacer figurar en la Constitución el citado artículo, puesto que las fronteras entre los ciudadanos-electores (y propietarios) y los otros ya habían sido trazadas.

Los efectos de la guerra

Durante el período de la preparación del Segundo Congreso Constitucional que se reunió en Angostura en 1818, después de seis años de guerra y de suspensión de las instituciones, los principios inaugurados por la Primera República de Venezuela fueron en parte conservados. La restauración de una legalidad política durable no podía ser programada sin el restablecimiento de los derechos que le estaban ligados, en particular los de elegir a los que tendrían por misión proceder a dicho restablecimiento.

Simón Bolívar habló en este sentido frente al Consejo de Estado el 1 de octubre de 1818, cuando anunció su intención de reunir el congreso lo más rápido posible. A los miembros de este Consejo, que empezó a funcionar el 30 de octubre de 1818, les mandó crear una comisión encargada de redactar un proyecto de reglamento electoral para la organización de 'elecciones populares'.

Los criterios para otorgar el derecho de voto no sufrieron modificaciones importantes. En cambio, debido a las condiciones en las cuales se desarrollaron, la organización del sufragio estuvo modificada de manera significativa, sobre todo en lo que se refiere al reparto territorial para la distribución del número de diputados y los lugares retenidos para el voto. A pesar de su carácter circunstancial, estos cambios son reveladores de una concepción práctica de la ciudadanía, vinculada con los trastornos nacidos de la guerra:

Omitida en nuestro caso la elección de sufragantes secundarios, solamente tendrá por ahora lugar la de Representantes que han de componer el Congreso de Venezuela. Su número será el de 30 cuya votación se distribuirá entre los divisiones militares de cada Provincia y las Parroquias libres; pero de la manera que ninguno de los que resulten nombrados ha de ceñir sus ideas ni su representación al distrito de su nombramiento ni a cualquiera otro en particular sino generalmente a todas y cada una de las porciones de Venezuela.[18]

Por otra parte, los electores encontrándose en su mayor parte en estado de movilización, podían votar en el lugar de su acantonamiento, es decir en las plazas, los campamentos o en toda otra posición de carácter militar.[19] Pero esta distribución territorial, así como el voto directo, no pudieron constituirse en una regla para el porvenir. Más que todo, fueron las circunstancias las que forzaron a J.G. Roscio y a sus colegas a que adoptasen el principio del voto directo para las elecciones de 1818. Por eso recordaban en el artículo: 'Cada sufragante ha de estar bien advertido de que viene a elegir por sí mismo y no por medio de otros electores, el diputado o diputados que tocaren a su División.'[20]

La adopción definitiva del voto directo, 'el más conforme a derecho natural y el que más da cuenta del voto general de la comunidad',[21] permaneció subordinado a la adquisición de la ilustración y de la instrucción necesarias. En este sentido, la Constitución de 1819, que restableció el voto en dos grados, estipuló: 'pasados diez años, las elecciones se harán inmediatamente por el pueblo, y no por medio de electores'.[22] Al mismo tiempo, la condición de 'saber leer y escribir' también se aplazó hasta 1832.[23]

Además de las adaptaciones en materia constitucional, las limitaciones y las modificaciones electorales que esta revisión ocasionó demuestran al mismo tiempo que los legisladores tuvieron una cierta conciencia de la falta de preparación de la mayoría de la población para integrar los nuevos principios de la participación política a los cuales aspiran los dirigentes, así como de la debilidad conceptual por parte de las élites en materia de ciudadanía. Tal lo revelan los textos de 1818 y 1819.

Una concepción dual de la ciudadanía: activos contra pasivos

En la Constitución de 1819, los criterios de edad, de propiedad (y sus

---

[18] 'Reglamento para la elección de representantes al Segundo Congreso de Venezuela de 1818, 17 de octubre de 1818', en *Constituciones de Venezuela*, p. 233.

[19] *Ibid.*, p. 233.

[20] *Ibid.*, p. 235.

[21] *Ibid.*, p. 233.

[22] Constitución de 1819, título 4. sección 2a. art 8, en *Constituciones de Venezuela*, p. 251.

[23] *Ibid.*, título 3. sección 1a. art. 3, p. 249.

equivalentes tales el arriendo de tierras y la ganadería) y de moralidad, permanecieron en la base de la clasificación ciudadana. Lo mismo ocurrió en cuanto a la correlación ciudadanía/domicilio que, por una parte, incluyó la obligación de residencia – de duración variable según fuese o no extranjero – y, para los eligibles, según el cargo al que se aspiraba. De otra parte, estipuló la exclusión de la ciudadanía de los transeúntes y de los vagos públicos y notorios. Finalmente, las incapacidades físicas constituyeron todavía unos de los primeros motivos de exclusión. Pero la introducción 'oficial' de la distinción entre ciudadanos activos y pasivos produjo en esas disposiciones de 1818 y 1819 una ruptura importante en lo que concierne a la concepción de la práctica electoral y de las nuevas condiciones de adquisición de la ciudadanía.

En su discurso durante la instalación del Congreso de Angostura en 1819, Bolívar justificó esta distinción por motivos esencialmente económicos y explícitamente utilitaristas que condujeron a clasificar los individuos según su capacidad a contribuir a la prosperidad del país:

> Al proponernos la división de los ciudadanos en activos y pasivos, he pretendido excitar la prosperidad nacional por las dos más grandes palancas de la industria, el trabajo y el saber. Estimulando estos dos poderosos resortes de la sociedad, alcanza lo más difcil entre los hombres, hacerlos honrados y felices.[24]

El texto constitucional definió así las dos categorías:

> Art. 1 Los ciudadanos se dividen en activos y pasivos.

> Art. 2 Es ciudadano activo el que goza el derecho de sufragio y ejerce por medio de él la soberanía nacional, nombrando sus representantes.

> Art. 3 Ciudadano pasivo se llama aquel que, estando bajo la protección de la ley, no tiene parte en su formación, no ejerce la soberanía nacional ni goza del derecho de sufragio.[25]

Finalmente, el conocimiento de sus derechos y la participación a las actividades del país determinaban la integración de los individuos en la esfera política. En el mismo capítulo consagrado a los derechos y deberes,

---

[24] Simón Bolívar, 'Discurso pronunciado por el Gl Simón Bolívar al Congreso General de Venezuela en el acto de su instalación', *Correo del Orinoco* (19), 20 de febrero de 1819.

[25] *Constitución de 1819*, título 3, sección 1a, p. 249.

se mencionaba:

La sociedad desconoce al que no procura la felicidad general, al que no se ocupa en aumentar con su trabajo, talentos o industria las riquezas y comodidades propias que colectivamente forman la prosperidad nacional.[26]

La constitución de 1819 consagró la primacía de los hombres ilustrados que obrarían desde entonces en nombre de 'la generalidad de los venezolanos'. Esta selección entre pasivos y activos, ante todo de orden social, incluso moral, conservó todavía su dimensión económica. Los primeros excluidos fueron, en efecto, los marginales, los vagos y la gente sin confesión, o que tuviesen problemas con la justicia. Solo los más útiles y meritorios obtenían, una vez más, el derecho de ejercer la soberanía popular y, para algunos de ellos, el de postularse a cargos de representantes.

La distinción entre ciudadanos activos y pasivos no modificó la división tácita que prevalecía desde 1811, puesto que las condiciones retenidas para el otorgamiento del derecho de voto en las asambleas parroquiales ya excluía la mayoría de los que, en el nuevo texto, eran ahora llamados ciudadanos pasivos. En cambio, la distinción creaba un espacio mayor entre los electores (del primer y segundo grado) y los elegidos por un lado, y los que no tenían el derecho de voto.

Todos estos grupos excluidos o suspendidos de sus derechos figuraban ya en la ley electoral de 1810. Pero hay uno que hace irrupción: el acusado por compra o venta del sufragio. Su incorporación en los textos de 1818 y 1819 pudo haber resultado de las 'enseñanzas' de las experiencias de 1810-11 y de las críticas emitidas en particular por J.G. Roscio, desde 1812, a propósito del comportamiento de los electores del segundo grado quienes habían influído el voto de los sufragantes en las asambleas parroquiales de algunas provincias.

El ideal del ciudadano-propietario

La posesión de bienes raíces siguió siendo la base de referencia para el otorgamiento de la ciudadanía y la accesión, proporcional a su importancia, a cargos de representantes. A la importancia de las responsabilidades correspondía todavía, además de las condiciones de edad, a un crecimiento de las exigencias tanto en materia de propiedad como en la duración de residencia en el territorio de la República.

---

[26]   *Constitución de 1819*, título 1, sección 2a, art. 6, p. 248.

Pero, una vez más las circunstancias se impusieron sobre las convicciones doctrinales y condujeron a los legisladores a decisiones no tanto para permitir a un número más importante de individuos a acceder a la ciudadanía, sino para evitar que fuesen excluídos los que hasta ahora habían gozado de ella a causa de su propiedad raíz. Sobre todo cuando la pérdida de ésta se debía a su participación en la guerra al lado de los partidarios de la Independencia, a la emigración que ocurrió después de la caída de la primera república, o a su confiscación por las tropas enemigas. Sobre este último punto, el código de 1818 estipulaba: 'No perderán el concepto de propietarios y poseedores para sufragar las personas cuyas propiedades estuvieren en poder del enemigo.'[27]

Así, en una circular dirigida al General Pedro Zaraza el 11 de octubre 1817 y en la que le anuncia la publicación de la ley sobre la repartición de bienes nacionales en beneficio de los 'beneméritos al servicio de la República de Venezuela', Bolívar justificaba dicha medida, más allá de la recompensa debida a los hombres que habían combatido en los ejércitos patrióticos: 'Esta ley justa, útil y necesaria asegura a los defensores de la patria una fortuna sobre que contar, una recompensa de sus pérdidas y valerosos esfuerzos, y hace de *cada servidor un ciudadano propietario*'.[28] Se encuentra aquí la voluntad, ya indicada, de ligar los individuos fieles a la causa patriótica al territorio que defienden con las armas.

Sin embargo, el imperativo seguía siendo el problema de la tierra, de su liberación y sobre todo de su reexplotación. Por eso, el asentamiento de inmigrantes en Venezuela con el propósito de cultivar la tierra posibilitaba la adquisición de la ciudadanía. En este sentido, el decreto adoptado durante la sesión del 1 de junio de 1819 para el establecimiento de una colonia en Orinoco – y cuyo principio era válido para todas las otras provincias libres – ratificaba el carácter honorífico conferido al título de ciudadano, pese a que no fuese efectivo: 'Los pobladores padres de familia, desde el momento mismo en que principien sus establecimientos, gozarán de los derechos de ciudadanos de Venezuela, y los demás conforme a la Constitución.'[29] Sin embargo, el diputado Alzaru juzgó preferible que, antes de confiar tierras a los extranjeros, así como lo defendía Peñalver en un proyecto de colonización europea, se elaborase

---

[27]   *Ibid.*

[28]   'S. Bolívar, Oficio de Bolívar para Zaraza. Angostura, 11 de octubre de 1817', en José Félix Blanco y Ramón Azpurda, *Documentos para la historia de la vida pública del Libertador*, vol. VI, (reimpresión Caracas, 1978), p. 81.

[29]   'Acta 84 del 1 de junio de 1819', en *Actas del Congreso de Angostura* (Bogotá, 1988), p. 92.

una ley agraria para los venezolanos, 'pues que los más de ellos carecían de una propiedad raíz que los exige la constitución como una de la cualidades precisas para ciudadano'.[30] Estas dos declaraciones que ligaban explícitamente la ciudadanía con la posesión de la tierra confirman una concepción utilitarista de la ciudadanía. El aspecto económico no intervenía tanto en la dimensión de la tierra poseída – aunque existía una condición de valor para la adquisición de la ciudadanía activa – sino en la participación al fomento, y más específicamente, en la reconstrucción de la 'nación'. De la misma manera, aunque el otorgamiento del derecho de voto a los extranjeros estaba íntimamente ligado a su participación militar para la reconquista de la Independencia, las demás condiciones hacían directamente referencia a la necesaria posesión de un caudal que contribuyese a esa prosperidad deseada. Además atestiguaba su arraigamiento en esa patria adoptiva. El saber leer y escribir era también exigido a los extranjeros quienes, sin carta de naturalización, podían así gozar del derecho de voto. Además de esta condición, los extranjeros debían tener un año sin interrupción de residencia en el territorio y estar domiciliados en una parroquia. O haber manifestado su intención de establecerse en Venezuela, casándose con una venezolana o trayendo su propia familia, así como gozar de una propiedad – o ejercer un arte liberal o mecánico.

La constitucionalización de los derechos del pueblo: ¿una nueva ciudadanía?

En los textos escritos después del establecimiento en 1821 de la República de Colombia, de la que Venezuela formaba parte, el otorgamiento de derechos políticos estuvo determinado – en espera de los resultados de la educación que el mayor número de hombres tiene derecho a recibir – no tanto por la instrucción, sino por la utilidad y la moralidad, de conformidad con el modelo de hombre elaborado por las élites en los textos electorales: buen padre, buen patriota, buen ciudadano.
      La constitución de 1821 definió la comunidad nacional en un capítulo particular. Se consideraron colombianos a (1) 'Todos los hombres libres nacidos en el territorio de Colombia y los hijos de éstos', (2) 'los que estaban radicados en Colombia al tiempo de su transformación política, con tal que permanezcan fieles a la causa de la Independencia', y (3) 'los no nacidos en Colombia que obtengan carta de naturaleza'.[31]

---

[30]   'Acta 60 del 28 de abril de 1819', en *Actas del Congreso de Angostura*, p. 67.

[31]   *Constitución de 1821*, Cucutá, 30 de agosto de 1821, título primero, sección segunda, art. 4, p. 275.

Así definida, la nacionalidad comprendió dos figuras – los militares y los extranjeros – que en los textos anteriores habían sido sólo incluídas en la comunidad de ciudadanos. En razón de sus servicios prestados a la patria, éstos tenían el acceso a la ciudadanía. Ahora también a la nacionalidad. Por consiguiente, la nacionalidad, además del nacimiento, estaba dotada de un fuerte contenido político y militar puesto que la carta de naturaleza podía adquirirse como agradecimiento del sostén aportado en la reconquista de la Independencia.

Los términos de ciudadano activo y ciudadano pasivo desaparecían de los textos de 1821. Pero los criterios que prevalecieron para el otorgamiento de títulos de elector en las asambleas parroquiales, excluían de hecho a una parte de los ciudadanos pues se exigía, además de las condiciones de edad y de residencia, la posesión de una propiedad o de su equivalente en rentas, o el ejercicio de una actividad útil. Las mujeres, los dementes y los vagos estaban todavía excluídos.

Respecto de los criterios de riqueza, hubo cierto relajamiento. Pero, una vez más, la introducción al mismo tiempo de nuevas disposiciones no permitieron el aumento del número de individuos susceptibles de acceder a los diferentes grados de la ciudadanía. Además, la Constitución de 1821 hacía figurar por primera vez en su texto que la condición de domesticidad no podía ser considerada como una actividad útil, pues simbolizaba dependencia. Por otro parte, una nueva frontera de tipo utilitario fue establecida entre los electores de primer grado y los de segundo, ya que estos últimos tenían la obligación de saber leer y escribir, mientras que para los primeros esta obligación se postergaba hasta 1840.

Eso no quiso decir que los criterios de riqueza y de instruccción no continuasen siendo fuertemente discriminatorios, en particular frente a la composición étnica de la población – las condiciones económicas estaban en estrecha relación con el color de la piel. Sin embargo el ensanchamiento del acceso a la ciudadanía 'activa' pudo ser provechoso para los pardos que desempeñaban funciones útiles, así como lo había revelado el áspero debate de 1811 a propósito del reconocimiento de su ciudadanía. Aunque, en últimas, no fue tanto el color de la piel lo directamente discriminatorio, sino los criterios económicos que se le ligaron. A pesar de todo, el hecho de que, teóricamente esta exclusión no figurase en la definición de la ciudadanía 'activa' fue presentada por los legisladores – y los otros miembros de la élite criolla – como una victoria, de este lado del Atlántico, de los principios de igualdad proclamados por las Cortes en 1808. Como lo manifestó la declaración hecha antes de la elección de los diputados de la provincia de Caracas:

Los Colombianos no conocemos las quiméricas distinciones de

cuna y de colores, inventadas por el vano orgullo de los gobiernos liberales, y multiplicadas entre nosotros por la política del gabinete de Madrid interesado en nuestra desunión para dominarnos siempre con facilidad; nosotros no tenemos otra distinción que la del mérito personal, ni otra nobleza que la del espíritu y la del corazón. Los destinos de la República no requieren otras circunstancias en los que han de desempeñarlos; por consiguiente no debemos buscar sino aptitud y virtudes en los que hayan de ser nuestros representantes.[32]

Más que el nacimiento, eran las cualidades individuales las que determinaban teóricamente la selección de los representantes. El hombre virtuoso era el que se mostraba más útil para sus conciudadanos. Los imperativos de fidelidad al Estado y a la nación se inscribían en este esquema y conducían a una reafirmación del carácter voluntario de la adhesión a la nación.

En cuanto a los textos adoptados después de la separación de los departamentos de la Antigua Venezuela en 1829, ellos introdujeron una ruptura fundamental en la 'civilización'[33] de los políticos que intervenían de manera conjunta con este proceso de separación. Este proceso hacía directamente referencia al segundo aspecto característico de la ciudadanía definida y conceptualizada en Venezuela entre 1810 y 1830: el papel determinante y singular del hombre en armas, de los militares.

¿Ciudadano-soldado o soldado-ciudadano?[34]

Hasta la suspensión de las instituciones, después de la capitulación de San Mateo, se trataba de establecer los parámetros del ejercicio de la ciudadanía. Desde 1819, en cambio, asistimos a un ajuste de las disposiciones frente a los nuevos hechos nacidos directamente de los años de guerra. Sobresalía entre ellos el elemento militar y su papel en el seno de la sociedad como en las instancias políticas – su reconocimiento político a ese patriotismo que fue desde antes de la guerra una de las señales distintivas del apego y de la adhesión al proyecto político de las élites.

---

[32] 'Caracas: elecciones de diputados', *El Correo Nacional*, no. 16, 22 de septiembre de 1821.

[33] Empleamos este término en el sentido de proceso de retorno en la vida civil.

[34] Para esta distinción, véase J-M Carrié, 'Le Soldat', in A. Giardina (dir.), *L'Homme romain* (Paris, 1992), pp. 127-73.

Ciudadanía y defensa de la patria

La acción política y la acción militar estaban por supuesto entrelazadas: la segunda defendía la primera y ésta, a su turno, se empeñaba en recompensar a los que se alistaban al servicio del país. La suspensión del proceso político desde 1812 y la urgencia de la organización militar de la nación amenazada confirmaban y oficializaban dicha relación entre las dos figuras del soldado y del ciudadano.

De hecho, puesto que sólo el recurso a las armas y la instauración de un régimen de excepción parecían capaces de rechazar al enemigo – y dar a la sociedad una cierta cohesión – la participación militar del pueblo, por lo demás sospechoso de reticencia frente a la Independencia, cobraba interés. Una vez más los primeros textos de leyes promulgadas en 1812, encontraban resonancia en el acontecimiento. Así la ley penal por la cual todo ciudadano es un ciudadano-soldado potencial, en conformidad con los principios políticos enunciados en la constitución, amenazaba al soldado con la pérdida de la ciudadanía en casos de traición o deserción.[35] En situación de guerra, los dos términos de la identidad de los miembros del cuerpo social se permutaban: de ciudadanos-soldados se tranformaban en soldados-ciudadanos; la conducta como soldado determinaba la conversión, incluso la adquisición del título de ciudadano.

La identificación de la virtud con las hazañas de los hombres en armas era tanto más determinante, cuanto que a los ojos de la población aquellos comenzaron a representar el modelo a alcanzar. La nación, comunidad voluntaria de individuos, se forjaba en el crisol de la identidad militar. Más aún, en la Constitución de 1819, que ratificó la existencia de una ciudadanía à deux vitesses, el título de militar autorizaba el paso de la condición de ciudadano pasivo a la de ciudadano activo.[36] Este reconocimiento político de los militares expandió sus deberes más allá de los estrictamente relacionados con el ejército. De defensores de la independencia de la patria pasaron a convertirse en sostenedores del poder recién instaurado.

El voto de los militares: la legalización del soldado-ciudadano

En el marco de la redefinición de los cuadros constitucionales que, después de la guerra, jugaban en favor de un poder centralizado, se

---

[35]   'Ley penal para castigar el delito de deserción en todos los casos y circunstancias en que puede ser cometido por la tropa de línea y de milicias, febrero de 1812'. Libro de Actas del Supremo Congreso de Venezuela. 1811-1812, vol. II, p. 329.

[36]   Véase Constitución de 1819, título 3, sección primera: de los ciudadanos, art. 7, p. 249.

modificó la concepción de los individuos como miembros de la sociedad. Como ya lo hemos mencionado, encontramos un primer indicador de esta tendencia a la militarización de la participación política, dentro de las modalidades escogidas para la organización de las elecciones de 1818. En este sentido, el reglamento electoral muestra hasta qué punto, a falta de una escuela de ciudadanía, se consideraba al ejército como una escuela de patriotismo. El alistamiento en las fuerzas patrióticas era un pasaporte para la adquisición de la ciudadanía activa. La ciudadanía se otorgó así a individuos que hasta entonces no la poseían.

Varios parámetros tienen que ser tomados en cuenta a fin de evaluar el ascendente de los hombres en armas en el cuerpo ciudadano. En primer lugar, podemos observar una distinción según el carácter profesional o no de la función desempeñada en el ejército. Una cierta categoría de militares estaban exentos del requisito patrimonial para sufragar en razón del rango que ocupaban: 'todos los oficiales, sargentos y cabos ... gozarán de derecho de sufragio'.[37] Algo similar ocurría con los empleos militares cuya retribución fuese de por lo menos 300 pesos, así el pago no se hiciese efectivo.[38] Las anteriores disposiciones se refieren a oficiales y sub-oficiales. Para el resto del cuerpo militar, se aceptaba también el derecho al voto pero bajo ciertas condiciones:

> por abreviar el acto de la elección sin atraso del servicio, no sufragará toda la tropa, sino aquellos individuos de ella que sean padres de familia propietarios de bienes raíces o arrendadores de tierra para el sembrado o crías de ganado o traficante con el capital declarado en la Regla 3, y habilitados por los demás capítulos expresados.[39]

La posterior Constitución de 1819 se interesó en ampliar más el cuerpo de los ciudadanos activos dentro del ejército. Desde entonces, ninguna condición de grado, de propiedad, de rentas o de riquezas, tuvo lugar: la actividad militar se transfería así al campo político con la adquisición de la ciudadanía activa. Desde dicho momento existieron dos figuras jurídicas distintas: el ciudadano-soldado que, por naturaleza, además de un contribuyente, era un sufragante y posiblemente un

---

[37] 'Reglamento para la elección de representantes al Segundo Congreso de Venezuela de 1818', 17 de octubre de 1818, p. 235.

[38] Dado durante todo el período de la guerra el gobierno no tenía los fondos para pagar a los militares.

[39] 'Reglamento para la elección de representantes al Segundo Congreso de Venezuela de 1818', 17 de octubre de 1818, p. 235.

candidato a ciertas cargas, un soldado movilizable;[40] y por otra parte el soldado-ciudadano.

El derecho de voto otorgado a los extranjeros fue parte, en cierta medida, de esta voluntad de consagrar a los hombres que sirvieron al país en tiempos de guerra. En la mayoría de los casos, fue su participación militar la que sirvió para integrarles en el cuerpo de los ciudadanos activos, confirmándose así la importancia del soldado-ciudadano al interior de esta nueva configuración.

Sin embargo, con el nacimiento de la República de Colombia, en la Constitución de 1821, quedaron excluidas estas dos figuras que habían sido integradas a la ciudadanía en los textos anteriores.[41] Al contrario de lo que pudimos observar en el reglamento de 1818 y en la Constitución de 1819, este estatuto ya no confirió explícitamente una garantía de acceso a la ciudadanía activa. Ahora era más bien la nacionalidad la que permitía integrar la comunidad política. La función militar, como tal, dejó de constituir una ventaja directa.

La voluntad reinvindicada de reforzar el carácter civil de la ciudadanía en los reglamentos electorales de 1818 y 1821, tuvo por consecuencia la aparición de una oposición entre los militares que se vieron excluídos de los títulos y derechos anteriormente conferidos. Además de la redefinición de las esferas militar y política, a fin de suprimir equívocos en cuanto al campo de aplicación de sus poderes respectivos y de los derechos políticos, los legisladores propusieron unas reformas en materia de reorganización del ejército. En 1824, tras un edicto proferido por el gobierno de Bogotá el 31 de agosto, surgió una polémica a propósito del reclutamiento de tropas para la Nueva Granada, entre partidarios y opositores del decreto de alistamiento de todos los ciudadanos a la milicia. En el centro de la discusión estaba precisamente la connotación positiva o no del carácter militar de la República de Colombia.

El cuestionamiento de la primacía del soldado-ciudadano

El hecho de que partidarios y opositores de las reformas para la creación de las milicias cívicas y patrióticas establecieran la equivalencia entre el ciudadano y el soldado es significativo. Un texto de la 'Sociedad de Unión

---

[40]   Carrié, 'Le soldat', pp. 127-73.

[41]   Sobre las distintas tradiciones en la Nueva Granada y Venezuela en relación con el voto a los militares, véanse los comentarios de Bushnell, 'La evolución del derecho de sufragio en Venezuela', pp. 196-7.

de Puerto Cabello', publicado en contra del decreto de Bogotá de agosto ya citado, proclamó el carácter indivisible de esas dos cargas que constituían en su sentir la identidad de los individuos:

> nosotros somos una masa más compacta de hombres sencillos que habiendo logrado nuestra independencia de un estado que nos tiranizaba, hemos compuesto para nosotros otro estado en que todos los ciudadanos son militares y todos los militares son ciudadanos. Conglutinada esta masa con la sustancia indisoluble de la Independencia y libertad ¿cómo sería dable descomponer este todo para ganarse y desmembrar una parte, sin que el cuerpo social dejara de resentirse y conmoverse?[42]

Los incidentes sobrevenidos en 1825 durante las elecciones de presidente y vice-presidente atestiguaron esta fuerza de reivindicación, tanto más cuanto las críticas se originaron más bien en uno de los alcaldes de Caracas que de los militares mismos. J. T. Borges, por ejemplo, tomó la defensa de los soldados a los que se impidió votar en las asambleas parroquiales.[43] Por su parte, los hombres en armas, además de la gloria de que gozaban en virtud de su función y de la cual esperaban reconocimiento en el orden político, se consideraban como ciudadanos eminentes en el seno de la sociedad. Definían al soldado como el primer ciudadano del Estado, debido al doble juego cumplido en la guerra, haciendo pasar al primer plano el papel militar que incumbía a todo miembro del cuerpo social:

> Si un enemigo exterior invade al territorio, o las facciones turban la quietud interior, los ciudadanos se arman para defender sus hogares, y restablecer el orden. Eran ciudadanos antes de armarse, y no dejan de serlo por empuñar la espada para asegurar la vida de todos con el sacrificio de la suya. Esos soldados que ahora componen el ejército de Colombia, son los mismos ciudadanos que han tomado las armas en los mayores conflictos de la patria para salvarla: los que arriesgan más no deben recibir menos.[44]

---

[42]   Sociedad de la Unión de Puerto Cabello, *Al Soberano pueblo colombiano* (Puerto Cabello, 1825), hs. Biblioteca Nacional de Venezuela (en adelante BNV/LR).

[43]   José Tomás Borges, *Contestación del alcalde segundo de la Parroquia Catedral*, Caracas, V. Espinal, 1825, hs. BNV/LR.

[44]   *Derecho del soldado colombiano a votar en las asambleas parroquiales*, Caracas, 1825, p. 1. BNV/LR.

Es claro que entendían tomar parte en las elecciones en calidad de soldados, título que les había permitido adquirir la ciudadanía. Por eso, se oponían a la voluntad de las autoridades de Bogotá que buscaban asimilar la condición de soldado a la de jornalero, lo que significaría, vistas las condiciones requeridas, su exclusión del derecho de voto.[45]

De la misma manera, en 1827, con motivo de las elecciones para la Gran Convención, una parte de los militares, a causa de su grado en la jerarquía, fueron excluidos del derecho de voto. La mayoría de los miembros del ejército que tomaron la palabra en los *Votos de Venezuela* denunciaron su carácter arbitrario:

Nosotros negamos absolutamente que la convención sea una corporación que reúna la representación nacional de todos los pueblos de Colombia, porque prescindiendo de mil demostraciones que pudiéramos deducir del reglamento sobre cuyo pie se ejecutaron las elecciones convencionales, sólo nos contraemos a la exclusión que le ha hecho en las asambleas primarias del sufragio de todos los individuos del ejército de la República desde sargento bajo, y de sus principales y más beneméritos gefes en los colegios electorales.[46]

La legalidad misma de la Convención y su capacidad para representar a la nación fueron cuestionadas. Por otro lado, los hombres en armas reinvindicaban el derecho de elegir y ser elegidos por los servicios rendidos a la patria (entre ellos, el de haberla creado) y porque tenían la convicción de que desempeñaban un papel de primera importancia en el seno de la sociedad.

En este contexto, se planteaba toda la cuestión de la intervención del militar como tal en el ejercicio de los derechos inherentes a la ciudadanía. En 1830 apareció una división en el seno mismo de los militares. D. de Tierrafirme criticaba la publicación de un periódico militar, obra de un pequeño grupo de militares refractarios a las reformas, como una amenaza para la cohesión de la sociedad:

---

[45] De hecho, muchos soldados fueron excluidos del derecho de voto en los departamentos de la Antigua Venezuela.

[46] 'Representación de los Gefes y Oficiales del Escuadrón no. 1. Granaderos a Caballo de la Guaira. A SE el Gefe Superior de Venezuela. San Rafael de Orituco, 9 de marzo de 1828, *El Voto de Venezuela. O colección de actas y representaciones de las corporaciones civiles, militares y padres de familias de los departamentos de Venezuela, Maturín y Orenoco, dirigida a la Gran Convención de Colombia y a SE el Libertador Presidente sobre reformas* (Caracas, 1829), pp. 87-8.

Todavía es peligroso atentar al orden social: se puede únicamente aceptarlo cuando esta acción tiene por objetivo adquirir la libertad (...). Pero la masa de los militares es una mayoría y no piensa como los exaltados del *Remitido*; y de los civiles por vínculos muy fuertes, harán desaparecer todos los obstáculos que se oponen a los votos del pueblo.[47]

La afirmación de esta convergencia de opinión adquiría una importancia particular en el momento de la separación de Venezuela de la Gran Colombia y de la proclamación de la Constitución de 1830. El diputado de Mérida, J. Picón de Dios, levantó un acta similiar a propósito de la abolición del fuero militar, que parecía dar razón a las hipotésis de Tomás Lander en cuanto a la actitud de los militares desmovilizados, cuando afirmó que aún entre estos últimos algunos estaban en favor de dicha abolición:

> Muchos gefes y oficiales en el día están despreocupados y conocen la justicia que nos asiste. Saben que a ellos mismos les es favorable la abolición del fuero privilegiado; porque no continuarían sujetos al modo de proceder arbitrario y a la dureza de sus leyes. Es una injusticia la que se hace al ejército en suponer que desobedecerá la resolución de la representación nacional; resolución que será sostenida por la misma fuerza armada. La sostendrá la guardia nacional y la sostendrá la opinión pública; pues tambien los ciudadanos son militares cuando se trata de defender sus derechos.[48]

A través de tales denuncias, y de las propuestas de reformas para reorganizar la vida política en su totalidad, se confirmaba esa voluntad de 'civilizar' el poder político gracias a su apertura en favor de todos los que estaban dotados de las capacidades necesarias y proceder a la desmovilización de estos generales y militares prestigiosos, mediante el mantenimiento de los honores que se les debía y de sus sueldos, pero desde ahora como 'simples ciudadanos'.[49]

Pero, al mismo tiempo, esas denuncias atestiguaban la dificultad,

---

[47]   D. de Tierrafirme, *Revista de Colombia y Venezuela unida y separada* (Caracas, 2a ed, 1830), p. 8 Academia Nacional de la Historia (en adelante ANH) 1830(1131).

[48]   *Discurso del Diputado de Mérida, Juan Picón de Dios, al Congreso Constitucional de Venezuela, persuadiendo la necesidad y convenencia de la abolición de todo fuero personal* (Caracas, 1830), pp. 13-4, ANH/Folletos 30 (1131).

[49]   *Revista de Colombia y Venezuela* (Caracas, 1830), p. 22, ANH Fol 1130.

tomando disposiciones que valían para toda la sociedad, sin dañar esa simbiosis entre el soldado y el ciudadano, garante de la unidad de la comunidad. Por eso, en este proceso de 'civilización' se trataba de reemplazar, sin ruptura, la primacía del soldado-ciudadano por el del ciudadano-soldado. El llamado a la unión y a la cooperación de todos los ciudadanos revelaba también los obstáculos para su realización, cuando se hacía mención a la situación económica de estos 'héroes' de la Independencia. En el seno de los militares, esa voluntad hacía surgir inquietudes y preguntas – que constituían un contrapeso frente a las declaraciones de J. Picón de Dios. En la supresión de sus fueros y disminución de sus sueldos, los militares vieron una amenaza de precariedad de su situación, a la hora del retorno a la vida civil.

Desde la confirmación de la separación de los departamentos de la Antigua Venezuela, una nueva polémica surgió entre partidarios y adversarios del mantenimiento de los privilegios militares. Los últimos temían, en efecto, que los militares invadiesen de nuevo el poder político. Los partidarios del derecho de voto a los militares, por su parte, negaban la distinción aceptable en otros niveles entre civiles y militares, y consideraban, a semejanza de este miembro de la Sociedad Republicana de Caracas:

> Tiéndese la vista por los demás pueblos libres de Europa y América, y se encontrará este derecho sancionado por una práctica constante, sin diferencia entre soldados, y los que no lo son. En Inglaterra no solo votan, sino que envía su voto por escrito, si el servicio le impide su asistencia personal. En los Estados Unidos del Norte de América, como que todo ciudadano es soldado de la patria, no se conoce tan odiosa distinción: todo ciudadano elige y es elegible, teniendo la propiedad, el vecindario, y calidades prescritas. De estas noticias carecía sin duda uno de nuestros jurisconsultos, el más acalorado en despojar al soldado de Colombia de tan preciosa facultad.[50]

Los que cuestionaban el derecho de participación, reivindicaban en cambio el mantenimiento de esa distinción entre civiles y militares.

No obstante, a pesar de las declaraciones y proposiciones para regular no tanto la participación sino el acceso de los militares al ejercicio de cargas políticos, en los textos posteriores a la separación de la Gran Colombia vemos una reafirmación del reconocimiento del voto de los

---

[50] Un socio de la Sociedad Republicana de Caracas, *Tranquilidad pública* (Caracas, 1830), p. 4.

hombres en armas como tales. Así, el decreto del 13 de enero de 1830 para la convocación a las elecciones de los diputados al Congreso Constitucional de Venezuela, además de los criterios habitualmente enunciados, se precisaba que para asistir a las asambleas parroquiales, en defecto de los bienes requiridos bastaría ejercer, entre otras cosas, una actividad útil cuya definición permitía la participación de cierta categoría de militares :

> (...) podrán votar los sargentos y cabos del ejército permanente y los de la milicia auxiliar en actual servicio, y todos los individuos de ésta que no estándolo, reúnan las cualidades antedichas.[51]

Pero tal precisión implicaba inevitablemente una restricción para abajo del acceso al derecho de voto, puesto que los soldados cuyo sueldo no bastaba, o que no tenían bienes propios, no podían votar ni ser elegidos. Este último 'privilegio', estaba, una vez más, reservado a los suboficiales. Estas disposiciones, ratificadas por la Constitución de 1830, en el capítulo llamado 'Derechos políticos de los venezolanos', estipulaban que para beneficiarse de los derechos de ciudadanía, era necesario, entre otras cosas:

> 4. Ser dueño de una propiedad raíz cuya renta anual sea de 50 pesos o tener una profesión, oficio o industria útil que produzca 100 pesos anuales, sin dependencia de otro en clase de sirviente doméstico, o gozar de un sueldo anual de 150 pesos.[52]

El valor mínimo exigido, tal como se menciona en este artículo, excluyó en efecto a los que fueron desmovilizados y que no percibían más que un tercio de su sueldo.

Las modalidades de la participación política

En tiempos de elecciones, las élites guardaban temores en cuanto a las posibilidades de desenfreno social. Adicionalmente existían trabas a las otras formas de participación a la vida política: a los derechos de petición, de reunión y de palabra.

---

[51] 'Decreto del Jefe Civil y Militar de 13 de enero de 1830, reglamentando las elecciones para el Congreso Constituyente de Venezuela', art. 2, en *Constituciones de Venezuela*, p. 311.

[52] 'Constitución del Estado de Venezuela de 1830, Valencia 24 de septiembre de 1830', título IV, art. 14, en *Constituciones de Venezuela*, p. 336.

Del deber de consulta

La Junta de Caracas debía en principio consultar a las provincias para constituir legítimamente un congreso constitucional representativo. Sin embargo, el tema adquirió un significado del todo diferente cuando tuvieron que proceder efectivamente a la consulta: llamar al pueblo real en virtud del principio proclamado de soberanía del pueblo.

Se percibían peligros vinculados con las elecciones; se hacía referencia a un pueblo-masa que en cualquier momento podía invadir la escena política, a sus reacciones imprevistas, sujeto a manipulaciones y a las maniobras subterráneas de las facciones. Porque este pueblo, que por otro lado celebraban, procedía directamente del corazón de las tinieblas del despotismo establecido en el continente desde hacía tres siglos.

En este sentido, en 1810 la *Gazeta de Caracas*, al afirmar su convicción en cuanto a la necesidad de autorizar al pueblo el uso de sus derechos, llamaba la atención sobre los riesgos de desenfrenos, disociando el pueblo de la multitud y de la plebe aquí incriminada :

(…) también es cierto que estos momentos son los más terribles, como que la multitud aunque movida por un instinto de sus verdaderos intereses no está siempre al alcance de los medios más conducentes por conseguirlos, por que el despotismo, la concusión y la venalidad han seguido, en sus operaciones, unos caminos subterráneos y tortuosos para minar el Estado, sembrando la desconfianza, el odio (…).[53]

La multitud estaba aquí dotada de una gran capacidad de movilización, pero sus opiniones no eran dictadas por la razón. Desde entonces, el instinto se cambiaba en fuerza de disolución y se constituía en un arma en manos de los enemigos. Por consiguiente, la multitud hacía referencia a esas clases indefinidas que, por ser incluída en el 'pueblo', quedaban por tanto sin identidad. Existían dos muchedumbres: una, sediciosa, vinculada a esa multitud, y la segunda correspondía al público de los vecinos en alegría que venían a manifestar su apoyo y cuyo modelo es la jornada del 19 de abril de 1810. Por su volúmen, ésta última reforzaba la legitimidad política, como emanación de la voluntad general. Pero, en los dos casos, es su carácter inestable que, como un mar de fondo, invadía las calles y, pronto, las urnas. Los hombres ilustrados no estaban seguros de poder contrarrestar sus impulsos y extravíos.

En este sentido la introducción del reglamento de 1818 contuvo un

---

[53] 'Egoismo o espíritu de facción', *Gazeta de Caracas*, 11 de mayo de 1810.

resúmen histórico desde 1810, así como una definición del voto y una reflexión sobre la frecuencia de las elecciones con arreglo al contexto y al clima político. Según el texto, su acceso para la totalidad de la población era imposible en los primeros tiempos de una 'revolución' (es decir, los acontecimientos de 1810) que tenía por objeto romper con un sistema de gobierno en el cual los miembros de la sociedad debían obedecer a leyes que no eran el reflejo de la voluntad general, sino de su parte sana e ilustrada. Una vez cumplida la revolución, ésta última podía tomar las primeras iniciativas en materia de legislación. Este período intermediario se justificaba por el desnivel existente entre la masa de la sociedad y sus representantes 'naturales':

Ni puede ser unánime desde luego la opinión, ni simultáneo el sacudimiento de todas las partes de una sociedad oprimida. Por una voluntad presunta y natural,[54] habilitados están para obrar extraordinariamente en su favor los que tuvieron la fortuna de ser los primeros invasores de la tiranía.[55]

Era solamente en una segunda etapa, en las elecciones de 1810, que la consulta de toda la población sería posible: 'Será, pues, de las primeras miras de sus libertadores abrirle el camino para la práctica de este sagrado derecho. Tal fue el proceder de la primera junta de Caracas.'[56]

Existe, por fin, otro aspecto que permite delimitar de manera más adecuada la realidad de esta participación y que hace referencia más directamente al voto. En efecto, como lo hemos visto más arriba, los principios escogidos para la organización de las elecciones introdujeron filtros entre el 'pueblo' soberano y los representantes de éste. Por eso, la significación del llamado a las urnas como acto de legitimación del poder aparecía, más o menos, relativa. Son los electores del segundo grado quienes escogen en realidad los representantes y, en razón de la concepción del papel que tenían las asambleas parroquiales, en ningún caso éstas constituían un lugar de debate y de confrontaciones de un programa, sino de aprobación (por no decir de sumisión) a un candidato, puesto que se creaban para la elección y se disolvían inmediatamente después.

El problema del fraude electoral y de la manipulación del voto era

---

[54]   Esa voluntad presunta reemplaza, en nuestro parecer, la voluntad general.

[55]   'Reglamento para la elección de representantes al segundo Congreso de Venezuela de 1818, 17 de octubre de 1818, p. 229.

[56]   *Ibid.*, p. 229.

tanto más significativa como que, al contrario de los otros casos, estaba directamente vinculada con el ejercicio del derecho de sufragio. No estamos ya en el caso de una exclusión fundada sobre criterios de pertenencia social, sino en el de un comportamiento político que tiene que ver con el ejercicio mismo del 'oficio de ciudadano'.[57]

El temor del fraude y de las manipulaciones del sufragio figuró en el capítulo de los motivos que, según Bolívar, justificaban la separación de los ciudadanos en pasivos y activos:

> Poniendo restricciones justas y prudentes entre las Asambleas Primarias y Electorales, ponemos el primer Dique a la licencia popular, evitando la concurrencia tumultuaria y ciega que en todos tiempos han imprimido el desacierto en las Elecciones y ha ligado, por consiguiente, el desacierto a los Magistrados y a la marcha del Gobierno.[58]

Con todo, parece que se otorgó mucha consideración al resultado mismo de las urnas; se le prefería cuando se trataba de atestiguar el apoyo popular, aún cuando la necesidad de tal práctica así como su importancia teórica permanecieren indiscutibles. Así en 1811, cuando el pueblo seguía siendo aún sujeto del rey, se planteaba la cuestión de saber si se debía recurrir a nuevas elecciones para proclamar en toda legitimidad la Independencia. Ahora bien, la mayoría de los diputados no fueron partidarios de tal eventualidad, considerando que los pueblos los habían elegido para tomar todas las medidas destinadas al mejoramiento de su situación y a la recuperación de sus derechos. Uno de los diputados, Yanes, consideró que era deber de los elegidos apresurar el curso de la historia, en la medida que su saber les permitía, mejor que la población, distinguir el bien común: 'Los asuntos de ésta naturaleza jamás deben pender del capricho de cada individuo, porque no todos tienen igual interés en ellos, ni un mismo deseo de la felicidad comun.'[59] El Pueblo era así soberano, pero correspondía a su parte sana y urbana, así como a sus representantes, decidir de las disposiciones más adecuadas para su felicidad. Por eso podemos decir que, entre marzo de 1811 y febrero de 1812 (fecha de la separación del Congreso), el contacto de las élites con el

[57]   Véase Cl. Nicolet, *Le métier de citoyen dans la Rome républicaine* (Paris, 1989), p. 543.

[58]   Simón Bolívar, 'Discurso pronunciado por el Gl Simón Bolívar al Congreso General de Venezuela en el acto de su Instalación'.

[59]   Sesión del 5 de julio, Libro de Actas del Supremo Congreso de Venezuela. 1811-1812, vol. I, p. 179.

pueblo conoció tres fases – que se encuentran en cada período constitucional.

En primer lugar, después de su instalación, los diputados aún impregnados del entusiasmo suscitado por las elecciones, celebraron al pueblo y lo adornaron de todas las virtudes. Sin embargo, en el segundo período, el tono cambió a medida que la Independencia se revelaba inevitable. Desde entonces el pueblo apareció como una fuerza inculta que no se puede controlar; observación que comprometía la eventualidad de conformarse a los principios sobre los cuales se fundaba el edificio político, y entre otras cosas al imperativo de la consulta popular.

En la tercera fase, con la Independencia adquirida y el proceso constitucional empeñado, el pueblo volvía al discurso de manera más positiva. Recobró su poder de legitimación gracias al título de ciudadano libre otorgado sólo a una parte de sus miembros; de nuevo fue posible proclamar la unión de todos para la felicidad de la patria, de la cual el pueblo era el artesano voluntario.

El imposible recurso a las urnas

El debate inaugurado con la llegada de las tropas españolas y el choque provocado por el terremoto de 1812, se agudizó con la multiplicación de los desórdenes que se desarrollaron en los pueblos en favor de los españoles. En efecto, esto confirmaba muchas de las hipótesis en cuanto al estado político y al grado de civilización del pueblo.

En este sentido, la ruptura política de julio de 1812, caracterizada por la capitulación frente a las tropas realistas y la caída de la Primera República, permitió una mejor comprensión de las condiciones de elaboración de tal discurso, en el cual el tipo de gobierno, las circunstancias militares y las prácticas electorales estaban íntimamente ligadas. Durante el mes de diciembre, en un texto dirigido a los habitantes de Nueva Granada, Bolívar fustigó las elecciones que se desarrollaron en Venezuela, así como el comportamiento de los futuros elegidos:

Las elecciones populares hechas por los rústicos del campo y por los intrigantes moradores de las ciudades, añaden un obstáculo más a la práctica de la Federación entre nosotros, porque los unos son tan ignorantes que hacen sus votaciones maquinalmente, y los otros tan ambiciosos que todo lo convierten en facción; por lo que jamás se vió en Venezuela una votación libre y acertada; lo que ponía el gobierno en manos de hombres ya desafectos a la causa, ya ineptos, ya inmorales. El espíritu de partido decidía en todo y, por consiguiente, nos desorganizó más de los que las circunstancias hicieron.[60]

En 1813, M. J. Sanz se refería, entre otras, a una insurrección que ocurrió en 1812 en Curiepe, y a los disturbios en los valles contiguos. Según Sanz, ésto contituía una prueba más de la necesidad imperiosa de establecer un gobierno dictatorial. Pero su argumentación era aún más precisa cuando estudiaba los peligros de una consulta a la escala del país. Ponía como condición previa para el restablecimiento de un gobierno representativo, no solo el regreso de la paz, sino también la existencia de una población más ilustrada y, por consiguiente, convencida de los ventajas 'del sistema de independencia'.

'La boucle est ainsi bouclée', se podría decir, y el pueblo quedaba excluído de toda acción política; desde ahora su compromiso se limitaba al campo militar. Y según el mismo proceso retroactivo puesto en evidencia en el primer período constitucional, el pueblo recobraría su dignidad y su poder solamente después de la proclamación de la Constitución de 1819, como lo mencionaba Peñalver: 'Vuestros Diputados no han desconocidos vuestra soberanía y están íntimamente convencidos de que toda autoridad política que no se derive del pueblo es tiránica e ilegítima.'[61]

El principio de participación

Mientras que en un primer momento la suspensión de las elecciones fue justificada por las circunstancias, durante los debates para la redacción de la Constitución de 1819, Peñalver no quiso limitarlas durante un corto período, sino institucionalizar esta práctica y adoptar un sistema de organización de los poderes que pudiese funcionar independientiemente de toda consulta popular. El pueblo conservaría su soberanía, pero con la limitación de su expresión, el contrato establecido con sus representantes revistía un carácter definitivo no susceptible de ser confirmado – o cuestionado – por las urnas. Los individuos delegarían su soberanía de una vez por todas, y los elegidos tendrían a su cargo decidir el porvenir de la nación y de sus miembros.

El imperativo teórico de la participación del pueblo permanecía; pero al terminarse la guerra convenía transformar este pueblo en armas en cuerpo político, responsable y soberano. La mayor dificultad que encontraban una vez más los dirigentes, así como todos los que se

---

[60]   Simón Bolívar, Memoria dirigida a los ciudadanos de la Nueva Granada por un Caraqueño, Cartagena de Indias, 15 de diciembre de 1812.', en *Documentos que hicieron historia* (Caracas, 1962), vol. 1, p. 134.

[61]   'Congreso de Venezuela', *Correo del Orinoco* (37), 21 de agosto de 1819.

expresaban sobre este punto, consistía en conciliar la proclamación de esa soberanía del pueblo y su papel efectivo. En tanto que durante los años de guerra, el traidor estaba condenado no tanto por sus ideas políticas sino por su alistamiento en las tropas enemigas, amenazando la cohesión de la nación; una vez restablecidas las instituciones, el solo patriotismo no bastaría para probar la adhesión a la obra política. Pero, más aún, en adelante las prácticas políticas contrarias a las decisiones del gobierno serían consideradas como actos de traición. Podemos percibir esta mutación del campo de aplicación de la denominación del traidor en un artículo publicado en Caracas en 1824, con motivo de las elecciones que debían desarrollarse el año siguiente:

> Hoy publicamos una ley muy importante sobre elecciones. De ella se evidencia que la elección general al Supremo Poder Ejecutivo y Cuerpos Legislativos, debe hacerse en Junio y Octubre del año entrante (...). Nos importa, pues, abrir la campaña eleccionaria sin pérdida de tiempo. Los candidatos para la presidencia de los Estados Unidos han estado por más de doce meses en puestos de nómina, y para este mismo efecto sólo tenemos nosotros seis meses. Que cada ciudadano se conmueva en tan interesante crisis. Los indiferentes en tales ocasiones son patriotas fríos. El que ahora no se presenta a causa de cualquiera a dar su voto en favor de los talentos e integridad, es virtualmente un traidor a la patria.[62]

En este texto, que trata además de la elección de los primeros representantes de la nación, encontramos enunciado por primera vez – aunque no permite prejuzgar de la efectividad de tales disposiciones – el reconocimiento, la aceptación en términos positivos, de la intervención real del ciudadano en la elección de sus representantes. El hecho mismo de hacer uso de la expressión 'campaña eleccionaria', casi anacrónico al considerar la efectividad de las elecciones, puede sorprender. Sugiere, en efecto, la designación entre candidatos que hicieron una 'campaña', así que lo indica este pasaje del artículo:

> Que los candidatos para estos elevados destinos, se pongan inmediatamente en nómina por sus respectivos amigos. Con este objeto esperamos ver reunidos juntas, y formarse pretenciones con todo aquel celo y animación que debe distinguir un pueblo celoso de sus derechos y que conoce el peso que tiene en la

---

[62] *El Colombiano*, no. 80, Caracas, 17 de noviembre de 1824.

administración de la patria.[63]

Nos encontramos aquí dentro de una red de referencia en completa oposición al imaginario político antiguo que, por otra parte, prevalecía y en el cual la unanimidad continuaba siendo la regla, mientras que los 'partidos', las tendencias, eran vistos de manera peyorativa, asimiladas más bien a facciones cuya actividad conducía a la discordia y a la disolución del cuerpo social.

Ahora bien, aquí se exige claramente que los ciudadanos se dediquen individualmente a esta campaña. El no cumplimento de este deber se asimila a una traición; y su autor a un traidor, individualizando por consiguiente la responsabilidad y la culpa. De hecho, el traidor es excluído de la comunidad de los ciudadanos y pierde todo derecho de intervención y de participación a la crítica eventual del funcionamiento de las instituciones: '(...) que este tal no se queje de abusos, ni reclame después una parte en aquella constitución en la cual ha causado una herida tan mortal'.[64]

Al mismo tiempo la enunciación de tales principios tenía por objeto conferir a los representantes el estatuto real de elegido de la nación, del cuerpo de ciudadanos y no de un clan – de parentela o de clientela. Aunque el análisis que proponía el autor en este artículo no modificase, en su efectividad, la práctica electoral, muestra que se puede imaginar un modo de terminar con esa 'ficción democrática' vinculada con un imaginario político de tipo antiguo en el cual 'el voto individual de un "ciudadano" independiente estaba en contradicción con el sistema de actores colectivos'.[65]

Participación popular y determinación de un modo de organización política estuvieron íntimamente vinculados durante esta fase de elaboración y de reelaboración de las reglas políticas. Puesto que el problema de la participación popular en la elección de sus representantes es, al mismo tiempo, objeto de discusión y a veces un derecho amenazado, es la naturaleza misma del edificio político la que depende de ella. Y desde el momento que algunos diputados, durante el debate de enero a agosto de 1819, estaban dispuestos a espaciar, incluso suprimir las consultas electorales, la entrada misma en la modernidad política quedaba

---

[63] *Ibid.*

[64] *Ibid.*

[65] F. X. Guerra, 'Les avatars de la représentation en Amérique hispanique au XIXème siècle', en G. Couffignal (dir.), *Réinventer la démocratie: le défi latino-américain* (Paris, 1992), p. 35.

comprometida. En efecto, ésta se caracterizaba por una concepción contractual del poder y por el reconocimiento de la inalienabilidad de la soberanía del pueblo que no debería ser limitada. Pero, a pesar del apego teórico de esas élites a las reglas modernas de la política, podemos discernir una incapacidad política a manejar este pasaje de una concepción tradicional del poder al reconocimiento efectivo de la soberanía del pueblo.

Conclusiones

A través de los argumentos y de los principios retenidos para la definición de la ciudadanía entre 1810 y 1830, podemos destacar una constante: las élites tenían una concepción de la nación determinada ante todo por criterios económicos que se traducía en términos de utilidad para la integración de los individuos en el cuerpo de los ciudadanos 'activos'. Por consiguiente, si la propiedad fue en un primer momento definida según criterios fisiocráticos, de hecho el concepto de ciudadano-propietario hacía referencia a una acepción ampliada de la propiedad, separada de su definición estrictamente raíz. Correspondía a la idea de independencia económica y, por lo tanto, de interés en favor del buen gobierno de la sociedad, por una parte, y de la capacidad para elaborar un juicio ilustrado y útil, por otra.

Los imperativos expuestos para legitimar las decisiones en materia de participación política (el ciudadano útil) y de deslineamiento de los espacios territoriales, hacían también referencias a las categorías fisiócratas de definición de la nación: una población numerosa, un largo territorio, recursos naturales e 'industriales' importantes. La mención, en el capítulo de los principios fundamentales asegurados por las leyes, que existía en todas las constituciones, de la trilogía 'Libertad, Seguridad, Propiedad' muestra qué concepción de la ciudadanía tuvieron las élites.

Así, el otorgamiento de derecho de voto estuvo condicionado, en primer lugar, por la posesión de una propiedad. Las otras categorías que se añadían a la lista de las condiciones que abrían el derecho de participación, estaban todas escogidas en función de su utilidad. Utilidad que adquiría, con la incorporación de los hombres en armas, una dimensión más simbólica de participación vinculada a su función de defensa armada de la patria. La estrategia que aquí obra hace parte de una lógica de integración a la nación según el mismo postulado que funda la pertenencia a la categoría de ciudadano sobre su contribución, con su trabajo, al aumento de la riquezas de la nación, y a su defensa.

En términos de participación, es la tensión permanente entre el 'nombre y la razón'[66] la que sobresale. En efecto, ya se trate de las limitaciones vinculadas con la práctica misma del voto, o de la transferencia de esta lógica en las disposiciones a propósito de la participación política, encontramos la voluntad de cerrar este espacio a la mayoría de los individuos del cuerpo social. Por consiguiente, eran excluidos todos los que no gozaran de la ilustración necesaria al libre ejercicio de la razón. Al mismo tiempo, la deliberación y el derecho de juzgar la cosa pública eran considerados, no como la expresión de una opinión moderna, sino como un factor de disolución y de anarquía.

En este sentido, nos encontramos dentro de un proceso de mutación de los imaginarios políticos y sociales de los actores cuyos intereses estaban, además, a veces en oposición con los de la sociedad que representaban. En esta sociedad heterogénea, la dualidad de las referencias no solo opone una comunidad tradicional a las élites 'modernas', sino que coexiste en el seno de éstas élites.

---

[66] Tomamos esta expresión del título del libro de Gueniffey, *Le nombre et la raison. La Révolution française et les élections.*

CHAPTER 7

'La república de la virtud': repensar la cultura chilena de la época de la Independencia

Alfredo Jocelyn-Holt Letelier

La dificultad principal que ha impedido hacer una historia de la cultura en Chile ha sido el no concebirla en términos autónomos. A lo cultural se le ha asignado siempre un papel secundario, dependiente de lo supuestamente crucial: la historia del Estado. Esto porque la historiografía acerca del siglo XIX se ha centrado preferentemente en el tema del orden, concebido en sentido estricto, como orden institucional estatal. De atenernos a la historiografía tradicional y a algunos textos recientes, la estabilidad excepcional que se le atribuye a Chile durante el siglo pasado se debería a que se logró tempranamente una organización estatal y a que la élite dirigente habría creído, o habría sido forzada a creer, en las virtudes de un Estado fuerte. A juzgar por lo que argumentan las escuelas historiográficas, en Chile siempre se ha querido orden y para ello ha sido menester el Estado, cautivo de la tradición o bien conductor del cambio.[1]

---

[1]   De acuerdo con la historiografía clásica, el Estado ha sido el eje articulador del orden político en Chile, idea planteada tanto por la escuela liberal como por la conservadora. Según estas dos versiones el que Chile haya logrado orden y progreso en el siglo XIX supone además un grado altísimo de autoritarismo. En la versión liberal el desarrollo de la libertad ha sido a costa de victorias infligidas a la sociedad tradicional. A su vez, en la versión conservadora se parte reconociendo que la sociedad tradicional era escéptica y contraria a los gobiernos fuertes; con todo, el mérito del llamado 'Estado portaliano' radicaría en haber disciplinado a la 'fronda aristocrática', la que habría admitido las virtudes de un Estado fuerte a fin de defender la tradición. Por consiguiente, la historia del Chile decimonónico habría consistido en la creación de un Estado que abogaba por el orden y el progreso o bien de un Estado que servía de garante del orden y de la tradición. Evidentemente, en ambas argumentaciones se logra supuestamente el valor 'orden' desde y a partir del Estado.

Para la historiografía liberal, ver: Miguel Luis Amunátegui, *La dictadura de O'Higgins* (Santiago, 1853); del mismo autor, *Los precursores de la Independencia de Chile* (Santiago, 1870-1872); Diego Barros Arana, *Historia General de Chile*, (Santiago, 1884-1902); del mismo autor, *Un decenio de la historia de Chile, 1841-1851*, (Santiago, 1905-1906); Ricardo Donoso, *Las ideas políticas en Chile* (Santiago, 1946); Julio Heise, *150 años de*

De más está decirlo pero conceptuar al Estado como ente resguardador del orden, pareciera suponer un solo proyecto para el siglo XIX, además de conferir un protagonismo exacerbado a dicho Estado constituyéndolo en el único sujeto de la historia chilena.

Tengo fuertes reparos frente a esta visión consagrada. Desde luego respecto a la ingerencia del Estado, ¿cúan poderoso realmente era? Bien podría argumentarse que hasta la década de los 1880 lo que tenemos es una élite poderosa, no así un Estado. Élite que había sido, además, sospechosa del aparato estatal. En efecto, se vislumbra un Estado potencialmente autónomo sólo una vez que obtiene cuantiosas entradas financieras por concepto del impuesto de exportación salitrera. Pero ello ocurre sólo en las décadas de los 80 y 90, no siendo del todo claro que neutralizara el poder de la élite, dado el triunfo de ésta en la guerra de 1891.

Por consiguiente, ¿cabe hablar de una historia que no sea estatal y autoritaria? ¿Puede pensarse en otro sujeto histórico que no sea el Estado o bien la sociedad tradicional que se sirve del Estado? Pienso que la respuesta es afirmativa, a diferencia de lo que se desprende de la historiografía tradicional. Y me parece, además, que la Independencia es clave para comenzar a responder a esta duda porque ésta plantea el dilema de la autoridad y la libertad.

La propuesta que aquí se formula es que efectivamente va a ir surgiendo una esfera político-cultural equidistante y autónoma tanto de la esfera estatal propiamente tal como de la social tradicional. Quisiera también sugerir que en esta esfera cultural va a ser posible un margen amplio de libertad conceptuada en términos no autoritarios. Antes, sin embargo, examinaremos la perspectiva, por así decirlo, convencional, que ha postulado la historiografía acerca de la cultura.

Visión historiográfica de la cultura

Si uno revisa las distintas versiones que se han formulado acerca de la producción intelectual y cultural de la época de la Independencia, llama la atención el permanente paralelismo que se hace entre lo cultural y lo político, y específicamente entre lo cultural y el Estado.

Un buen ejemplo es el texto de Jorge Huneeus Gana, *Cuadro histórico*

---

evolución institucional (Santiago, 1960). El argumento conservador se encuentra en: Alberto Edwards, *La fronda aristocrática en Chile* (Santiago, 1928). Sobre la importancia de esta tesis, ver Mario Góngora, *Ensayo histórico sobre la noción de Estado en Chile en los siglos XIX y XX* (Santiago, 1981), pp. 12ss.

de la producción intelectual de Chile (1910), clásico enciclopédico que recurre a una periodificación política de corte doctrinario liberal a fin de introducir el panorama cultural que le interesa mostrar. Es así como al mencionar las reformas del siglo XVIII que iniciarían la 'era Revolucionaria', el autor sentencia que éstas 'ensanchan algo el horizonte industrial e intelectual' de Chile. Con todo, esta ampliación se resiente, según este autor, hacia fines de siglo dando paso a cierta 'tímida aspiración de los chilenos a la libertad política', que trajo consigo 'el triunfo patriota'.[2] Evidentemente, el argumento central es que la soberanía política va de la mano de la soberanía intelectual, o dicho de otra forma, que el triunfo intelectual es a la vez un triunfo político.

De la misma manera, Huneeus construye su argumento respecto al período inmediatamente posterior. A la Independencia le seguiría una pausa conservadora, liderada por Portales, la que sin embargo no pudo con 'el violento imperio de las circunstancias y de los hombres nuevos' – se refiere a la generación liberal de 1842 – hito con el que puede 'considerarse que comienza de verdad la manifestación intelectual chilena de la era independiente'.[3] Según Huneeus, Chile se volvió independiente cultural y políticamente a un mismo tiempo, después de la caída del conservadurismo, que es cuando además se impuso el Estado moderno chileno según la versión liberal.

El mismo paralelismo lo vemos en otra obra clásica, la de Domingo Amunátegui, *El progreso intelectual y político de Chile* (1936). Amunátegui sostiene que el progreso chileno del siglo XIX se habría debido a una 'jerarquía social no discutida ni resistida' sumada a la 'paz pública y el respeto al poder civil'. De ahí que el Estado se abocara a 'desparramar' enseñanza 'sobre todo en las clases altas'. Según este autor, a partir de la Independencia estaríamos frente a un rumbo más moderno, que se impone al 'rancio espíritu medieval', el cual se restauraría en 1829, pero sólo parcialmente. Después de todo, el triunfo liberal, que es lo que él resalta, traería consigo la superación de la 'reacción colonial' portaliana, retomándose el camino hasta llegar a la época en que escribe este pequeño opúsculo.[4] Esta sigue siendo la matriz de toda la discusión acerca de la cultura decimonónica chilena. Caso relativamente aparte es la obra de

---

[2]   Jorge Huneeus Gana, *Cuadro histórico de la producción intelectual de Chile* (Santiago, 1910), pp. 65, 71.

[3]   *Ibid.*, pp. 79.

[4]   Domingo Amunátegui, *El progreso intelectual y político de Chile* (Santiago, 1936), pp. 8, 9, 26, 37ss, 63.

Jaime Eyzaguirre. Si bien los ensayos de Eyzaguirre no se centran específicamente en el tema de la cultura, el prisma elegido en sus libros no es otro que cultural aunque en un registro distinto. Su propósito es revisionista; pretende refutar la argumentación liberal anterior revalorando el pasado colonial español. De ahí que en *Ideario y ruta de la emancipación Chilena* (1957) argumente que la Independencia habría respondido a una larga tradición libertaria foral española, la cual se quiebra con el reformismo borbónico. Esta tradición habría sido rescatada sin embargo en la primera etapa del movimiento emancipador, aunque no por mucho tiempo al introducirse nuevamente el elemento foráneo de corte revolucionario francés.[5] Con todo, Eyzaguirre asevera en *Fisonomía histórica de Chile* (1948) que dicho cauce desembocaría en una 'noche de la anarquía', debiendo ser revertida por Portales al restaurar el orden estatal autoritario, inspirado en la tradición que él valora, la cual, no obstante calar hondo, se vería una vez más frustrada con la recepción del ideario romántico y positivista francés por figuras como Lastarria y Bilbao.[6] La respuesta final que da Eyzaguirre a este ir y venir es la confianza en que Chile y el continente se reencuentren con sus tradiciones hispano-católicas.[7] La proposición de Eyzaguirre, a pesar de ser distinta, mantiene sin embargo el paralelismo entre lo político y lo cultural. Los vaivenes culturales en el fondo no son sino vaivenes políticos.

Hasta aquí el estado de la discusión, la que se ha visto complementada por nuevas propuestas tendientes a conciliar ambas argumentaciones. Me refiero, en primer lugar a la obra de Hernán Godoy Urzúa, *La cultura chilena*, que reactualiza el método enciclopédico de Huneeus y Amunátegui.[8] A primera vista Godoy no hace otra cosa que mantener la línea argumentativa liberal. Remonta la modernización cultural también al reformismo borbónico, aunque insiste que el aporte ilustrado no produce quiebres con el trasfondo barroco anterior. Su percepción de la trayectoria cultural es agregativa. Al núcleo religioso cultural creado por los jesuitas – Godoy argumenta – se le añade el predominio de la razón. La historia cultural toma un rumbo cada vez más secular, pero ello no significa que se acepte una variante radical del iluminismo. Incide el modelo español de Ilustración, que, a diferencia del francés, transa con el pasado religioso,

---

5   Jaime Eyzaguirre, *Ideario y ruta de la emancipación Chilena* (Santiago, 1957).

6   Jaime Eyzaguirre, *Fisonomía histórica de Chile* (México, 1948).

7   Ver su obra *Hispanoamérica del dolor* (Santiago, 1969).

8   Hernán Godoy Urzúa, *La cultura chilena: ensayo de síntesis y de interpretación sociológica* (Santiago, 1984).

lográndose por tanto un 'equilibrio entre tradición y espíritu reformista'. Con todo, Godoy termina por aceptar que hacia el período de la Independencia la 'mentalidad utilitarista y pragmática' había minado 'la legitimación del orden colonial, contribuyendo indirectamente a la emancipación de España'.[9] Según Godoy, con la Independencia se pasa de la 'relativa pasividad colonial' al 'torbellino de la agitación política y militar'. La cultura intelectual se confunde por ende con una formulación de corte organizativo-político. De ahí que insista en figuras políticas como orientadoras del cambio cultural. A esto añade otra constante en su argumentación: el permanente fomento estatal a la producción cultural. Leyendo a Godoy se desprende una continuidad cultural a pesar del quiebre político de la Independencia, que va desde la Ilustración borbónica al republicanismo, continuidad marcada por un cierto dirigismo estatal persistente.

Esta argumentación se ha visto reforzada últimamente por Sol Serrano.[10] En el fondo el planteamiento de Serrano es el mismo que formula Godoy aún cuando de manera extrema. Concuerda con éste último que desde el siglo XVIII se tiende a 'una mayor intervención del Estado en el fomento' educacional. Da a entender sí que a partir de la Independencia lo que anima a este Estado es un proyecto propiamente tal, cuyo objetivo es crear a 'un hombre nuevo' y fomentar 'una cierta homogeneidad'. Concuerda con Godoy – aunque este último es más cauto – en la permanencia de una 'lógica' compartida de raigambre 'absolutista' que serviría como *continuum* entre el Estado borbónico y el republicano.

Que el tenor de esta argumentación es extremo queda claro cuando la autora argumenta que, en el caso chileno, incluso 'no se discutió realmente ... los límites de la intervención del Estado'. Ello por cuanto el pensamiento educacional chileno, 'continuó siendo *profundamente* católico' (mi énfasis). Así como había unión de Iglesia y Estado, habría habido paralelamente 'consenso' entre catolicismo y republicanismo. De los argumentos anteriores se desprende que el republicanismo para Serrano no sería otra cosa que el absolutismo ilustrado borbónico, igualmente centralizador, con 'mayor voluntad política, persistencia y sistematicidad'. Por último, la autora sostiene que a diferencia de Francia donde el Estado Nacional se 'inserta en un largo proceso de demanda

---

[9]   *Ibid.*, Capítulos IV y VI.

[10] Ver Sol Serrano Pérez, 'La Revolución Francesa y la Formación del Sistema Nacional de Educación en Chile', en R. Krebs y C. Gazmuri (eds.), *La revolución francesa y Chile* (Santiago, 1990), pp. 247-76.

social por educación, en Chile el Estado se transformó en el agente principal de esa demanda y se situó, por tanto, en el centro del proceso de democratización de la cultura escrita'.[11] En el fondo, para Serrano, el Estado, inicialmente absolutista borbónico, se transfigura en Estado absolutista republicano, volviéndose a la larga en Estado democrático. De aceptar su proposición, aparentemente no habría habido cultura que no fuera ilustrada, estatal, centralizadora, nacional y consiguientemente democrática.

Otra línea de argumentación reciente, de tinte integrista, es la de Pedro Morandé. En su obra *Cultura y modernización en América Latina*, Morandé argumenta que el *ethos* cultural católico y barroco de América Latina se mantiene intacto a pesar del racionalismo iluminista. En América Latina no habría habido Ilustración, ni tampoco modernización. Estos fenómenos afectarían tan sólo al 'criollo', pero no al mestizo y al indio. Su impacto habría sido meramente 'ritual', dejando inalterable por ende el *ethos* subyacente de la cultura latinoamericana. Si en algo se impone es porque se implanta desde la estructura del poder, es decir desde el Estado.[12] Nuevamente, vemos la estricta simetría operando entre cultura y Estado, o bien entre cultura y sociedad tradicional. En éste, como en los otros casos citados – que son por lo demás los principales – pareciera que la cultura no pudiera tener ningún grado de autonomía.

El paso de la ilustración borbónica a la ilustración republicana[13]

Nadie duda que el impacto del reformismo borbónico fue fundamentalmente político-institucional, lo cual implicaba un fortalecimiento del Estado. Así y todo sabemos que este propósito estatal imperial sufrió altos y bajos. En Chile, dicho proyecto fue objeto de cooptación por parte de la élite desvirtuándose parcialmente, por ende, la intención original de querer 'reconquistar' América para la metrópoli y disminuir el poder local que había ido aumentando en el siglo XVII, según la clásica tesis de John Lynch.[14]

---

[11]   Cfr. Sol Serrano Pérez, *Universidad y nación: Chile en el siglo XIX* (Santiago, 1994).

[12]   Pedro Morandé, *Cultura y modernización en América Latina: Ensayo sociológico acerca de la crisis del desarrollismo y de su superación* (Santiago, 1984).

[13]   En esta sección seguimos la misma línea de argumentación que postuláramos en A. Jocelyn-Holt, *La Independencia de Chile: tradición, modernización y mito* (Madrid, 1992).

[14]   John Lynch, *The Spanish American Revolutions, 1808-1826* (New York, 1973).

El que a finales del siglo XVIII y comienzos del XIX los grupos dirigentes aceptaran al Estado no significa además que estuvieran conformes con los beneficios derivados de la relación colonial. En efecto, la aceptación de este Estado se confundía con una espiral de expectativas cifradas en el modelo borbónico – se piden insistentemente más reformas – sin que la Corona a esas alturas pudiera o tuviera ánimo suficiente como para responderlas. Esto genera frustración pero también un anhelo de que se logre una mayor reciprocidad en las contraprestaciones entre metrópoli y colonias.[15]

Ahora bien, este anhelo de reciprocidad que se expresa mediante el lenguaje ilustrado que la misma burocracia estatal había promovido, genera una manera dialogal o político-discursiva de relacionarse, no contemplada anteriormente. ¿En qué consiste esta dimensión dialogal? Consiste en el hecho de que los petitorios a la Corona suponen dos partes con intereses distintos, pero que pueden ser conciliados siempre y cuando se conozca y atienda a las contrademandas. Significa también el uso de términos ideológicos compartidos, ideas-fuerzas abstractas, que se postulan como agentes de cambio. Se pretendía que, a través del diálogo, la realidad pudiera diseñarse racionalmente. Por consiguiente, la discusión no se enmarca dentro de una concepción que supone un orden natural inmutable sino que visualiza un orden que puede ser creado o moldeado por la voluntad. El ánimo rector en todo caso es que este nuevo orden se imponga no a partir de la fuerza sino por la vía de la persuasión. Quizás la mejor expresión de lo que estamos señalando es el 'debate' que se produce hacia fines del régimen español en Chile acerca de la libertad de comercio.[16]

Ocurre algo similar respecto a la autoconciencia regional crecientemente visible en el siglo XVIII. No es que mediante ésta se pretenda cortar con la Península sino que se fortalece una autoconciencia colectiva protonacional que no persigue la independencia, aunque sí la autonomía.[17] Lo que resulta es un grado de identidad al margen del Estado que estimulará fuertemente la producción cultural. De hecho, una de las principales obras culturales del período corresponde a esta motivación. Me

---

[15]   Cfr. Tulio Halperín Donghi, *Historia contemporánea de América Latina* (Madrid, 1969) y también *Reforma y disolución de los imperios Ibéricos, 1750-1850* (Madrid, 1985).

[16]   Sobre la discusión historiográfica acerca de este debate, ver: Sergio Villalobos, *El comercio y la crisis colonial* (Santiago, 1968); Hernán Ramírez Necochea, *Antecedentes económicos de la Independencia de Chile* (Santiago, 1959); y Jocelyn-Holt, *Independencia de Chile*, pp. 130ss.

[17]   Ver discusión en Jocelyn-Holt, *Independencia de Chile*, pp. 123, 130ss, pp. 280-6.

refiero a la de los jesuitas expulsos, de la cual uno puede deducir una propuesta cultural embrionaria a partir del conflicto implícito entre los intereses de la Corona y los de los grupos locales, sin que ello signifique un quiebre con el orden imperial. La orientación de esta obra es eminentemente enciclopédica y social – le interesa todo lo que pueda ser atingente a la región descrita. Y, al igual que toda la producción cultural de la época, es libresca o elitaria; supone un espacio discursivo que incluye a quienes manejan el lenguaje ilustrado excluyendo a todos los demás.

En otras palabras, uno percibe en este ambiente crecientemente dialogal un ámbito cultural que opera al margen del Estado, concordante con un afán político más amplio, sin que por ello se cuestione el orden institucional o incluso dé pábulo como para pensar que aquí hay deslealtad. En el XVIII se pueden dar grados de distancia por parte de la cultura *vis-à-vis* el Estado, sin que ello implique enfrentamiento, aún cuando se tienda a una mayor politización por la vía de representar o configurar una identidad propia.

Con la llegada casual de la Independencia, el anhelo hasta entonces vago de buscar un orden nuevo se vuelve una necesidad imperiosa. Hasta ese entonces la élite podía acomodarse al orden establecido, podía cooptar las instancias de participación que la Corona ofrecía. La Independencia alterará este modo de actuación. No basta con ejercer el poder social y político, no basta con administrarlo, es menester ahora explicarlo y justificarlo. El que se tenga que explicar hace perdurar la base ya existente, fundacional, del diálogo que se había comenzado en el XVIII.

Más aún, con el advenimiento de la Independencia no basta tampoco el mero ordenamiento social para ejercer el poder. La sociedad puede que haya continuado siendo tradicional, es decir católica, inspirada en un orden cosmovisual de raigambre corporativo, pero ello ya no parece suficiente. A partir de la Independencia se precisa también algo más que el Estado o lo que quedaba de éste. Despues de todo, dicho Estado – la organización ilustrada imperial – en la coyuntura de la Independencia, o se comienza a desvanecer o simplemente colapsa. Si por Estado entendemos las juntas metropolitanas o bien la versión virreinal peruana, sabemos que ambos son desechados: se les niega su pretendida jurisdicción. El propósito central pasa a ser ahora la configuración orgánica institucional de los gobiernos autonómos que actúan de hecho, o que se pretenden constituir. En otras palabras, no sólo se trata de ir pensando un orden futuro, que es como usualmente se presenta este asunto, sino además se trata de revestir de legitimidad republicana *ex post facto* a un orden que estaba la más de las veces operando ya en la práctica.[18]

Lo que quisiera resaltar de este contexto es que esta labor se traduce más que nada en un esfuerzo de significación política. La política se orienta hacia la comunidad conforme a criterios publicitarios tendientes a explicar, difundir y legitimar el nuevo orden. En resumidas cuentas, se trata de persuadir. Resulta evidente por tanto que el prurito aquí se ha vuelto eminentemente político-cultural.

Quisiera insistir que esto se produce en un contexto en que el Estado o ha desaparecido, o al menos se está rearticulando. En cierta medida el Estado lo vemos reducido en esta época a un mero problema, a un proyecto potencial, más que a un Estado operante. De hecho lo que predomina es la discusión sobre la naturaleza de este Estado. Y es desde el orden cultural, donde se están promoviendo dichas definiciones. Me inclino entonces por la tesis opuesta a la predominante: es el Estado el que surge de un ámbito cultural y no *vice versa*.

¿Qué pasa con el antiguo Estado? Este persiste en parte, o al menos se vuelve un referente importante del debate. En efecto, mucho se mantiene en pie. La configuración territorial se ve resguardada por el principio del *uti possidetis*, instituciones como las intendencias continúan; en el orden jurídico buena parte del *corpus* legal y las instituciones diseñadas para su vigilancia se mantienen casi intactas. Pero lo que es claro es que nada es inmóvil. Todo puede ser objeto de análisis o cuestionamiento. Todo puede ser objeto de discusión.

La república de la virtud

Si uno examina, aún someramente, la literatura política chilena que irrumpe como respuesta a la crisis de la monarquía, llama la atención no sólo el carácter dialogal ya referido sino el sentido doctrinario que inspira esta reflexión, dirigida más hacia lo dogmático que a lo orgánico-institucional.

En el caso chileno esto tiene bastante sentido. Por cierto, la crisis de la monarquía trajo consigo problemas de gobierno; con todo lo que tiene lugar entre 1810 y 1814, no alteró mayormente la estructura de poder, esencialmente social, afincada en una élite agrario-comercial fuertemente

---

[18] Ver el llamado a constituir el primer Congreso, en *Sesiones de los Cuerpos Legislativos*, en adelante *SCL* (1887) I, p. 9; luego más tarde la 'Proclamación de la Independencia' (1818), en José Luis Romero, *Pensamiento político de la emancipación* (Caracas, 1977) vol. II, p. 100; y finalmente las constituciones que dictara O'Higgins.

cohesionada.[19] Incluso más, se puede argumentar que la permanente presencia de esta élite a nivel de gobierno, matizada por la fuerza militar, no hizo imperativo abordar el tema constitucional orgánico hasta la crisis de 1829. Así y todo, sabemos que en la Guerra Civil de 1829 no se quebró la élite, y la Constitución de 1833 a lo más entró a reconocer constitucionalmente la gravitación militar en el Ejecutivo que en todo el período anterior había operado *de facto*.[20] A lo que apunto aquí es que la continuidad que ofrece la élite chilena durante todo este período, e incluso posteriormente, vuelve secundario el problema de cómo estructurar el Estado. No así el problema de legitimación.

La Independencia introduce un desafío mayor al de querer meramente estructurar un Estado; éste dice relación con la configuración de un espacio de discusión donde encarar el problema central legado por la Independencia, cual era el de auto-gobernarse. Concebido así el asunto, podemos comprender mejor lo que se pretende mediante la discusión doctrinaria.

Esta discusión tiene su punto de partida en el problema de cómo relacionarse con las autoridades metropolitanas y virreinales, que se adjudican el derecho a ser los continuadores legítimos de Fernando VII. En un plano estrictamente político-filosófico la discusión se mueve en ejes ilustrados político-morales.

En buena medida la discusión filosófica moral que sigue a la crisis de la monarquía está motivada principalmente por la sensación de perturbación que la caída de España había producido. Todos los autores – cualquiera sea su orientación – reparan en este punto. Juan Egaña lo plantea ya en 1807:

> La convulsión general de la tierra ha tocado hasta sus extremidades, y esta bella porción del globo, que era la mansión de la paz y del sosiego, se ve igualmente agitada con las turbaciones de Europa.[21]

Manuel de Salas, escribiendo tardíamente en 1815, confiesa estar todavía absorbido por el 'horror al desorden que inundó a nuestro país'.[22]

---

[19] Ver discusión en Jocelyn-Holt, *Independencia de Chile*, Cap. VIII.

[20] *Ibid.*, pp. 252-65.

[21] Juan Egaña, 'Discurso sobre el amor de la patria' (1807) en R. Silva Castro (ed.), *Antología*, p. 145.

[22] Manuel de Salas, *Escritos* (Santiago, 1910-14), vol. II, p. 189. Igual eco encontramos en Fray Melchor Martínez, *Memoria histórica sobre la revolución de Chile* ed. por G. Feliú Cruz (Santiago, 1964) vol. I, p. 12.

En algunos casos, se tiene incluso la impresión de que esta perturbación se debe a que se ha alterado una paz primigenia y han sido expulsados del paraíso de la inocencia.[23]

En los textos propiamente jurídicos se parte de la misma premisa. Ya en uno de los considerandos del 'Acta de Instalación de la Junta de Gobierno del 18 de Septiembre de 1810', se alude a dicha perturbación, a la vez que se trasluce la idea de que es necesario ir configurando un nuevo orden a fin de terminar con la intranquilidad reinante y el desgobierno.[24] Por lo mismo, se hace imperioso pasar de la angustia a la certeza reordenándose doctrinariamente.

No extraña, entonces, que la plataforma inicial de todo este reordenamiento doctrinario sùrja a partir de una reflexión acerca de la naturaleza de las revoluciones. Esto es evidente en la obra publicitaria de Camilo Henríquez. Ya en el Sermón que pronunciara en la instalación del Primer Congreso Nacional (4 Julio 1811) señala que los gobiernos 'están sujetos a vicisitudes... experimentan crisis, delirios, convulsiones, revoluciones, mudanzas en sus formas':

> Las Revoluciones... se asemejan a esos grandes terremotos, que rasgando el seno de la tierra descubren sus antiguos cimientos y su estructura interior... El observador que sobrevive a estas convulsiones y trastornos penetra en el interior de las ruinas amontonadas, ve lo que ha sido por lo que permanece, y entonces conoce lo que se podía abatir, lo que se debe conservar y lo que es necesario restablecer.[25]

A fin de determinar qué es lo que hay que conservar, y lo que hay que cambiar, Henríquez postula la necesidad de hacerse del ánimo que impulsa a la misma revolución.[26]

---

[23] Ver M. de Salas, 'Carta de don Manuel de Salas, que circuló en Santiago a escondidas y encaminada a vindicar su conducta en la revolución', *Escritos*, vol. II, pp. 189ss.

[24] Ver 'Acta de la instalación de la primera Junta de Gobierno, en 18 de Septiembre de 1810', *SCL*, vol. I, p. 3; también, Juan Egaña, 'Declaración de los derechos del pueblo Chileno' (1813), en Romero, *Pensamiento*, vol. I, p. 241.

[25] Camilo Henríquez, *Escritos políticos de Camilo Henríquez*, ed. por R. Silva Castro, 'Sermón en la Instalación del Primer Congreso Nacional', p. 50; también, 'Educación e inmigración para aclimatar la industria', artículo aparecido en *La Aurora* (1812), reproducido en Henríquez, *Escritos*, p. 95.

[26] Henríquez, 'Del entusiasmo revolucionario' (1812), en *Escritos*, p. 112; ver también de Henríquez, 'Discurso en el Aniversario de la Instalación del Nuevo Gobierno' (1813), en *Escritos*, p. 137.

Incluso esto se observa en un autor más cauto ante el escenario de la revolución, como lo es Juan Egaña. Según Egaña '... una revolución es el camino más escabroso para la felicidad',[27] más aún, en las revoluciones 'se exaltan las pasiones y precipitadamente se introduce el espíritu de novedad'.[28] De ahí que él aconseje tener presente los peligros que significan transitar por uno de estos momentos difíciles, sin que por ello él propugne resistirse ante el 'torrente de las circunstancias' o repudie la posibilidad de aceptar un 'nuevo orden de cosas'.[29] A lo que apunta Egaña es a algo no tan distinto de lo que aconseja Henríquez. Hay que canalizar la revolución, o lo que es lo mismo, hay que canalizar las pasiones que ésta engendra.

En otras palabras, la reflexión política admite originariamente el desorden, pero como antesala de un orden perfectible.[30] Dicho de otro modo, el que se produzcan trastornos no significa que se pierda la autoridad; el que las circunstancias den lugar a un curso turbulento de energías no implica que desaparezcan la prudencia y la razón.[31]

Esta visión común daría lugar a una nueva concepción de la política enmarcada dentro de una lógica republicana. El propósito de ésta no sería otro que 'inspirar nuevos sentimientos'. Para ello es menester basarse en la razón y en la persuasión. 'Cedamos con frecuencia, y aún aplaudamos la razón ajena que nos convenza' dice Egaña. Lo que a la larga gobiernan son las opiniones. Evidentemente estamos no sólo frente a una concepción de la política sino también de una concepción específica del derecho.[32]

El derecho es lo opuesto a la fuerza; '... la fuerza no da derecho alguno' postula Henríquez.[33] Para que una autoridad obligue ésta debe ser respetada, y para ello no es necesario recurrir a la coerción.[34] El

---

[27] Egaña, 'El chileno consolado', en *Antología*, p. 98.

[28] Egaña, 'El Ministro de Estado, o consejos de un anciano', en *Antología*, p. 136.

[29] Ver del mismo autor, 'El Ministro de Estado...'; *Ibid.*, p. 132.

[30] Ver Henríquez, *Escritos*, pp. 56, 60-61.

[31] Cfr. Salas, *Escritos*, pp. 605-6.

[32] Egaña, 'Proyecto de Constitución' (1811) publicado en 1813, en *SCL*, vol. I, pp. 246-7; Henríquez, *Escritos*, pp. 78, 138; Egaña, *Antología*, pp. 106, 161; 'Manifiesto de la Junta de Gobierno', 20 Noviembre 1811, en *SCL*, vol. I, p. 192.

[33] Henríquez, *Escritos*, p. 63.

[34] Cfr. Juan Egaña, *Colección de algunos escritos políticos, morales, poéticos y filosóficos*, (Burdeos, 1836), vol. V, pp. x-xi. También, del mismo autor, 'Discurso sobre el amor de la patria', en *Antología*, p. 148.

argumento cobra aún más relieve cuando lo vemos enunciando los motivos que explican por qué Chile declara su Independencia en la 'Proclamación de la Independencia de Chile' de 1818:

> La fuerza ha sido la razón suprema que por más de trescientos años ha mantenido al Nuevo Mundo en la necesidad de venerar como un dogma la usurpación de sus derechos y de buscar en ella misma el origen de sus más grandes deberes. Era preciso que algún día llegase el término de esta violenta sumisión; pero entretanto era imposible anticiparla: la resistencia del débil contra el fuerte imprime un carácter sacrílego a sus pretensiones, y no hace más que desacreditar la justicia en que se fundan. Estaba reservado al siglo XIX el oír a la América reclamar sus derechos sin ser delincuente y mostrar que el período de su sufrimiento no podía durar más que el de su debilidad. [35]

En fin, se piensa que ha llegado el momento en que Chile se puede liberar: puede proclamarse como nación fundada ya no en la violencia sino en el derecho.

Si el nuevo orden de cosas ha de estar basado en la razón, en la persuasión y en el derecho, se precisa entonces un nuevo sujeto político que conduzca a la sociedad. El gobierno orientado hacia la virtud supone por lo mismo gobernantes 'magnánimos, ilustrados y virtuosos'.[36] A su vez, al pueblo hay que educarlo, y para ello es necesario una élite selecta; en el lenguaje de Egaña:

> no es el pueblo sino los magistrados los que forman las virtudes generales. [37]

Este planteamiento alcanza su máxima expresión precisamente en la obra de Juan Egaña. Lo vemos ya en el 'Proyecto de Constitución para Chile' (1813), concretamente en su Título III, 'Del mérito cívico', donde se consigna una minuciosa tipificación acerca 'De los ciudadanos beneméritos de la Patria', idea a la que retornará y profundizará años después en el *Código Moral* complementario a su Constitución de 1823.

No es del caso puntualizar todos los recursos que Egaña invoca para constituir esta élite especial. El detalle es engorroso. Con todo, me parece

---

[35]   'Proclamación...' en Romero, *Pensamiento*, vol. II, p. 100.

[36]   Henríquez, *Escritos*, pp. 57, 141.

[37]   Egaña, *Antología*, p. 133; *cfr* el lenguaje del 'Acta del cabildo de Santiago, en 13 de Octubre de 1810', en *SCL*, vol. I, p. 5.

que a lo que apunta no es tan distinto a lo que vemos en los restantes autores de la época, esto es: la idea de que la virtud ha de ser el principio general de todo gobierno, especialmente el republicano.[38] Cabe destacar una noción paralela que se encuentra en Egaña, la que si bien no es explicitada por ningún otro autor resume un espíritu constructivista común a todo el período. Esta idea es que a través de leyes se puede crear un régimen fundado en la virtud, que a través de leyes se pueden transformar las costumbres, 'hacer de la virtud cívica una costumbre'.[39] Dicho de otra manera: lo que se pretende es cambiar la sociedad mediante leyes.

Insistiría, por tanto, en que el propósito final de la discusión doctrinaria es más que político-estatal. A la larga lo que se desprende de un gobierno con características republicanas es el logro de un estadio superior 'civilizado' tendiente a obtener la libertad.[40]

De todo lo anterior se desprende una visión eminentemente ética de la política. Lo que está en juego es la creación de un espacio amplio, tutelar y valórico, más que una estrecha concepción jurídica-positivista de Estado de carácter administrativo. Cabe destacar que esta concepción no está presente antes de la Independencia. Por el contrario, surge a partir de la profunda perturbación producida por la caída de la monarquía y la recepción del republicanismo. Con lo cual se marca un quiebre que desvirtúa la supuesta continuidad entre el Estado ilustrado borbónico agotado y el nuevo escenario que se encara ahora desde una perspectiva liberal republicana.

José Gil de Castro y la nueva sensibilidad

Quizás uno de los aspectos más llamativos detrás del nuevo orden propuesto a partir de la Independencia, es el hecho de que la política descansa en una reflexión doctrinaria que hace de los afectos o

---

[38] La idea se encuentra esparcida en numerosos textos. A modo de ejemplo, ver: 'Proclama de Quirino Lemáchez', en Henríquez, *Escritos*, p. 45; 'Convocación al Congreso Nacional de 1811 por Junta de Gobierno, 15 diciembre 1810' en *SCL*, vol. I, p. 9; y en Juan Egaña, 'Discurso sobre el amor de la patria', *Antología*, pp. 145-6; 'Código Moral', en *Colección de Escritos...*, vol. V, pp. iv-v.

[39] Juan Egaña, *Colección de Escritos...*, vol. I, pp. 105, 129. Una idea similar es expresada en 'Conversaciones Filosóficas', en *Antología*, p. 87.

[40] Ver Egaña, *Antología*, p. 139; Henríquez, *Escritos*, pp. 106, 141; Juan Martínez de Rozas, 'Inauguración del Primer Congreso Nacional, 4 Julio 1811', en *SCL* vol. I, p. 38.

sentimientos su punto de partida. De ser efectivamente así tendríamos que encontrar otras manifestaciones que apuntan a una mutación cultural más abarcadora. Afortunadamente disponemos de una fuente iconográfica muy rica – la obra pictórica de José Gil de Castro – que permite constatar precisamente dicho cambio en otra dimensión que la estrictamente política doctrinaria.[41]

La obra del 'Mulato' Gil tiene la particularidad de ser temáticamente uniforme. Estamos hablando de alrededor de 80 retratos de figuras contemporáneas, muchos de ellos actores de primera línea en el proceso político que se desencadena a partir de 1808. Varias versiones de O'Higgins, otras de Freire y San Martín conjuntamente con diversas imágenes de próceres políticos y militares, además de representaciones de innumerables personajes patricios de la época. De modo que se puede afirmar que la obra de Gil de Castro hace las veces – según una terminología habitual del siglo XIX – de una galería de notables.

Esto ya es inusual. Ahora bien, el retrato no era desconocido en Chile.[42] Incluso más, la obra de Gil de Castro no presenta variaciones estilísticas con los retratos existentes en Chile desde el siglo XVIII. Su trabajo desciende de una larga tradición 'colonial'; por lo mismo, no radica en ello su innovación. Es más bien el volúmen de obras, todas ellas relativamente homogéneas y su fuerte carga contingente lo que es novedoso.

La obra de Gil de Castro mirada desde este prisma representa una transición. En cierta manera, en Gil se constata un salto cualitativo que va de un arte conventual a un arte secular contextuado por lo político y lo doméstico.

Extremando el argumento se puede decir incluso que lo que hay detrás de esta obra es una nueva demanda proveniente de la aristocracia chilena. Es la élite aristocrática que viene del XVIII y que ha acumulado prestigio, riqueza y poder, la que corre, por así decirlo, a retratarse con Gil. Cabe preguntarse entonces acerca de la naturaleza de tal demanda. Ciertamente ésta se explica por la disponibilidad de los servicios del pintor; sin embargo, hay otros factores que pueden tenerse en cuenta a fin de hacer

---

[41]   Sobre la obra de Gil de Castro, ver: Museo Nacional de Bellas Artes, *José Gil de Castro en Chile: exposición retrospectiva* (Santiago, 1994); Jaime Eyzaguirre, *José Gil de Castro, pintor de la Independencia americana* (Santiago, 1950); Ricardo Mariátegui Oliva, *José Gil de Castro* (Lima, 1981).

[42]   Ver: Javier González Echeñique, 'La Sociedad Secular y el Anhelo de Perpetuación', en *José Gil de Castro en Chile*, pp. 11-12; Eugenio Pereira Salas, *Historia del arte en el Reino de Chile* (Santiago, 1965), p. 322.

una lectura de esta obra.

El contexto mayor que la explica tiene mucho que ver con una creciente demanda de figuración por esta misma élite, que culmina en el período de Independencia. Figuración social que se traduce en un afán de hacer pleno uso de las instancias de participación que ofrecía el orden borbónico. Figuración social además que va aparejada a una creciente rigidez social.[43] Por último, un creciente afán de consumo conspicuo por parte de un grupo que ha ido acumulando riqueza y se percibe a sí mismo en términos progresivamente autoconscientes.

Cabe destacar, además, que esta figuración política y social se había visto acompañada paradójicamente de cierto recelo frente al orden imperial establecido rechazando la supuesta discriminación de la que eran objeto. Si a lo anterior le sumamos el que la Independencia fue vivida como una coyuntura en la que se ponía potencialmente en entredicho el papel preponderante que le cabía a la misma élite dentro del orden establecido, no es del todo extraño que se quisiera hacer un esfuerzo adicional tendiente a hacer visible la figuración ya alcanzada, o bien la figuración amenazada, o por último la figuración que las circunstancias ratificaban mediante la actuación protagónica de la élite una vez que se produce el colapso *de facto* del orden imperial.

Todos estos motivos están presentes en la coyuntura de la Independencia. Ya hemos mencionado la perturbación que produjo el colapso de la Península; no es temerario sugerir que esa perturbación se debía a que la hegemonía de la élite podía ser objeto de cuestionamiento.[44] Por lo mismo, cabe sugerir también la posibilidad de que la coyuntura fuera vista o sentida como un desafío que implicara acomodos parciales tendientes a rearticular dicha hegemonía.

El republicanismo en general proveyó el marco para dicho reacomodo. Se podía seguir gozando del enorme poder ya acumulado, incluso más, se podía disfrutar de la plenitud del poder gracias a la debacle imperial, pero había que explicarlo de distinta manera, había que legitimarlo mediante un nuevo lenguaje, rearticularlo conforme a un nuevo orden reconstituido.

Volviendo a Gil de Castro, es razonable suponer que es ese el propósito que anima la demanda detrás de su obra. Como bien dice

---

[43]   Al respecto ver Gonzalo Vial, 'Los prejuicios sociales en Chile al terminar el siglo XVIII', *Boletín de la Academia Chilena de la Historia*, vol. XXXII, no. 73 (1965).

[44]   Ver Simon Collier, *Ideas y política de la Independencia Chilena, 1808-1833* (Santiago, 1977), pp. 335ss; ver también 'Proclama Revolucionaria del Padre Fray Antonio Orihuela', en *SCL*, vol. I, pp. 356-9.

Antonio Romera, una de las 'claves' que explican la innovación del Mulato Gil es el afán de 'exaltación', el plantearse como 'recuerdo vivo, tangible, como paradigma de virtudes cívicas, para la posteridad'.[45] La obra de Gil de Castro es, por tanto, el equivalente iconográfico de lo que están haciendo paralelamente a nivel discursivo filosófico publicistas como Henríquez, Salas y Egaña. Atingente también resulta el comentario de Victor Carvallo cuando dice que:

> Posaron para Gil de Castro los criollos y las criollas devenidos en personalidades con individualidad social, gracias al cambio político. Del anonimato habían pasado a la luz y al pincel del pintor... [46]

El anonimato de que habla Carvallo, por cierto, no puede ser un anonimato estrictamente social – el reconocimiento social era incuestionable – sino más bien apunta a un sentido político amplio que está haciendo su aparición en este preciso instante. Dicho de otra forma, estamos frente a una comunidad que despliega una creciente demanda por aparecer, a la vez que proyectarse, públicamente.

Ahora bien, pareciera haber una clara similitud en la manera como se logra este reconocimiento político, entre la vía pictórica que aquí estamos analizando y la vía doctrinaria filosófica que aludíamos anteriormente. Desde luego, en uno y otro caso estamos frente a la 'exaltación' del individuo virtuoso.

Esta dimensión puede que no sea inmediatamente evidente en la obra de Gil de Castro. Se constata en primer lugar por la elección del sujeto singular retratado, también por la carga simbólica que acompaña a la figura. Es tan importante su imagen física como el trasfondo documental que el pintor introduce a fin de identificar al retratado: la indumentaria que alude a su status social, inscripciones y escudos de armas que lo 'retratan' biográficamente, y en algunos casos, el contexto espacial que sirve de antecedente para facilitar la identificación.[47]

A propósito de la carga simbólica que está presente en estas representaciones de individuos virtuosos, es preciso tener en cuenta cómo eran vistos estos retratos. Por cierto, se hacía especial hincapié en su

---

[45]   Antonio R. Romera, *Asedio a la pintura chilena* (Santiago, 1969), p. 11.

[46]   Víctor Carvallo Herrera, 'Algunos hitos de la pintura chilena', en *Siglo y medio de pintura chilena: Desde Gil de Castro al presente* (Santiago, 1976), p. 79.

[47]   Ver el retrato del Coronel Judas Tadeo de los Reyes y Borda, reproducido en *José Gil de Castro en Chile*, p. 35.

fidelidad naturalista. Pero intuyo que es el trasfondo idealista el más pronunciado. Hacia fines del XVIII y comienzos del XIX los retratos conocidos en Chile no eran meras reproducciones. Desde luego, eran casi siempre retratos 'públicos' o cívicos. El mejor ejemplo es la galería de efigies en el Palacio de los Presidentes destruidos durante la Patria Vieja, los que sabemos no eran 'auténticas' reproducciones, sino adaptaciones de imágenes creadas para otros efectos, alteradas a fin de 'representar' a las autoridades que habían regido los destinos de Chile en el pasado.[48] El otro caso más conocido de 'retrato' era nada menos que la efigie real, la que era objeto de ceremonial público, paseo por la ciudad, y devoción popular bordeando en 'idolatría'.[49]

Ello lleva a pensar que los 'retratos' que la élite manda a hacer a Gil de Castro significan mucho más que meras representaciones de sí mismos. Lo más probable es que eran asumidos en términos no tan distintos a los 'retratos' existentes. Ello no quiere decir que se veían a sí mismos como los presidentes de Chile o el mismo monarca, o que pretendieran ser venerados de la misma manera, pero sí sugiere que en cierta medida participan de un mismo aura de respeto al que ahora ellos accedían y también en cierta medida suplantaban. La 'imagen' del individuo virtuoso supone un grado de iconoclasia anterior no tan distinta a la que existe detrás de la 'idea' del individuo virtuoso.[50] Los retratos de la élite, figurativamente hablando, hacen desaparecer los retratos de las autoridades metropolitanas, al igual que la noción del ciudadano hace desaparecer la idea de súbdito.

Por último, esta individualización se desprende de la relación personalizada entablada entre el pintor y su cliente. De hecho, en los retratos vemos que el cliente asume un papel activo en la creación de su personal imagen. Ejemplo notable es la leyenda que el pintor incorpora en el retrato del niño vestido de cadete militar, José Íaymundo Juan Nepomuceno de Figueroa y Araoz (1816), la cual reza: 'a petición de este niño se le retrató con el libro en una mano y la pelota en la otra'.

Evidentemente, estamos frente a una construcción consciente de imágenes en que se pretende dar una fiel semblanza del individuo y su carácter, ya no sólo en un sentido social sino también íntimo y personal.[51]

---

48   Pereira, *Historia*, p. 322.

49   Miguel Luis Amunátegui, *Los Precursores...* vol. I, pp. 111ss.

50   Sobre iconoclasia en la época de la Independencia en Chile, ver Jocelyn-Holt, *Independencia de Chile*, pp. 189, 190.

51   Ver también el retrato de Ramón Martínez de Luco y Caldera y su hijo José Fabián Martínez de Luco y de Andía Varela (1816).

Lo anterior nos permite ahondar en la similitud entre el plano discursivo filosófico y el pictórico. En ambos casos estamos frente a esfuerzos altamente conscientes de ir construyendo una identidad 'virtuosa' a partir de sí mismos. Los retratos de Gil de Castro hay que entenderlos precisamente como hemos ido argumentando hasta ahora, es decir: como una 'demanda' literalmente de 'retratarse' y no sólo ser retratados. Operan como figuraciones, mediante lo cual el individuo que 'se ve' en el retrato se siente igual, se siente reproducido, se identifica, se reconoce.[52] En el fondo, estos retratos hacen las veces de espejos que reproducen no sólo al individuo propiamente tal sino además al individuo como de hecho quiere verse idealmente.

En ese sentido, lo que se desprende de la obra de Gil de Castro no es tan distinto a lo que se deduce, por ejemplo, de los escritos de Juan Egaña, los que específicamente se refieren a su propuesta de una nueva aristocracia política: los beneméritos. En uno y otro caso, estamos frente a una comunidad que se constituye sobre la base de una identidad auto-definida y no adscriptiva, es decir una identidad emancipada y no otorgada graciosamente. Si hasta ahora, el súbdito dentro de un orden monárquico imperial era reconocido y por ende gobernado por una autoridad, ahora en un régimen republicano, el ciudadano debe auto-reconocerse y por consiguiente auto-gobernarse erigiéndose él mismo en su propia autoridad. En este punto confluyen tanto la imagen ideal de comunidad política propuesta por Egaña como la comunidad retratada por Gil.

Este propósito es el que pensamos es central en la época de la Independencia, y no la constitución de un Estado. En otras palabras, estamos frente a una élite que se concibe en términos simbólicos y retóricos.   En suma, una élite que se piensa a partir de la cultura, entendida ésta como un espacio autónomo que hay que crear, espacio equidistante tanto de la esfera del Estado como de la sociedad civil tradicional.

Raíces y proyección de esta idea de cultura

Esta concepción de la cultura hace su aparición plena en Chile durante la época de Independencia, aún cuando se puede remontar muy atrás en la historia europea. Su mera existencia en este período confirma que la Independencia constituye un quiebre no obstante mantener ciertas continuidades.

---

[52]   Cfr. Richard Brilliant, *Portraiture* (Cambridge, Massachusetts, 1991), pp. 11, 26.

Desde luego, esta idea hunde sus raíces en la Ilustración. Esto no es extraño; todo lo escrito desde un punto de vista histórico-intelectual y cultural respecto a la Independencia tiene como referente al iluminismo. Sin embargo, el grueso de los comentarios al respecto reparan sólo en la dimensión racionalista de la influencia ilustrada. *A contrario sensu* hemos visto que esto admite matices. La insistencia que ponen los publicistas en un trasfondo emotivo del orden político-social pareciera requerir un análisis más fino acerca de los orígenes ilustrados del pensamiento político.

Mi impresión es que aquí está operando una línea de pensamiento ilustrado que pretende equilibrar la razón con los afectos. El discurso de las pasiones, ya visto, se entronca fuertemente con la versión enfatizada por Peter Gay respecto a la Ilustración. Una Ilustración que en parte se 'rebela' en contra del racionalismo, una vertiente del iluminismo que desconfiando de la razón no por ello exalta la irracionalidad.[53]

Otro ángulo de análisis no suficientemente explorado para el caso chileno es la tradición 'cívica humanista' que en su momento conceptuara Hans Baron, y que luego han ido trazando estudiosos como Pocock, Skinner y Burrow entre otros.[54] Pienso que hay puntos de relación: desde luego, el que podamos estar frente a un fecundo desarrollo político doctrinario dentro de un contexto no necesariamente estatal. En ese punto parecieran haber coincidencias entre esta tradición y autores como Egaña, quien argumenta fundamentalmente a favor de una comunidad política centrada en la noción de 'virtud'. Por cierto, la deuda que tiene Egaña con Rousseau y Montesquieu es enorme – aspecto que ha aludido Góngora[55] – pero me atrevería a sugerir que hay aquí también un trasfondo humanista cívico que se debe a su formación eminentemente retórica. En otras palabras, a Egaña habría que entenderlo dentro de un contexto mayor, referente a una literatura focalizada en las ideas de patriotismo y libertad, remontables a su vez a la noción de *virtu*, al problema de cómo lograr un fino equilibrio entre participación y contemplación, y por último, de cómo conciliar y confrontar retórica y filosofía.

---

[53] Peter Gay, *The Enlightenment: An Interpretation* (New York, 1969), vol. II, pp. 189-92.

[54] Ver Hans Baron, *The Crisis of the Early Italian Renaissance* (Princeton, 1955); J. G. A. Pocock, *The Machiavellian Moment: Florentine Political Thought and the Atlantic Republican Tradition* (Princeton, 1975), pp. 58-61; Q. Skinner, *The Foundations of Modern Political Thought* (Cambridge, 1978), 2 vols; J. W. Burrow, *A Liberal Descent* (Cambridge, 1981).

[55] Mario Góngora, 'El rasgo utópico en el pensamiento de Juan Egaña', en *Estudios de historia de las ideas y de historia social* (Valparaíso, 1980).

Este punto, que podría parecer excesivamente puntilloso, puede sin embargo salvar uno de los escollos más difíciles y menos estudiados de su obra: entender su extremado enciclopedismo y lo que la literatura ha tendido a tachar como mero utopismo. Visto así, Egaña no es un caso aberrante dentro de la tradición republicana chilena; no es un republicano exótico en ocasiones delirante. Muy por el contrario, su contribución encaja en el eje mismo de la discusión política aún cuando a lo que él apunta es a la configuración de una comunidad política amplia fundada en la retórica más que en una teoría del Estado.[56]

En la medida en que, como hemos argumentado, la discusión política chilena de la época de la Independencia es fruto de un espacio público dialogal en ciernes, puede entonces ser objeto de estudios que profundicen otras dimensiones atingentes aún por explotar. Estoy pensando en tratamientos comparables a lo que hace Jay Fliegelman acerca de la búsqueda de un lenguaje natural corolario a la ley natural en el contexto de la Independencia norteamericana.[57]

El propósito que pretende dilucidar Fliegelman en su libro – 'definir la Independencia como un problema retórico a la vez que político' – es perfectamente aplicable al caso chileno. Desafortunadamente no sabemos mucho acerca del uso y enseñanza de la retórica en la época, menos aún de la dimensión 'performativa' que alude Fliegelman. Sin embargo, hay conexiones claras. El discurso político chileno también pretende, al igual que el norteamericano, crear una comunidad de sentimientos. Estos sentimientos aspiran a un grado de sinceridad que ha de plasmarse en el orden político. De ahí la insistencia en el tema de las pasiones y su encauzamiento institucional. De ahí también el énfasis puesto en un orden civilizado que ponga fin a la arbitrariedad. La Independencia, en nuestro contexto, abre las compuertas a una serie de dilemas que no son asumidos únicamente mediante una retórica meramente argumentativa o de contenidos. Lo que hemos aludido sobre la obra pictórica de Gil de Castro manifiesta que los recursos retóricos disponibles a los grupos dirigentes de la época eran infinitamente más sofisticados y diversos que lo que se ha dado a entender hasta ahora. Lo político durante la Independencia no se agota en lo doctrinario o lo constitucional. Lo político abarca bastante más que lo propiamente estatal, precisamente porque es parte de un proceso cultural más complejo.

En este mismo contexto habría que considerar el aporte que ha hecho

---

[56]   Jocelyn-Holt, *Independencia de Chile*, pp. 244ss.

[57]   Jay Fliegelman, *Declaring Independence: Jefferson, Natural Language, and the Culture of Performance* (Stanford, 1993).

Jürgen Habermas. Lo que él denomina 'publicidad burguesa' es atingente.[58] Su propuesta consistente en que va surgiendo históricamente un ámbito 'social', 'independiente de y hasta enfrentado a la autoridad pública', un espacio mediador entre sociedad y Estado, pareciera calzar con lo que hemos argumentado para la Independencia chilena. Se da efectivamente una suerte de 'tribuna' en esta época en virtud de la cual personas privadas 'se reunen en calidad de público'; se da también un 'público de hombres instruídos en el uso público del entendimiento' que reclama ser el portavoz de un público mayor, al menos ser su educador y representarlo, aspirando a tener el carácter de 'opinión pública' mediante el surgimiento de una esfera de comunicación. Esfera de comunicación que supone además una conciencia política basada en la validez de leyes generales y abstractas opuestas al dominio absoluto, constituyéndose en la única fuente de legitimación. Todo esto, desde luego, dentro de un contexto económico aún no plenamente capitalista y burgués, pero que constituirá las bases para que ese orden finalmente emerja.

La discusión política doctrinaria de la época de la Independencia también puede ser vista a la luz de la interpretación que ha dado Norbert Elias del 'proceso civilizador'.[59] Esta discusión manifiesta ciertas características que la hacen aparecer como partícipe de una transición que va desde la represión por otros a la auto-represión, el punto central que interesa a Elias. Todo el discurso examinado supone una internalización de normas que alude a una ampliación del espacio privado, íntimo e individual. Estamos frente a un esfuerzo consciente por temperar la coerción y la violencia. Además esto está ocurriendo precisamente en un contexto de guerra. En fin, son muchos los paralelos que se pueden hacer partiendo del análisis sociológico que ofrece Elias.

Todos estas nuevas perspectivas a final de cuentas apuntan a la necesidad de ir revisando las premisas manejadas a la fecha para entender el período. Con todo, si algo está claro es que el ángulo político-doctrinario centrado en el Estado se ha agotado.

Conclusiones

A modo de recapitulación quisiera resaltar algunos puntos. En primer lugar, subrayar que la Independencia es efectivamente un quiebre que se

---

[58] Ver Jürgen Habermas, *Historia y crítica de la opinión pública: la transformación estructural de la vida pública* (Barcelona, 1981).

[59] Ver Norbert Elias, *The Civilizing Process* (Oxford, 1978), 2 vols.

apoya, sin embargo, en algunos factores cruciales que marcan cierta continuidad. Desde luego, la existencia de una élite poderosa, conjuntamente con una previa tradición dialogal remontable al declive del reformismo borbónico.

Ahora bien, la coyuntura de la Independencia hace necesario que dicha élite – más allá de gozar *de facto* del poder – tenga que legitimarlo, o bien, explicarlo. Para ello busca en el republicanismo el medio más adecuado para representar la autonomía que se ha producido de hecho.

En segundo lugar, me parece que el propósito fundamental detrás de este esfuerzo político es de una naturaleza que puede denominarse como de significación política más que de estructuración institucional estatal. Lo cual nos lleva a entender que el ánimo que inspira al grueso de la discusión política-doctrinaria en que resalta un prurito filosófico-moral es de orden cultural.

En tercer lugar, el desafío político que trae consigo la Independencia por tanto es eminentemente ético-político. Desafío que implica ir más allá de lo que aún sobrevive del Estado colonial y del poder fáctico social tradicional que goza y continuará gozando la élite tradicional.

Por último, en muchos casos pareciera que estamos frente a la posibilidad de pensar la política en otros términos que los meramente autoritarios. En el sentido de que la élite puede concebirse como un ente transformable, una élite que potencialmente puede devenir en sujeto político sin que ello implique convertirse en mero liderazgo estatal. Con lo cual se logra reafirmar la tradicional sospecha hacia el Estado sin renunciar a la posibilidad de conducir al país.

Pienso que la cultura como esfera equidistante tanto del Estado como de la sociedad tradicional permitió esto, constituyéndose por ende en un espacio intermedio que posibilitaba márgenes importantes de libertad, o mejor dicho, márgenes críticos del autoritarismo.

CHAPTER 8

Disintegration is in the Eye of the Beholder: Mexican Federalism and Early Nationhood, 1821-1835

Timothy E. Anna

A profound political transition is currently under way in Mexico. The old system – characterised by a state-party, presidentialism, and authoritarian centralism – is rapidly breaking down. Héctor Aguilar Camín and Lorenzo Meyer, perceiving that Mexican society in the mid-1980s showed 'the signs of a great historical transition', concluded: 'Mexican society is witnessing the end of a fundamental agreement within itself, a true change of era', owing to the erosion of the fundamental pact of the Mexican Revolution, 'the pact of stability'; the breakdown of the 'institutional monologue' that had prevailed between the official party and the myriad of political-economic interests throughout the country; and the end of the period of stabilising development as both an economic reality and as a social pact.[1] Roger Bartra concluded some years ago that in the late 20th century Mexico had already moved into a profound cultural and political crisis. 'A great number of Mexicans are starting to reject that old political culture which has, for more than sixty years, been the faithful companion of authoritarianism, corruption, inefficiency, and backwardness.'[2]

In the 1990s Mexicans, as well as scholars of Mexico, must, more than ever, bring to bear critical assessments of Mexico's past in order to help formulate its future. I think there has never been a more critical time in which to exercise the historian's craft in regard to Mexico, for three reasons. First, because as Enrique Florescano has said, 'the elaboration of a history of their own by Mexicans [was] inextricably united with the

---

[1]   Héctor Aguilar Camín and Lorenzo Meyer, *In the Shadow of the Mexican Revolution: Contemporary Mexican History, 1910-1989*, translated by Luis Alberto Fierro (Austin, 1993), pp. 251-67.

[2]   Roger Bartra, *The Cage of Melancholy: Identity and Metamorphosis in the Mexican Character*, trans. by Christopher J. Hale (New Brunswick, 1992), pp. 174-5.

carrying out of the political project of the national state'.[3] Second, because Mexicans, more than almost any other people in the world, pay attention to their own history and believe in the efficacy of history to formulate possible guidelines for the future. Third, and probably as a result of the way that history has been misused in Mexico to formulate systems of political and economic dominance, our profession needs to redeem itself.

History was used in Mexico as a pillar to uphold the hegemony of the 'revolutionary family', primarily through the formulation of an assertive and all-absorbing form of nationalism. Bartra calls current Mexican nationalism 'the odious, legitimating source of a dominant, exploitative system, which seeks to justify deep inequality and injustice through the imposition of uniformity on political culture'. Though he notes that 'this is shared by all varieties of nationalism', it is Mexican nationalism in the post-revolutionary era that he sees as the cage that now entraps the country.[4]

The vision that has dominated Mexican historiography in the last half of this century has taken its cue from the political and cultural perception of the 20th century that all good things in life are intimately linked to the existence of the nation-state, the ultimate form of social and political organisation, 'the fundamental thing and the supreme finality'.[5] This has reinforced the main theme of modern Mexican history – the struggle to form a stable and viable nation-state. Eric Van Young, based on his analysis of the history of Mexican regionality, has formulated an argument that in Mexico it was the strong tradition of regional identity that the 'modern' state had to break down. 'Most state projects, at least since the late Bourbon regime, have tried in the name of modernisation to replace strong regional and weak class structures with weak regional and strong class structures ... Political and military struggles over the control and constitution of the Mexican state may be viewed as attempts to construct or capture an instrumentality to reduce the friction of distance and therefore increase the efficiency of energy extraction by the centre.' The net object was to achieve central control over both capital and labour by breaking down the protectionist walls of space, of vast territorial extent,

---

[3]   Enrique Florescano, *Memory, Myth, and Time in Mexico: From the Aztecs to Independence*, trans. by Albert G. Bork and Kathryn R. Bork (Austin, 1994), pp. 221-2, 227.

[4]   Bartra, *The Cage of Melancholy*, pp. 174-5.

[5]   Luis Alberto De la Garza, 'Una visión historiografica errónea: la idea de nacionalidad', in *Evolución del estado mexicano, Tomo 1, Formación, 1810-1910* (Mexico, 1986), pp. 21-54.

which, in an earlier time, allowed the existence of a variety of regionally distinct social and economic modes of control and modes of life.[6] Ultimately, modern Mexican identity became intimately linked, in the wake of the revolution, to the efforts of dominant political forces to absorb all elements into a uniform, singular, and centrally-oriented nationhood and national identity.

One measure of the extent to which the hegemony of oneness has prevailed is the historiography's tendency to view the provincialist urge in the early national period as nothing but a ruinous proclivity to suicide. Carlos Monsiváis said of 20th-century thought: 'The fatalistic faith in the omnipotence of the centre (the peak of power in Mexico City) was such that to mention regionalism was most often to conjure up legends of the bewildered fringes and the feudal realities of backwardness.' Speaking of the historical literature, Monsiváis continued: 'For more than a century a belief held sway that still has not completely dissipated: that in Mexico there are only two regions, the capital and the provinces ... Within this schema, any idea of regionalism was declared insufficient, unfortunate, impoverished (the height of localism). Thus, *regional* and *local* were categories opposed in principle to *national*; they were fragments adverse to integration.'[7]

Carmagnani has said simply: 'Nationalism interferes with the functioning of the federal principle', because it creates the image in people's minds of a very strong centralising state that can do anything.[8] The strength of the nationalist metadiscourse in modern Mexico has ultimately hampered the relation Mexicans have with their past and with world history. 'History', Bartra said, 'is reduced to hieroglyphics, to static symbols destined to glorify national power and to tranquillise reason; when one awakes from this dream it is difficult to recognise one's own past or even one's presence in the world.'[9] What else is the historiography doing when it describes a Mexican national identity that derives in

---

[6]   Eric Van Young, 'The State as Vampire – Hegemonic Projects, Public Ritual, and Popular Culture in Mexico, 1600-1990', in William H. Beezley, Cheryl English Martin, and William E. French (eds.), *Rituals of Rule, Rituals of Resistance: Public Celebrations and Popular Culture in Mexico* (Wilmington, 1994), pp. 343-74.

[7]   Carlos Monsiváis, '"Just Over That Hill": Notes on Centralism and Regional Cultures', in Eric Van Young (ed.), *Mexico's Regions: Comparative History and Development* (San Diego, 1992), pp. 247-54.

[8]   Marcello Carmagnani (ed.), *Federalismos latinoamericanos: México/Brasil/Argentina* (Mexico, 1993), p. 414.

[9]   Bartra, *The Cage of Melancholy*, p. 175.

unbroken linearity from the Aztecs of Tenochtitlán, overlooking the input of all other regions and peoples? In failing to see the political message imbedded in what the province of Jalisco in 1823 called the dominance of 'Mother Tenochtitlán', the historiography has failed to question one of the world's most subtly powerful centralising traditions: the one which ultimately produced what Servando Teresa de Mier wanted, a republic 'federal in name but central in reality'.

The true history of Mexico is a history of its states and regions; its identity is an identity based on states and regions. Luis González has long proclaimed the vital necessity of studying Mexico in its small parts, of focusing on what he calls *la matria* rather than *la patria*, 'the small world that nurtures us', as he calls it – the municipio, parish, and *patriecita* – and of remembering the all-encompassing importance of 'matriotism', love for the place or area where one was born, for the *patria chica*, which does not, however, exclude patriotism, love for the nation. In a sentence that, among other things, brilliantly summarises the primary weakness of Mexican historiography (both national and foreign), González insists: 'Our [Mexican] patriotism is a thing of the metropolis, and the inhabitants of the city which imposed its name over a country of two million square kilometres manage it as their own thing.' The truth, according to González, is that Mexico is a 'mosaic' composed of individual pieces characterised at times by a 'minimal unity', a patchwork of very different *matrias* which may or may not add up to a single *patria*. González warns us that in Mexico the definition of patriotism comes from the city, that the city always operates to increase administrative centralisation, and that we must not make the error of confusing unity with uniformity.[10]

Claudio Lomnitz-Adler, meanwhile, has greatly clarified our sense of cultural-political structures in today's Mexico, a country, he insists, which is comprised of a myriad of 'intimate cultures' with varying degrees of coherence defined by space, and which link together in a complex variety of ways to make up the whole. The national culture, he argues, is the 'fetish', an object to which autonomous and independent power has been imputed, when in fact it is the nexus of intimate cultures (and of caciques, the articulators of cultural region) that defines the country.[11] To this, Jorge Zepeda Patterson, carefully measuring the case for greater regional power as a source of democracy at the end of the 20th century, adds: 'From the

[10]   Luis González, 'Patriotismo y matriotismo, cara y cruz de México', in Noriega Elío (ed.), *El nacionalismo en México*, pp. 477-95.

[11]   Claudio Lomnitz-Adler, *Exits from the Labyrinth: Culture and Ideology in the Mexican National Space* (Berkeley, 1992), see p. 306 for the definition of 'fetish'.

perspective of democracy, each existing regional culture can be an element of ferment and stimulus in the development of a renovated and more plural national culture.'[12] In the collective rush of the last few years to have a Mexico that can stand among the major players on the world stage, to raise it, as Carlos Salinas de Gortari said, from the richest of the poor nations to the poorest of the rich, scholarship has further ignored this 'Mexico of millenarian culture and multiple soul' whose tolerance and liberalism has long been a beacon of hope to others in Spanish America.[13]

The historiography of Mexico is so centralist in bias that this reality of plural identity, in which patriotism is the collectivity of matriotisms, is treated by most of the historiography as if it constituted disintegration. Why has the historical literature on Mexico not recognised the heterogeneity of the early Independence period? Why does it continue to confuse unity with uniformity? Thomas Benjamin puts it bluntly: 'The consolidation of the post-revolutionary Mexican state by the 1940s, often referred to as the 'institutionalisation of the revolution', completed the centralisation of politics, the economy, and, to a considerable extent, culture ... The [central] state institutionalised not only the Mexican Revolution but also provincialism, rendering both [of them] harmless and insignificant.'[14] If modern Mexico faces a crisis of definition, and the unravelling of the post-Revolutionary political system shows it does, perhaps some of its definitions have been false. And as Bartra suggests, the only way to make systems conform to the reality of Mexican existence is to recognise clearly the actuality of the past.

In addition, if we are to recognise and reflect the legitimacy of provincialism and regionalism in Mexican history, we shall also have to recognise the legitimacy of the first leaders of many of the regions or the evolving provinces/states – that group of provincial military strongmen traditionally dismissed by the historiography, with undisguised contempt, as 'the caudillos'. John Coatsworth, reflecting on the absence of research on the history of the states, says: 'One of the reasons for the lack of interest in the subnational political life of independent Mexico is the mistaken conception about the caudillo that permeates the literature of

---

[12]   Jorge Zepeda Patterson, 'La nación vs. las regiones', in Noriega Elío (ed.), *El nacionalismo en México*, pp. 497-517.

[13]   Statement of several Italian cultural leaders, *La Jornada*, 15 February 1995.

[14]   Thomas Benjamin, 'Regionalizing the Revolution: The Many Mexicos in Revolutionary Historiography', in Thomas Benjamin and Mark Wasserman (eds.), *Provinces of the Revolution: Essays on Regional Mexican History 1910-1929* (Albuquerque, 1990), pp. 319-57.

political history in Latin America.'[15] Caudillism is intrinsic to a consideration of provincialism, and it originated with the combination of political and military power in the hands of local authorities (both royal and rebel) which occurred during the Wars of Independence. E. Bradford Burns's argument is that the caudillos, whether we like it or not, and whether the leaders of central governments of the day liked it or not, were the natural and perhaps even legitimate leaders, the voices, of their home provinces.[16] Instead of condemning the caudillos in a chorus of unreflective criticism, the historiography should concentrate on trying to understand the origins of, and distinctions among, the caudillos, recognising at least the theoretical possibility that many of them may have been not only legitimate, but effective leaders. This is not going to be an easy thing for historians to do, precisely because each one of us is also the product of societies that have historically worshipped the nation-state, which by training and proclivity we perceive as the chief agent of history, in the absence of which there is only void.

It is not necessary for historians to accept the existing dichotomy that dominates Mexican historiography – the 'uniformity versus chaos' device that official nationalism has disseminated in the 20th century and that defines a nationhood which is more a rationale for the hegemony of the centre than an accurate explanation of Mexican history. Many scholars perceive the rise after Independence of caudillism in Mexico and the creation of a disputatious federalism as a kind of disintegration or atomisation. This perception is based on a false understanding of the process of Independence. Independence was the product of regional social tensions and of regional aspirations to home rule. As Marcello Carmagnani has said: 'At the beginning of the 19th century the Mexican geohistoric space was very far from constituting a unique or an integrated space.'[17] It is not as if a single thing were created and then broke down into its constituent parts. It makes no sense for historians to assume nationhood in an area that demonstrably was so far from being a nation.

[15] John H. Coatsworth, 'Los orígenes sociales del autoritarismo en México', in John Coatsworth, Los orígenes del atraso: Nueve ensayos de historia económica de México en los siglos XVIII y XIX (Mexico, 1990), pp. 209-37. Originally published in Foro Internacional, vol. 16, no. 2 (1975), pp. 205-32.

[16] See: E. Bradford Burns, The Poverty of Progress: Latin America in the Nineteenth Century (Berkeley, 1980).

[17] Marcello Carmagnani, 'Del territorio a la región. Líneas de un proceso en la primera mitad del siglo XIX', in Alicia Hernández Chávez and Manuel Miño Grijalva (eds.), Cincuenta años de historia en México, 2 vols. (Mexico, 1991), vol. I, pp. 221-41.

I believe that the articulation of a 'national project' in Mexico, that is the creation of the nation-state and of its forms and institutions, was not possible until the regions played their fair share in defining it and received their fair share of its rewards. At the time of Independence, the Mexicans had yet to create 'Mexico'. Viewed in this light, the creation of a federal republic of 'sovereign' states in 1824 is not the beginning of dissolution, but the beginning of coalescence. Disintegration is in the eye of the beholder. If we historians ignore the fact that this was a nation first created by voluntary act of its provinces, we will never overcome the legacy of 19th-century positivism. Nor will we be able to understand how far 20th-century authoritarian centralism masquerading as federalism has strayed from the principles on which the republic was based.

We must stop defining the political developments after 1821 as the disintegration of a formerly cohesive political, social, or 'national' unit. Such views are a relic of 19th-century positivism. What happened in Mexico after Independence was disorderly and messy from the perspective of those who, above all else, valued 'order and progress', but for those who encoded their higher aspirations in such terms as self determination, autonomy, home rule or equality of influence, what happened in early 19th-century Mexico, though still messy, was the first great, and necessary, expression in independent Mexican history of the striving for regional equality. We cannot allow the cultural and ethnic biases of the 19th-century dominant elites to determine our late 20th-century categories of analysis.

I emphasise that, in my view, disintegration is in the eye of the beholder because an understanding of this precept is vital for the historian to understand what happened in Mexico, or any other newly independent country, following the termination of European colonial control. While, of course, colonial traditions play a role in the ongoing formulation of identity, we must remember that the identity imposed by the European conqueror did not necessarily conform to the actual identity of the inhabitants of those territories. What Mexico experienced after Independence was not a process of the 'reconstruction' of nationhood following the destruction of an earlier nationhood. The Spanish empire in America was not a nation; that is to say, the 'conquered and colonised America' was not. As Alberto Filippi has argued, following the achievement of Independence from Spain the new countries of Latin America were engaged in the construction of nationhood, a new and not previously formulated nationhood, not the reconstruction of a lost nationhood.[18] Donald Stevens has argued for the early national era in Mexico: 'The events of these years constitute not a disintegration but a recreation ..., the striving of the provinces not just to pull apart New Spain but to alter and reassemble the territorial pieces as something new.'[19] Jesús Reyes Heroles summarised the role of federalism in Mexico's history: 'Federalism was the means of uniting the disunited. If it had not adopted the federal decision, Mexico would have been "balkanised": various countries would have broken off from the common trunk.'[20]

To adopt the interpretation of the bulk of the historiography that the early republic was primarily a time of disintegration is to assume, again, the prior existence of nationhood in the absence of its demonstration. Colonial New Spain was not 'Mexico', and it was not a nation. Much less was it cohesive in social, political or economic terms. What happened after 1821 merely appears to historians as disintegration because we have not fully registered the chaos, drift, administrative complexity, cultural and linguistic multiplicity, or ethnic and regional injustice of the colonial era; because we do not yet fully understand the relationship between provincialism and national identity; and because we do not even have a complete narrative of the decades between 1821 and 1857. I am not arguing that the early decades after Independence were anything other than politically disorderly, but we must remember that one reason those decades saw such ideological and political division is that, when Independence at last delivered political power into the hands of Mexicans themselves, they faced the task of building a nation from the ground up. It is essential to note that the political history of the period after Independence is based on profound political and ideological disagreements about how best to formulate nationhood, and is not the product, as traditional historiography has it, of petty leaders absorbed in self-serving struggles for power.[21]

---

[18]   Alberto Filippi, *Instituciones e ideologías en la independencia hispanoamericana* (Buenos Aires, 1988), p. 22.

[19]   Donald Fithian Stevens, 'Autonomists, Nativists, Republicans, and Monarchists: Conspiracy and Political History in Nineteenth-Century Mexico', *Mexican Studies/Estudios Mexicanos*, vol. 10, no. 1 (Winter 1994), pp. 247-66.

[20]   Jesús Reyes Heroles, 'La constitución de 1824 es fruto de una ideología liberal, madura, y realista', in *Crónicas: Constitución Federal de 1824*, 2 vols. (Mexico, 1974), vol. 2, pp. 1023-32.

[21]   Donald Fithian Stevens, *Origins of Instability in Early Republican Mexico* (Durham, 1991), pp. 47-8, 110-5. This point is also made by Charles A. Hale, 'The Reconstruction of 19th Century Politics in Spanish America: A Case for the History of Ideas', *Latin American Research Review*, vol. 8 (Summer 1973), pp. 53-73.

Even at its best, the colonial regime was based on conquest and provided a form of government that was astonishingly remote from, and disengaged from, the local needs of real people, with little or no connection to the community over which it ruled. Coatsworth remarks: 'The colonial government provided virtually no services to its constituents, not even internal security.' Commenting on the arbitrary taxes and forced loans imposed on Mexico by a late Bourbon system, he adds: 'Nostalgia for a colonial era of peaceful productivity can only be sustained by failing to notice that the colony was part of a vast empire sustained only by war against increasingly powerful European competitors.'[22] If we in the late 20th century were to agree that the late colonial era in Mexico was chiefly characterised by peace, harmony, and enlightenment, we would simply repeat the error of historical judgment that, as Michael Costeloe has shown, was made by frustrated and self-serving 19th-century elites in Mexico when they looked with nostalgia (and selective hindsight) back on their colonial 'good old days'.[23] Colonialism and moral uplift are mutually exclusive, despite the fact that our culture continues uncritically to accept many of the rationalisations invented by European imperialism.

On the specific problem of federalism versus centralism in early republican Mexico, Nettie Lee Benson quite correctly turned the issue on its head, as those of us from the peripheries are wont to do, and provided an insight into how we might break the dominance in Mexican historiography of centralist perspectives: 'When historians awake to the fact that much is yet to be learned about what actually occurred during the period of 1810-57, perhaps someone will investigate the overwhelming desire of Mexico City and its immediate area to control all of Mexico and will see this desire as a significant factor in the chaos of the period.'[24] Alternatively, Mario Cerutti has pointed out that: 'A key question is whether Mexico City was indeed the hub of a nation-state that prior to the 1880s remained undefined, or whether it was the axis of a much more modest space, only a central strip of what would later become the nation-

---

[22]   John H. Coatsworth, 'The Decline of the Mexican Economy, 1800-1860', in Reinhard Liehr (ed.), *América Latina en la época de Simón Bolívar: La formación de las economías nacionales y los intereses económicos europeos 1800-1850* (Berlin, 1989), pp. 27-53.

[23]   Michael P. Costeloe, *The Central Republic in Mexico, 1835-1846. 'Hombres de Bien' in the Age of Santa Anna* (Cambridge, 1993), pp. 25, 151.

[24]   Nettie Lee Benson (ed.), *Mexico and the Spanish Cortes, Eight Essays: 1810-1822* (Austin, 1966), p. 209.

state.'[25] Both tend to cast doubt on unexamined assumptions that Mexico City should always be considered the one and only appropriate centre. In the 19th century the capital's absolute dominance was not as clear as it has been throughout the 20th century, but the central elites nonetheless assumed they had a right to play dominant roles in the affairs of the republic.

Pedro Pérez Herrero, on the basis of comparing the economic performance of the states with the much less positive performance of the Mexican federal government after Independence, has argued that 'the interpretation referring to the "atomisation" or "regionalisation" of territory in the first decades of the 19th century is a vision effected from the point of view of the capital', and that such atomisation was nothing more than the achievement by provincial elites of a legitimate autonomy for which they had struggled since the 16th century.[26] In a similar vein, and based on economic data, Carmagnani has shown that Independence did not create a power vacuum: local elites were in control of their home regions, and political chaos in the early republic was more apparent than real.[27] In the name of studying an assumed entity that we call 'Mexico', we have largely overlooked the history of the Mexican entities (the states and municipalities) that invented it, defined it, and comprised it.

My argument, indeed, is that there is a missing link in the historiography. Since 19th-century writers, imbued with the legacy of colonial centralism, viewed attempts by the regions to secure a fair share of power and input in the process of nationhood as something akin to denying natural law and the undoubted right of the centre to dominance. And since provincial elites were, in fact, defeated in their massive struggle during the first federal republic to end the centre's dominance, late 20th-century thought, despite occasional glimmerings in the work of some

---

[25]   Mario Cerutti, 'Monterrey and Its *Ambito Regional*, 1850-1910: Historical Context and Methodological Recommendations', in Eric Van Young (ed.), *Mexico's Regions: Comparative History and Development* (San Diego, 1992), pp. 145-65.

[26]   Pedro Pérez Herrero, '"Crecimiento" colonial vs "crisis" nacional en México, 1765-1854. Notas a un modelo explicativo', in Virginia Guedea and Jaime E. Rodríguez O. (eds.), *Five Centuries of Mexican History/Cinco siglos de historia de México*, 2 vols. (Mexico, 1992), vol. I, pp. 81-105. A very different article, but arriving at the same conclusion, is Pedro Pérez Herrero, 'El México borbónico: ¿Un "exito" fracasado?', in Josefina Zoraida Vázquez (ed.), *Interpretaciones del siglo XVIII mexicano: el impacto de las reformas borbónicas* (Mexico, 1992), pp. 109-51.

[27]   Marcello Carmagnani, 'Territorialidad y federalismo en la formación del estado mexicano', in Inge Buisson et al (eds.), *Problemas de la formación del estado y de la nación en Hispanoamérica* (Cologne, 1984), pp. 289-304.

recent authors, does not reflect a critical segment of the struggle to define a nation. This segment or piece of Mexican history is critical, I contend, because it offers historically based options that Mexicans in the 21st century can call upon in their daunting task of renewing and redefining a national identity which, in our own day, is in rapid transition. The first formulation of Mexican nationhood, in the first federal republic, was based on a principle of genuine horizontal power-sharing between the centre and the provinces/regions, and a genuine vertical division of power among legislative, executive, and judicial branches. Although it failed, it offers clues, as well as precedents and warnings, for possible alternative formulations of an enhanced federalism in what currently is an excessively centralised, authoritarian, unequal late 20th-century Mexico.

The prevailing thesis on how to integrate all the disparate parts into cohesive nationhood, which became the national consensus in the federalist revolt of 1823, was the concept that the federal republic was a pact. As phrased by Prisciliano Sánchez in his *Pacto federal de Anáhuac* (1823), federalism was a pact among equal participants but not a treaty among separate powers. Its essence was the dual sovereignty of the states and the federal power. Sánchez was essentially summarising the formula advocated by his home state of Jalisco, the prototype in the 1823 federalist revolt. Sánchez gave perhaps the clearest statement of the federalist view of the dual sovereignty of the nation and the state: 'The nation remains one, indivisible, independent, and absolutely sovereign in all senses ... each state is independent of the others in everything concerning its interior government, in which respect it is said to be sovereign in itself.'[28] Thus the founding document of the federal republic, the Acta Constitutiva of January 1824, declared that the nation consisted of 'free, independent, and sovereign states in that which exclusively concerns their interior administration and government', and that 'sovereignty resides radically and essentially in the nation', a formulation that precisely duplicated that of Sánchez, creating a single nation with multiple constituent parts. The formula upon which the federal republic was based was one of union, not uniformity, pluralism, willing cohesion in a pact of equal founding entities. The republic was a 'society of societies', each one of which was to govern itself internally. It was not a monolith, not a single totality.

The Acta Constitutiva and the Constitution of 1824 were based on the supposition that the Mexican federation was born of a pact between pre-

---

[28]   Prisciliano Sánchez, 'Pacto Federal de Anáhuac', Mexico City, 28 July 1823, published in Sánchez, *Memoria sobre el estado actual de la administración del estado de Jalisco (1826)*, (Guadalajara, 1974), pp. 53-74.

existing states, which delegated certain faculties to the central power and reserved the rest. This key ingredient, the division of power and of jurisdiction, characterises federalism 'whatever the historical origin of the federation may be, whether it was in a pact of pre-existing states or in the adoption of the federal form for a state that was previously centralised'.[29] The 1824 Constitution, therefore, to use the phraseology of the advocates of federalism, was 'the pact in which the sovereign states expressed by means of their representatives the rights that they ceded to the confederation for its general wellbeing and those that each one reserved for itself'.[30]

The principle of a pact amongst the states forming the origin of nationhood, although apparently similar to the formula of federalism adopted earlier in the United States, was an autochthonous product of Mexican and Hispanic thought. Early Mexican federalists, however, found support and justification for their concepts in the writings of Montesquieu and of the United States federalists. As John Lynch says, ideas drawn from the outside were not so much a 'cause' of Independence as they were a source of inspiration, before, during and after the Wars of Independence, to persons who already aspired to break the colonial bonds.[31] Montesquieu had defined federal government as 'a convention, by which various political bodies consent to become citizens of a state larger than they were willing to form .... It is a society of societies, which forms a new one, which can be enlarged by new associates who join it.'[32]

The states, therefore, created the nation, not the other way around as modern day authoritarian centralism might prefer us to believe. Valentín Gómez Farías, during congressional debates on the Acta Constitutiva, responded to the cries of centralists that federalism constituted disintegration by urging the Congress to recognise the reality that 'the provinces are separated and going to unite, and not the contrary, because lacking a fundamental pact there is certainly no such union'.[33] Manuel Crecencio Rejón repeated that the right to have voting deputies in Congress did not derive solely from a region's population, but from the

[29]   Felipe Tena Ramírez, *Derecho constitucional mexicano*, 18th edition (Mexico, 1981), pp. 112-3.

[30]   Jesús Reyes Heroles, *El liberalismo mexicano*, 3 vols. (Mexico, 1974), vol. I, p. 417.

[31]   John Lynch, *Latin American Revolutions, 1808-1826: Old and New World Origins* (Norman, 1994), pp.31-4.

[32]   Reyes Heroles, *El liberalismo mexicano*, vol. I, pp. 417-27.

[33]   Reyes Heroles, *El liberalismo mexicano*, vol. I, p. 412.

characteristic of sovereign statehood, because it was sovereign states that formed the federation. Gómez Farías reiterated that the issue of representation in the Chamber of Deputies was not a question based on the rights of the individual, but the rights of 'the moral persons of which the federation is composed'. When the deputy from Baja California protested that the territories ought to have the same right as states to vote in the Chamber because they participated in the social pact as equals, the response of Juan de Dios Cañedo was that the principle was sovereignty, and that only the sovereign states were the entities that formed the federation.[34] The philosophical focus of the founders of the Mexican federal republic, then, was that nationhood was the result of a pact among the provinces and not, as we in the age of the hegemonic nation-state might assume, that the right to provincehood was a gift from the nation. They knew that until the pact was created, there had been no nation.

It is the more or less unanimous opinion of Mexican society today that the lack of political cohesion in the 19th century is what laid Mexico open to the greatest disasters of its national history – the loss of Texas in 1836, the loss of the north to the invading United States in 1847, waves of civil war, political chaos, and foreign intervention. The unspoken impression seems to be that the disunity that reigned in Mexico by the 1830s happened because of federalism. That is what the conservatives in Mexico during the period from the 1830s to the 1860s asserted, the reason why middle and upper class conservatives by 1835, after a decade of political turmoil, favoured the abolition of the first federal republic and the adoption of centralism.[35]

Furthermore, as early as mid-1827, conservatives reformulated the centralist argument that it was the centre that had created the states. *El Observador* decried as unconstitutional the view among the states that 'federalism is the result of the reunion of many particular governments united in order to make together a single nation'. Insisting that 'the Mexican nation' existed since time immemorial, it argued that the Second Constituent Congress in 1823-24 had responded to the demands of the provinces and 'in dividing the national territory into states, had created them sovereign and independent in all that which was not reserved in the Constitution to the powers of the Union'.[36] Not only did this directly

---

[34]   *El Sol*, 9 July 1824.

[35]   Michael P. Costeloe, 'Federalism to Centralism in Mexico: The Conservative Case for Change, 1834-1835', *The Americas*, vol. 45, p. 2 (October 1988), pp. 173-185.

[36]   'Censura Pública, Sistema Federal', *El Observador de la República Mexicana*, tomo 1, no. 10, 18 August 1827.

contradict the federalist view that the national government possessed only those powers not specifically reserved to the states, the argument of *El Observador* was that before the Constitution the states had not existed, which meant that the centre had given legal political existence to the states and not the other way around. This was a restatement of the argument against state sovereignty pursued in 1824 by opponents of federalism, but it was also something of a reformulation because it consciously raised to the fore the issue of precedence, of the origins of nationhood. Was nationhood something achieved by the actions of the many constituent parts, or was it something granted by the centre to the rest of the country?

A commission of the Chamber of Deputies in 1835, as justification for abolishing the federal republic and adopting centralism, declared that federalism had destabilised national unity, provoking division and weakness.[37] Lucas Alamán, following the lead of Servando Teresa de Mier, popularised the famous dictum by which centralists for decades attempted to bring the weight of history down on the side of centralism: 'Federalism divided that which was united and made separate nations out of that which was and ought to be only one.'[38] As the conservative elements in Mexican politics found more and more to fear from the Yorkino menace and responded by formulating a conscious ideology, they began to revise their own recent history and to generate an historical interpretation about the origin of nationhood that a substantial portion of the historiography, without careful analysis, subsequently accepted as valid. Hence, Zepeda's rueful summary of Mexican historiography: 'In the beginning was the centre.'[39]

But they failed to recognise, it seems to me, that the disunity and weakness that so blighted the first decade happened in spite of, rather than because of, federalism, and that it was not provincialism that provoked such weakness. As Brian Hamnett reminds us: 'Centralism between 1836 and 1846 similarly failed to build a lasting basis for the Mexican republic.'[40] They failed to notice that colonial New Spain was not a nation,

---

[37]   Manuel González Oropeza, 'Características iniciales del federalismo mexicano (1823-1837)', in Noriega Elío (ed.), *El nacionalismo en México*, pp. 413-32.

[38]   Quoted in Lourdes Quintanilla, *El nacionalismo de Lucas Alamán* (Guanajuato, 1991), p. 69.

[39]   Zepeda, 'La nación vs. las regiones', pp. 497-517.

[40]   Brian R. Hamnett, 'Between Bourbon Reforms and Liberal Reforma: The Political Economy of a Mexican Province – Oaxaca, 1750-1850', in Kenneth J. Andrien and Lyman L. Johnson (eds.), *The Political Economy of Spanish America in the Age of Revolution, 1750-1850* (Albuquerque, 1994), pp. 39-62.

much less the Mexican nation. They failed to allow for the fact that nationhood can only be created by the willing consent of those who participate in it; that, in other words, Mexican nationhood was the product of federalism, not its victim.

Sergio Ortega Noriega put the historical meaning of the events of the early years after Independence this way: 'The deficient explanations of the historiography of the 19th century are owing, in part, to the lack of knowledge of the regional reality of Mexico, in a period in which regions occupied first place.' This leads him to the overall judgment that Mexico's 'national historical process' is 'the history of the integration of diverse regional societies, and that the explanatory key to this process is in the identification of the dynamic of interrelationships'. Ortega's hypothesis, then, is that it is necessary to study the process of Mexican nationhood 'through a double perspective, regional and general, particularising and uniformising, perspectives that are not opposed but complementary and that cannot be defined without obligatory mutual reference'. He concluded: 'The regions, when finally able to make their own choices, chose to pursue both particularity and integration. Both regional differentiation and national integration occurred simultaneously; neither has meaning without the other.'[41] Provincehood and nationhood were not opposed but were two sides of the same coin.

The nation-state, if it is to be effective, must be a voluntary association created by the conscious act of people; it is not a product of the mystical interplay of genetics and consanguinity. As Ruggiero Romano said of Italy and other European nation-states of ancient culture but relatively recent political unification, it is possible to understand the concept of 'a young nation' in 'an old country'.[42] It is in such a frame that I would place Mexico.

What is happening today in Mexico is that the great discourse between region and centre has once again broken out, after over sixty years of quiescence, 'a discourse whose intent is to recognise the need for identity in a population that without ceasing to be Mexican ... rejects the official version of Mexicanness'.[43] The crisis of the 1990s, in which the cry to reconstitute civil society, democracy, and genuine federalism is

---

[41]   Sergio Ortega Noriega, 'Hacia la regionalización de la historia de México', *Estudios de historia moderna y contemporánea de México*, vol. 8 (1980), pp. 9-21.

[42]   Ruggiero Romano, 'Algunas consideraciones alrededor de Nación, Estado (y Libertad) en Europa y América centro-meridional,' in Antonio Annino et al (eds.), *America Latina: Dallo stato coloniale allo stato nazione*, 2 vols. (Milan, 1987), vol. 1, pp. 1-21.

[43]   Zepeda, 'La nación vs. las regiones', pp. 497-518.

universally heard, suggests that centralising federalism is in crisis, but the federal pact itself is not. The federal principle may simply be undergoing another of the reformulations that it has experienced since 1824.[44]

In the end, then, I doubt the implications inherent in the prevailing view of Mexican history: that the Wars of Independence resulted in regional fragmentation and that federalism in Mexico institutionalised centrifugalism. My argument is that regional fragmentation did not result from the Wars of Independence and collapse of the colonial order, it had long existed – since pre-Hispanic times – and continued to exist below the surface of an incomplete colonial centralism, as it still exists today. Neither did federalism institutionalise centrifugalism; rather, federalism attempted to create an operational union amid pre-existing diversity. The first federal republic was an attempt to create union among diverse and plural entities; uniformity was not its objective, neither does nationhood today require uniformity.

We must re-examine the tendency of much of Mexican historiography when it suggests or assumes that *only* a powerful central state constitutes nationhood, precisely because we have in the Mexico of the latter half of the 20th century the evidence of what it can produce. As Reyes Heroles attested, in Mexico centralism was, and still is, the tendency of the privileged. When centralism ignores the regions' right to autonomy in a country of great size and ethno-cultural complexity, 'nationalism becomes the exclusive privilege of the strong'. Reyes Heroles affirmed: 'The legacy of the Constitution of 1824 was its ... establishment of the right of the distinct Mexican collectivities to self government.'[45]

[44]   Carmagnani, *Federalismos latinoamericanos*, p. 416.

[45]   Reyes Heroles, 'Constitución de 1824 es fruto de una ideología', vol. 2, pp. 1023-32.

CPSIA information can be obtained
at www.ICGtesting.com
Printed in the USA
BVHW072010200221
600662BV00001B/61